Dr. med. Johannes Nicolaus Rohde
Tagebuch über die Belagerung Glückstadts

Dr. med. Johannes Nicolaus Rohde

Tagebuch
über die Belagerung Glückstadts

von Mitte Dezember 1813
sowie über die Folgezeit
bis zum Ende des Jahres 1815

herausgegeben

von

ERNST-ADOLF MEINERT

VERLAG J. J. AUGUSTIN · GLÜCKSTADT

Die Umschlagzeichnung zeigt die Festung Glückstadt
zur Zeit der Belagerung 1813/14

Inhaltsverzeichnis

Vorwort

Kein Ereignis in der Geschichte Glückstadts hat ähnlich tiefgreifende Auswirkungen auf die Entwicklung der Stadt gehabt wie die Belagerung der Festung durch schwedische, russische, preußische und englische Truppen zu Wasser und zu Lande im Dezember 1813 und im Januar 1814. Nach der Kapitulation Anfang Januar 1814 wurde die Festung von den Dänen aufgegeben, die Festungsanlagen demoliert. Seit seiner Gründung 1617 war Glückstadt Festung gewesen, jetzt wurden Bastionen und Ravelins abgetragen, die Gräben großenteils zugeschüttet, die Festungsgebäude verkauft oder anderen Zwecken zugeführt. Die Stadt blieb zwar Garnison, aber die Wälle und Tore fielen, der Kriegshafen verfiel, es gab keine lästigen Torsperrzeiten mehr.

Aus dieser aufregenden Zeit berichtet nun ein Tagebuch, das ein Glückstädter, Dr. med. Johann Nikolaus Rohde, von Dezember 1813 bis 1822 geführt hat. Er erzählt anschaulich von der Belagerung der Stadt, dem Kosackenwinter und der russischen Besetzung Holsteins.

Rohde ist ein Zeitgenosse Goethes, er ist 2 Tage älter als der große Dichter. Er schreibt hochdeutsch, aber man spürt die niederdeutsche Grundlage. Ich habe versucht, den Text möglichst im Original zu belassen. Aufgelöst wurden lediglich die eigenwilligen Abkürzungen, z.B. für häufig vorkommende Ortsnamen in Glückstadts näherer Umgebung, für heute ungekannte militärische Bezeichnungen. Rohdes Schreibweise wurde nicht verändert, enthält also nach heutigen Maßstäben zahllose Rechtschreibe- und Grammatikfehler, besonders bei Dehnungen, Konsonantverdoppelungen u.a. Vorgelegt wird nicht nur ein Zeitdokument, sondern auch ein Sprachdokument der Goethezeit in Schleswig-Holstein. Auf dem Blattrand eingefügte nachträgliche Ergänzungen und Berichtigungen Rohdes stehen im Text in Klammern.

Zur Vita des Dr. med. Johannes Nicolaus Rohde

Johannes Nicolaus Rohde wurde am 26. August 1749 in Glückstadt geboren/ getauft, wie das Taufbuch der Stadtgemeinde ausweist. Damit ist er genau 2 Tage älter als Goethe. 1. Gevatter war der damalige Bürgermeister Johannes Nicolaus Bentzon. Von ihm hat er die beiden Vornamen. Sein Vater betrieb damals eine bedeutende Holzhandlung am Hafen, er importierte vorwiegend Holz aus Norwegen über den Hafen Kristiansand. Er war am 17. April 1699 auch in Glückstadt zur Welt gekommen, der Großvater Marcus war ebenfalls Glückstädter. Bartholomäus Rohde war am 13. Mai 1720, also mit 21 Jahren, Bürger geworden. Johann Nicolaus Mutter stammte ebenfalls aus Glückstadt. Sie hieß Anna Magdalena Grabbe, ihr Vater war Seidenhändler und hatte 1714 den Bürgereid geleistet. Anna Magdalena Grabbe war die 2. Frau des Bartholomäus Rohde und den 22 Jahre jünger als ihr Mann. Aus der Ehe gingen 3 Kinder hervor: 1. Johann Christian, er wurde Kaufman in Hamburg, 2. Johann Nicolaus und 3. Johann Sophia Magdalena, sie heiratete am 27.2.1783 den Bürger und Eisenkrämer Johann Friedrich Herfurth. Am 24. Dezember 1757 starb Bartholomäus Rohde im Alter von 57 Jahren.

Der kleine Johann Nicolaus besuchte die Glückstädter Lateinschule auf dem Rathause. 1765 wurde er in der Stadtkirche konfirmiert. Mit 16 Jahren verließ er die Schule, um Apotheker zu werden. Beim Tode seiner Mutter am 5. Juli 1779 ist er als Provisor der Ottendorfer Apotheke im Lande Hadeln.

In den achtziger Jahren geht er nach Berlin und arbeitet in den dortigen Hospitälern. Hier beschließt er, Arzt zu werden. Am 6. Mai 1784 läßt er sich an der Christian-Albrechts-Universität in Kiel, medizinische Fakultät, immatrikulieren und wird hier schon 1785, also nach 3 Semestern, zum Doktor der Medizin promoviert.

Das Thema seiner Disseration „De praecipuo antimonii usu medico", zu deutsch „Das Wichtigste über den medizinischen Gebrauch von Antimon" war sicherlich stark von seiner Tätigkeit als Apotheker geprägt. Antimon war damals ein häufig gebrauchtes Mittel, vor allem im Kampf gegen Geschlechtskrankheiten. Die mündliche Prüfung fand am 21. Juli 1785 statt, und zwar in Anwesenheit des Erbprinzen Friedrich von Augustenburg, zweifellos eine Auszeichnug für den nicht mehr ganz jungen Studenten, denn Rohde ist 35 Jahre alt. Nach der Promotion geht er zunächst nach Berlin zurück, „um sich in der Entbindungskunst noch mehr zu vervollkommnen", wie es in einem Nachruf heißt. 1786 läßt er sich in seiner Heimatstadt als praktischer Arzt nieder. Goethe reise im gleichen Jahr nach Italien.

Er praktizierte und wohnte im Hause Reichenstraße 56, neben der Schloßapotheke. Während der Belagerung Glückstadts 1813/14 leitet er das Lazarett II im Zucht- und Tollhaus am Rethövel, (–) auf der anderen Hafenseite gelegen, über die Zuchthausbrücke bequem zu erreichen. Hervorgehoben wird sein Bemühen um fachliche Weiterbildung. Dem diente auch seine Korrespondenz mit berühmten Ärzten, darunter Etatsrat Weber in Kiel und Dr. Zimmermann in Hannover. Darüber hinaus befaßte er sich intensiv mit zeitgeschichtlichen Themen. Er war Mitglied der Schleswig-Holstein. Patriotischen Gesellschaft.

Dr. Rohde war unverheiratet. Nach seinem Tode am 26. Januar 1824, damals war er 74 Jahre alt, würdigte der Präsident der Patriotischen Gesellschaft, Johann Daniel Lawätz auf der 13. Generalversammlung in Altona Dr. Rohdes Verdienste. Er schließt mit dem Satz: „Wohltätigkeit gegen Hilfsbedürftige und Uneigennützigkeit waren Hauptzüge seines Charakters, und Vielen wird er als Arzt und Menschenfreund unvergeßlich bleiben." (Provinzial-Berichte, 13. Jahrgang, Heft 4, S. 37, 1824).

Zum Manuskript Ic 59 a, b Lehrbücherei der Detlefsenschule

Prof. Dr. Detlefsen erhielt Mitte der neunziger Jahre des vorigen Jahrhunderts von dem Seifenfabrikanten Thies von Leesen ein Manuskript geschenkt, das in dem Eckhause Am Hafen 70/Reichenstraße, dem sogenannten Herfurthschen Hause, aufgefunden worden war. In diesem Hause hatte Dr. med. Johann Nicolaus Rohdes Schwester mit ihrer Familie gewohnt. Detlefsen weist überzeugend nach, daß die große Mehrzahl der Blätter von Rohdes Hand stammt, ließ die Papiere unter der Überschrift „Tagebuch über die Belagerung Glückstadts von Mitte Dezember 1813 an sowie über die Folgezeit" in 2 Bänden einbinden und stellte sie in die Lehrerbücherei seiner Schule ein. Der 1. Band umfaßt den Zeitraum vom Dezember 1813 bis zum Ende des Jahres 1815. Er enthält 117 unnumerierte Folioblätter des Tagebuchs. Vorgesetzt sind diesem Band 2 Blätter in anderem Format und von anderer Hand, offenbar Stoffsammlungen. Es handelt sich um eine chronologische Übersicht über die Blockade der Elbe durch die englische Flotte 1803 bis 1814 sowie die Revolution in Frankreich 1789 bis 1810, Notizen, Hamburg betreffend, 1801—1810, sowie eine Schilderung der Geschichte Hamburgs als Teil des französischen Kaiserreiches 1811—14.

Der 2. Band enthält 41 Seiten Tagebuch unnumeriert in Folio, beginnend mit Januar 1816 und endend Dezember 1922.

Nachgeheftet sind:

1. Ein „General-Extract aus den Verzeichnissen, betreffend die Volcks-Menge in der Stadt und Festung Glückstadt", von April 1796, gegliedert in 4 Bürger-Compagnien, Lübsches Recht, Armenhaus und Emigranten, weiter unterschieden nach Männern, Frauen, Kindern und Gesinde, Summa 2814, von der Hand Rohdes.

2. Eine Übersicht in Folio, den Waffenstillstand zwischen Dänemark und England nach der Schlacht von Kopenhagen 1801 betreffend, von der Hand Rohdes.

3. Ein Verzeichnis der spanischen Truppen, die im Frühjahr 1808 durch Holstein nach Norden gezogen sind, um Schweden anzugreifen, 18.353 Mann stark. (Davon ist ein großer Teil zu den Engländern übergelaufen und auf englischen Schiffen nach Spanien transportiert worden. Der Rest ist in französische Kriegsgefangenschaft nach Frankreich gekommen.)

4. Ein Blatt mit einem kurzen Bericht über einen dänischen Vorstoß ins Hannöversche August 1804 unter General v. Ewald.

5. Die Abschrift eines Tagesbefehls des Generals von Czernikov vom 24. Dezember 1813 an die Glückstädter Garnison.

6. Ein Befehl des schwedischen Obersten Haderstierna vom Kronoborg-Infanterie Rgt., daß alle Ausgewanderten sofort zurückkehren und ihre Wohnungen in einem „logablen" Stand setzen sollen, gedruckte Bekanntmachung.

7. Eine siebenseitige Übersicht über die Dislocation der Russisch-Polnischen Armee, Hamburg den 17./29. July 1814, beginnend mit dem Iten Corps in Crempe bis Kellinghusen, dem II. Corps von Wesslingburen bis Wewelsfleth, III. Corps von Lunden bis Heiligenhafen mit der Einheitsbezeichnung und Angaben der Magazine, aus denen die Truppenteile verpflegt werden, unterschrieben von Generalmajor Berg, für die Richtigkeit der Copie Schow, Armee-Commissair.

8. Die Marschroute des I. Bataillons der Königin nach Frankreich Nov. 1815 bis Jan. 1816. (Es gehörte zum sog. Okkupationskorps, das bis 1818 in Frankreich lag.)

9. Eine Marschtabelle des Königl.-Dänischen Auxiliarkorps 1815. (Es ist das sog. 3. Auxiliarkorps, das nach Rückkehr Napoleons von Elba aufgestellt wurde und nur bis Bremen/Vechta kam. Bis Ende Sept. 1815 waren die Truppenteile zurück.)

10. Eine Tabelle der Rückmarschroute des I. Bataillons des Leibregiments der Königin nach dem Ende der Okkupation in Frankreich, 10. Nov. Abmarsch aus Valenciennes, 19. Dezember Einmarsch in Glückstadt. Auf der Rückseite die Gefechtsstärke.

11. Ein Auszug aus der „Börsenhalle", enthaltend ein königlich französisches Dekret, Paris, den 7. März 1815, die Landung Napoleons in Frankreich betreffend.

Rohde schrieb die vorliegenden Blätter im Alter von 64 bis 73 Jahren. Die Eintragungen sind anfangs täglich; als die Zeiten friedlicher werden, vergrößern sich die Abstände, zum Schluß sind sie monatlich zusammengefaßt, die letzte Eintragung datiert vom 22. Dezember 1822. Am 26. 1. 1824, gut ein Jahr nach der letzten Eintragung, stirbt der Verfasser.

Zur Überlieferung der Blätter

Nach dem Tode Dr. Rohdes geht das Haus Reichenstr. 56 in den Besitz seiner Schwester Johanna Sophia Magdalena, verheiratete Herfurth über. Ihr jüngster Sohn Johann Christian übernimmt es. Er betreibt in seinem Elternhaus eine Seifenfabrik. Es ist anzunehmen, daß er die literarische Hinterlassenschaft seines Onkel pietätvoll gehütet hat. Auch sein Sohn und Nachfolger Heinrich August Herfurth hat die Schriften seines Großonkels aufbewahrt, und erst, als die Seifenfabrik in den Besitz des Thies von Leesen aus Sommerland übergeht, landen die Blätter bei Prof. Dr. Detlefsen, der sie einbinden läßt und der Lehrerbücherei einverleibt. Und da liegen die beiden Bände bis heute. Weil die Blätter, zudem von einem Mediziner, in der Schrift der Goethe-Zeit abgefaßt sind, sind sie für heutige Leser praktisch verschlossen. Deshalb habe ich mich darangemacht, sie abzuschreiben und zu bearbeiten.

Den interessanteren 1. Band lege ich einem geneigten Publikum vor, eine Schrift aus Glückstadts *Schicksalstagen*.

1813

Mitte Dez.

Schon in den letzten Tagen des Novembers war die Passage in und aus der Stadt mit Umständen verknüpft, das Deichtor gänzlich gesperrt und das um die Stadt, in Borsfleth, Colmar, Bielenberg in Cantonierung[1] liegende Jütsche Scharfschützen Corps, 4 Compagnien stark (und 1 Comp. Jäger vom Seeländischen Corps, unter Commando von Capt. von Falkenschild) rückten nach und nach nebst 2 Canonen in die Festung, am 1. dieses (Monats) war ich noch mit eigenem Furwerk in Crempdorff und Crempe, am 7ten aber waren die Barrieren geschloßen u. die Brücken aufgezogen so daß nur diese für Wagen mit Fourage, Korn etc. gehörend geöffnet wurden, (jedesmal aber unter Aufsicht des Wachtmeister Hauptmanns und einem starken Commando der Wache habenden Leute) oder anderes Furwerk. Leute, welche ausgingen, wurde mit der Färe beim Cremper Tor und neuen Tor übergesetzt, wenn diese geschlossen waren.

Anfänglich rückten noch Vorposten-Commandos aus, dies dauerte 2 bis 3 Tage hernach wurden alle Wall- u. Außenposten mit doppelter Mannschaft besetzt, die alle scharf geladen hatten. Sämtl. Herren beim Königl. Obergericht ließen einpacken, erhielten auch die Weisung zur Abreise, die den 5.ten erfolgte, u. auf 7 Uhr waren 24 Wagen mit 4 Pferden aus dem Colmarschen und der Blomschen Wildnis beordert, diese Reise bis Schleswig fortzusetzen. (In der Nacht vom 4ten auf den 5ten, gegen 1 Uhr, wurde die Festung im Belagerungszustande erklärt, wesfalls sämtl. Herren, alle reisefertig, diese Abreise so schnell wie nur möglich, zu beschleunigen suchten). Diesen Tag war ich nach Herzhorn zu Wasser, aufem Rihn war noch vieles Eis und bei meiner Rückkunft gegen 4 Uhr erfur ich, daß wärend der Abreise die Ordre zum Hierbleiben erfolgt sei, u. da durch Verspätung der Wagen der Herr Graf von Ahlefeldt, die Frau O. G.-Rätin von Rönne u. v Schirach noch nicht abgereiset waren, so blieben diese hier in loco[2]. Die anderen Herren, nämlich Herr Conf. Rath Feldmann, Etatsrat Levsen u. 5 Wagen nebst der Kgl. Kasse erhielten diese Nachricht in Itzehoe, u. blieben dorten, Herr O. G. Rat Wulk u. Herr Rötger waren schon weiter und erreichten Rendsburg, hernach Schleswig, alwo Herr Conf. Rat und Cantzler von Brockdorff noch gegenwärtig war und warscheinlich auch der Herr Etats Rat Matthiesen.

Also wurde das Höchstpreisliche Obergericht in 3 Teile getrennt. Der Herr Justiz Rat Häckel hatte schon etwas früher nebst dem Ritterschaftl. Archiv Schleswig erreicht. (Den 6. sind die ersten feindl. Truppen ins Holsteinische gedrungen, die sich täglich verstärkt und ausgebreitet haben). Rund um die Festung sind alle wilde Bäume, Hecken, Verzäunungen etc. umgehauen, die zu Verhacke und Verhaue gebraucht werden, und die Einwohner haben die Weisung ihre Häuser zu verlaßen. Einige sind schon hereingezogen. Das neue Tor ist nur für Fußgänger offen, die Fronarbeiter[3] nebst ihren Wagen u. Pferden werden zu bestimmten Zeiten aus u. eingelaßen. Diese Passage zu Fuß wurde bald gänzlich gehoben, u. ging anfangs von hier aus bei der Erbprintzen Wache zu Wasser über den Rihn nach Tietgens Land[4], von da zu Fuß bis nach der grauen Brücke an der Stadtstraße, welchen Weg ich den 13ten machte; den folgenden Tag war auch dieser durch Verhacke sowohl als durch Sperrung der Schleusen aufgehoben u. nun geht dieser zu Wasser dahin daß man durch die Außenwache bei der 2.ten Brücke ankömmt, die letzte aber wird nun nicht aufgezogen. Das dänische Auxiliarkorps[5] hat immer fechtend von der Gräntze tiefer ins Land rücken müssen, nachdem sie vorher alle Bagage über Itzehoe nach Rendsburg schicken mußten, die nachhero durch Verräter dem Feind in die Hände gefallen ist.

(*Am 10.ten Dezember* hat dieses Corps in der Schlacht bei Sehestedt sich verewigt indem selbiges sich gegen eine fast 4 fach größere Anzahl feindl. Truppen tapfer gewehrt, die Festung Rendsburg glücklich erreicht u. dem feindl. Armee-Corps außerordentlich Schaden an Todten, Blessierten, Armatur, Munition zugefügt hat.) Hier in loco kamen, weil der Feind tiefer einrückte, nach und nach einzelne Versprengte, und ein paar 100 Mann Reconvalescenten[6] an, die die erste Nacht auf der Rathausdiele bleiben mußten, bis den andern Tag der größte Teil im Arbeitshause[7] verlegt wurde. *Am 11 December* mittags hörte man Schüsse auf der Elbe, auch wurde signalisiert, daher Alarm geblasen u. getrommelt wurde. Die Bürgerschaft lösete die Wachen ab u. jeder war auf seinem Posten aufem Wall, die Sprützen aufen Markt und alles in Bewegung; um 4 Uhr war alles visitiert und die Bürger wurden abgelöset. Nachhero ergab es sich, daß die Engländer Freudenschüsse gegeben hätten wegen eines an der französischen Gräntze erfochtenen Sieges[8].

Am 13. Dec. kamen ein paar 100 Ochsen an, die durch Jäger vom Siel[9] geholt waren, vorm neuen Tor an u. wurden dorten verteilt, kamen aber den folgenden Tag in die Stadt, einige wurden von Neuenbrock eingebracht, eine gleiche Anzahl steht noch in der Stadt verteilt, u. 700 Stück sind schon lange geschlachtet und eingesalzen.

Der Postenlauf[10] ist ganz gehemmt u. die Feinde allenthalben um die Festung, doch nachmittags ganz nahe. Unter den Versprengten waren einige Husaren u. bald darauf kam auch Herr Lieutn. v. Ewald als krank hier an, dieser genas aber bald u. machte den 10ten einen Zug nach Itzehoe mit 20 Husaren u. 60 Jägern. Sie brachten den falschen Postmeister Fuhlendorff mit, der aufem Rathause gesetzt wurde. (Aus Crempe wurden Königl. Gelder mit anhiero gebracht, u. sämtliche Küstenmilitz[11] in dieser Gegend mußten die Armatur hier in loco abliefern u. *am 17.ten* lieferte der Voigt Bendixen in St. Margarethen die königl. Gelder ab. Am folgenden Tag wollte Lieutn. v. Ewald einen Streif-Zug nach Wilster machen, um Gelder ein zu kaßieren, alleine es gelang nicht, weshalb er nach Itzehoe rückte, jedoch ohne Erfolg.) Am 14. Dec. machte derselbe mit 70 Husaren einen abermaligen Zug nach Itzehoe, fand aber allenthalben feindl. starke Vorposten, die Brükken teils verammelt, teils aufgezogen, namentl. die in Heiligenstedten, kam daher zurück, ohne etwas ausgerichtet zu haben. Heute wurde zum erstenmal um 9 Uhr morgens zur Reveille[12] geblasen und getrommelt, jeder Soldat soll dann im Anzug seyn, um gleich ausrücken zu können. Den 15.ten und 16.ten sind von der Batterie Ivenfleth die 4 kleinsten Canonen, jede mit 8 Fuhrmanns Pferden eingebracht, alle Munition, Utensilien von der Wache daselbst waren schon vorher gekommen, die 4 großen Canonen, heißt es, sollen vernagelt[13] werden (Der General hat also schon die Zeit ganz richtig eingesehen, daß diese sich bei einem Angriff von der Landseite nicht lange halten würde.) *Den 17.ten* erhielt das Obergericht die mündliche sichere Nachricht aus Itzehoe von dem Herrn Graf v. Ahlefeldt, Oetze, daß die Prälaten und die Ritterschaft auf Befel des Cronprintzen von Schweden sich in Kiel versamlen solle, um über das Wohl des Landes sich zu beratschlagen, wozu dessen Chef Conf. Rath v. Qualen mit berufen worden, wesfals auch derselbe eine russische Salvegarde erhalten. An demselben Tage traf auch privat Nachricht ein, daß am Waffenstillstande gearbeitet werde, u. die Feinde Rendsburg u. Glückstadt im Besitz haben wollten, nebst dem bereits gänzlich occupierten Holstein, u. zwar solange, bis zum allgemeinen Frieden, widrigenfalls in allem 60 000 Mann weiter vordringen sollen, und zwar ganz nach Seeland hin. (An diesem Tage sind die ersten feindlichen Husaren, einige 90 Mann zuerst in Crempe angekommen, alwo sie feindlich gehauset haben.) (Laut nachhero bekannt gewordenen Berichten ist dieses Armee Corps über 88 000 Mann stark und sicher über 20 000 Pferde.) Um 4 Uhr wurden alle Militair Kranke zu Wasser nach Wilster gebracht, kamen aber den folgenden Tag zurück, weil auch dorten schon feindl. Truppen waren.

Einige Tage vorher waren einige 100 Pferde allerhand Art, teils zugeritten, teils nicht, auch viele marode, die den Feinden durch Flüchten aus Itzehoe nach Dithmarschen u. die Wilstermarsch entkommen waren, hier eingebracht, die im Reithause[14] verteilt wurden, auch in den Ställen der Stadt; von diesen will Herr Lieutn. v. Ewald ein Corps Husaren errichten, wozu die ersten Pferde erwählt u. Leute von der Garnison, die bei der Cavallerie gedient haben ausgesucht, die untauglichen aber verkauft werden sollen. Nach und nach kommen Truppen von allen Waffengattungen an, die sich nach Altona retiriert und mit Canonen nebst Bagage eingeschifft hatten, unter welchen auch Seeländische Jäger waren. Der Commandant daselbst, Generalmajor v. Wegener kam auch krank zu Wasser an, wie auch verschiedene andere Offiziere zu Lande. Durch Verräter des Feldpostamts in Itzehoe ist fast alle Feldbagage dem Feinde in die Hände gefallen, (wodurch viele der Herren Offiziere den größten Teil an Wäsche und Kleidungsstücken verloren haben) die Herr Oberst v. Michelsen, der jetzt auch hier in loco ist, in Empfang nehmen sollte. Alle adelige Districte[15] um die Stadt haben Grentzpfäle, nebst den Namen der Eigentümer, erhalten.

Ser viele Frauenzimmer sind reisefertig, um zu flüchten, und viele Einwoner haben eingepackt, um auf jeden Fall etwas zu retten. Merere Bekanntmachungen von der Commandantschaft, daß jeder sich auf 6 Monat verproviantieren solle, sind zwar erlaßen, aber wenig befolgt, u. am 15.ten mußte der Ausrufer einem jeden öffentlich anzeigen, die Stadt zu verlaßen, der diesem Befehl keine Folge leisten könne. Auch dieses ist sicher one Erfolg, weil keiner der geringeren Leute nicht weiß, wohin er sich wenden soll, selbst auch wenn keine Feinde die Festung

3

eingeschlossen hätten. *Am 16.ten* des Morgens früh hatte ich einen Boten aus Herzhorn, der beiläufig die Ankunft feindl. Leute (in der dasigen Gegend jedoch noch nicht ganz wahr und nur bei den Oberbeamten pp.) anzeigte, eigentlich aber einiger Patienten halber geschickt worden war, von diesem erfur zugleich die Ankunft mererer feindl. Truppen in Crempe, Borsfleth etc., die sich allenthalben ausgebreitet hatten und nachher auch der Commandantschaft von dem Müller am alten Deich[16] gemeldet worden. An diesem Tage gegen Abend rückte noch eine Compagnie Jütscher Scharfschützen ein, die zur Bedeckung der Batterie auf Ivenfleth gewesen waren; u. desselben Abends marschierten ein Commando Jäger nach dem Rhin, um die daselbst in Fütterung stehenden 120 bis 140 Stück Ochsen zu bewachen, daß der Feind solche nicht abholen möge.

Ferner rückte an diesem Tage der Lieutn. v. Ewald mit 12 Husaren aus, hob ein Picket feindl. Vorposten bei Lesigfeld auf, und brachte 2 Gefangene nebst 3 Pferden mit. Ein von der Commandantschaft ausgesandter Bote, (Johann Knüppel) mit Briefen nach Schleswig soll ansehnlich belohnt werden, wenn er Antwort mitbringt. (Abgeliefert hat dieser seine Depeschen; er ist beständig an dem Ufer der Elbe u. Eider gewesen und hat sich auf diese Art allenthalben durch die Feinde geschlichen.) An diesem Tage war ich nach dem Steindamm u. dem Cremper Rhin, alles niedrige Land stand tief unter Wasser, der Sperrung[17] halber. *Am 17.ten* rückte Herr Lieutn. v. Ewald mit 26 bis 28 Husaren aus, des Morgens um 10 Uhr, u. gegen halb 4 Uhr kam derselbe mit der Hälfte derselben zum neuen Tor herein, brachte einen Gefangenen nebst Pferd u. 12 Fuder Heu und Stroh, dem Feinde abgenommen, zurück. Herr Lieutn. v. Bülow, von der hiesigen Garnison, der alle Züge mitgemacht, ist zum Cremper Tor hereingekommen. (Die Fourage haben die Landbewohner um die Stadt hergeben müssen; größtenteils auch Pferde u. Wagen dazu, wiewohl doch nur wenige Furleute aus der Stadt diesen Zug mitgemacht haben.) Dieser soll 2 Gefangene mitgebracht haben, wovon der eine ein Zimmermann seyn soll, der bei der 6ten Comp. des 1.ten Bataillons der Königin Leib Rgt beim Auxiliarcorps gestanden, und von dort aus desertiert sein soll.

Dies verhält sich ganz anders. Sämtl. Husaren sind nach Crempdorf geritten, 2 derselben in feindl. Montierung, unterwegens sind 10 bis 12 Wagen mitgenommen, warscheinl. um in Crempe zu requirieren. Die beiden mit feindlicher Uniform reiten über die Brücke[18], finden 2 Mann auf Posten bei Eltersdorff, diese freuen sich anfangs, werden den Irrtum aber bald gewar, ziehen Säbel oder Pistolen, und wärend dies geschieht, ist schon einer erschossen, dessen Pferd nach der Stadt gelaufen, der andere gefangen u. sofort wird auch in Crempe Alarm geblasen, auch feindl. Infanteristen, wahrscheinlich die wachthabende Mannschaft, sichtbar gewesen. Unsere retirieren sich nemen die ledigen Wagen mit u. gehen zum Fouragieren längs dem alten Deich ins Bülowsche[19], dahero die eine Hälfte ins neue, die andere aber ind Cremportor zurückgekert sind. Der eintzige Gefangene heißt Rudolph u. hat bey der 6.ten Compagnie gestanden. Die Antzal der Schillschen Husaren in Crempe wird zu 220 angegeben, auch hat man Nachricht, daß viele Infanterie erwartet u. daß die Auswege aus derselben mit Canonen besetzt werden sollen. Zwischen Elmshorn und Neuendorff hat sich gestern

4

einige feindl. Artillerie blicken laßen, die der tiefen Wege halber umgedreht u. nach der Geest gegangen sind, eigentlich aber doch wohl nach der Marsch bestimmt gewesen seyn mögen.

Heute sind alle Fruchtbäume bis zum ersten Knie[20] abgehauen, auch ist ein Pickett[21] mit 1 Officier nach dem Rihn, ein anderes aber nach dem Deichtor abgegangen, welches jetzt jeden Abend geschehen soll.

Den 12.ten sind acht leicht blessierte Cavalleristen, größtenteils geheilt von Altona zu Wasser angekommen, in der Affaire bey Wandsbeck sind sie verwundet worden. Bey der Parole ist befohlen, daß die Leute Fleisch, 5 Pfund pro Kopf haben sollen. Das Nähere ist noch nicht bekannt. Ein Unterofficier u. 16 Mann sollem beim Visitieren abwesend gewesen seyn. Laut Nachrichten sollen in Elmshorn 290 feindl. Husaren gegenwärtig seyn. Ein Bote, der diesen Nachmittag gegen 7 Uhr mit einem Krankenbericht (aus Crempdorff) zu mir kam erzälte, daß der Farweg nach Crempe aufgehoben u. ein starker Verhau quer übern Steindamm bei Claus Wulf Hofe[22] gelegt sey, wozu die Einwohner Busch, Pfäle, Stroh etc faren müßten, auch die feindl. Vorposten jetzt bei der klösterl. Müle[23] patroulierten. Ein Rgts. Artillerist ist als Deserteur beim alten Deich aufgefangen u. eingebracht worden. Eine vom Königl. O. G. erlaßenen Verfügung, die heute mit der Fortuna verteilt worden, fordert sämtl. Einwoner um die Stadt auf, Lebensmittel aller Art einzubringen, und zwar zu ordentl. Preisen, weil im Notfall alles dann requiriert werden würde.

Um 12 Uhr sollen daher die Thore geöffnet werden. Schon meist 10 Uhr Abends hatte man Gewerschüße außerhalb der Stadt bemerkt, und wurde etwas lebhaft. *Den 19.ten Dec.* (an diesem Tage sind die ersten feindl. Husaren und bald darauf ca. 500 Mann schwedische Infanterie bei der Herzhorner Kirche angekommen.) Am Sonntage um halb 10 Uhr morgens wurde Alarm geblasen u. bald darauf schlug der Generalmarsch[24], alles eilte am bestimmten Platz, so daß aufm Markt nur blos die Reserve nebst der ganzen Wache und einigen 20 Husaren standen, u. als nachher die Fanen abgeliefert waren, letztere nebst Jägern und Rekruten dorten blieben. Um 1 Uhr mittags wurden die Bürger abgelöset u. einigermaßen alles in Ordnung gesetzt. Herr Capitän von Falckenschild mit 200 Jägern vom Seeländischen Corps (und Reserven) war nach Ivenfleth beordert, hernach noch Lieutn. Steitz mit 70 Jägern u. einige Husaren, von denen noch nichts zu hören ist. Um halb 7 Uhr wieder der General Marsch, weil außerm Cremper u. neuen Tor abermals alarmiert wird. Der Hauptangriff ist auf die Batterie zu Ivenfleth gerichtet gewesen, die dann auch verloren ist. Nachdem 1 paar Canonen mit doppelter Ladung versehen, vorhero aber die Trossen abgehauen worden, abgefeuert sind, wodurch diese zurück auf die Landstraße gestürzt u. die beiden anderen vernagelt wurden.

Mit den 2 ganz kleinen, mit Kartätschen geladen, sind der Feinde viele getötet worden (man will behaupten, daß der Feind die Wacht- u. Ammunition auf andere Häuser abgebrannt habe, welches viele aus dem aufsteigenden Rauch bemerkt haben wollen; dies ist hernach ungegründet befunden worden.) Wäre der Sperforkenweg[25] gehörig besetzt, so hätten die feindl. Husaren nicht daher und den Unsrigen im Rücken kommen können. Überhaupt ist der Feind den Unsrigen außerordentlich stark vor- und seitwärts entgegengekommen, und wenn die Canonen der Festung unsere Krieger nicht geschützet hätten, so wären noch sehr viele mer bleßiert[26] und erschossen. Die Zal derselben ist noch nicht bekannt; man zält merere zu den Todten, die vielleicht blos gefangen worden sind. Um halb 4 Uhr wurden die langen Brücken aus dem Cremper- und Neuen Tor von der Außenseite in Brand gesetzt. Die 4 äußersten Joche waren schon lange mit Brandmaterialien, in Ketten hängend, versehen, diese wurden angesteckt, nachdem die äußeren Bohlen mit Hobelspänen und Teer belegt, angezündet waren. (die Brücke vorm Deichtor ist ganz abgedeckt, nur die Pfähle stehengeblieben.)

Zur selben Zeit wurden die Häuser u. Katen vorm Deichtor angezündet, die um 9 Uhr in vollem Feuer standen. In Ivenfleth, Borsfleth, Crempe sind die Feinde in großer Anzal gewesen, viele sind längs dem alten Deich, Weberkaten[27] nach Sperforken-Weg gedrungen, u. unsere vor- und seitwärts angefallen, dahero die traurige Retirade[28]. Sehr übel berechnet wars, daß der Succurs[29] so schwach war, u. mit Officieren versehen die des Weges gar nicht kundig sind (Der Seecapitän v. Krieger hat sich mit seinen Leuten vom See- sowohl als Land-Militär-Etat lange genug verteidigt, zuletzt aber mußte er der größeren Gewalt weichen, u. seine Leute so gut wie möglich nach der Festung bringen, welches auch glücklich genug geschehen ist).

In der Gegend von Brunsholt und dem Siel will man öfters Canonenschüsse gehört haben, auch soll von dorten her angezeigt worden sein, daß die Einwoner in sehr bedrängter Lage wären; es sind aber keine von den unsrigen Kriegern in der dortigen Gegend. Aufm neuen Deich sind die Feinde bis Hinr. Minck[30] vorgedrungen, von den Canonen der Festung aber zurückgehalten daher die unsrigen sich nach dem Eselskopf[31] retiriert u. durch Herrn Capitän v. Krieger mit den grönländischen Schaluppen übern großen Burggraben ins Deichtor gebracht.

Diese Dienste war man von diesen Schaluppen sicher nicht erwarten! Jetzt, um 6 Uhr, heißt es, daß das Militär aufem Wall, u. die Bürger an den Wachen, die Sprützen aber aufem Markt bleiben sollen, u. außer der Stadt werden Husaren u. Jäger Patrouillen die Nacht über bleiben. Die Gnaden Brücke[32] ist abgebrochen, nachdem vorher die am Rihn gestandenen Ochsen hereingetrieben worden sind. (Diese Brücke ist nicht abgebrochen, war auch unnötig, weil alles an der Stadtstraße unter Wasser stand.) Am Cremper Rhin sind 12 Ewer vernichtet worden, die Masten, Stangen abgehauen, Löcher im Rumpf gehauen u. versenkt worden. Viele Kähne haben ein ähnl. Schicksal gehabt. Unsere Ewer sind im Hafen oder im Rondeel vor der Schleuse gebracht worden. Den größten Teil derselben und vorzügl. am Herzhorner Rhin, (einige 70 an der Zal.) haben die Feinde alle zusammen vor der Schleuse zu Herzhorn bringen lassen. Der Horizont war von dem Feuer außerm Deichtor so ser helle, daß da ich um 7 Uhr abends auf diesem Tor stand, alles erleuchtet fand, u. mein Herz ganz erschüttert wurde. Diese sind vom Wall aus in Brand geschossen, welches des Abends gegen 10 Uhr wiederholet wurde, um noch ein paar Katen anzuzünden u. zu sehen, was die Feinde dorten vor Anstalten fassen mögten. Alles riecht nach Brand, Teer, Pech etc. so bald man auf der Straße geht. — Diese Nacht, nemlich vom 19.ten auf den 20.ten, ist es ruhig gewesen, wenigstens jetzt nun um 7 Uhr ist noch nichts bekannt geworden.

Um 10 Uhr sind merere Personen mit ihren Familien, teils nach Stade, teils nach Krautsand abgereiset, (auch die O. G. Räthe von Rönne u. v. Schirach sind mit ihren Familien dahin gereiset, nur der Herr Graf von Ahlefeldt ist noch hiergeblieben, folglich ist das Königl. Obergericht ganz aufgelöset. Die auf Krautsand gebliebenen haben im Ganzen genommen ein trauriges Leben dorten gefüret; der großen Menge Flüchtlinge allda wurden die Lebensmittel plötzlich ser teuer. Kinder konnten das Brot, Bier etc. gar nicht vertragen, dazu der Mangel an Betten, gehöriger Stubenwärme, dann das tägliche Schießen zu hören, die in Brand geschossenen Stellen brennen zu sehen, dazu die vielen kleinen Kinder, kein Wunder wenn nicht Diarrhöe in größerer Menge ausgebrochen, als wirklich noch geschehen ist.) Um 11 Uhr zog die Bürger-Wachtparade auf und um 12 Uhr die militärische, noch eher als die letztere zu der bestimmten Wache ankommen konnten, schlug der General-Marsch und sie machten Anfangs Halt, gingen aber nach den Wachen hin u. erwarteten nähere Order.

Feindl. Truppen schwärmten in großer Anzal vorm neuen Tor u. vorzügl. aufm Elbedeich nach Sieh dich vor[33], man konnte solche aufm Rethhügel mit bloßem Auge sehen, ich aber konnte nichts näheres unterscheiden. Einige Schüsse vom Wall hat sie wahrscheinlich etwas scheu gemacht. Von der Erbprinzen Wache soll quer über den Rhin nach den Außenwerken ein starkes Floß mit eisernen Ketten versehen gemacht werden, um den ersten Anlauf abzuhalten. Vom Wall aus in der Gegend des neuen Tors soll man viele Schantzarbeiten hinter Hauschildts Hofe[34] bemerkt haben, wesfalls diese Häuser aufn Abend in Brand geschossen werden sollen. Herr Lieutn. v. Ewald ist mit einem Trompeter u. 1 Husaren ausgeritten, man sagt, daß er Briefe von der Commandantschaft nach dem feindlichen höchst kommandierden Officier bringen soll, derselbe mag inner- außerhalb Landes sich aufhalten. heute sind keine Lebensmittel, vorzüglich Milch, Gemüse aller Art, die sonst täglich in großer Menge verkauft wurden angekommen. Bei Henning Minck sind gestern viele Schweden gewesen, die alle sehr artig sich betrugen und blos Brodt u. Wasser verlangt haben. Er hat sie gut bewirtet. Ein Onkel von ihm hier in loco ist heute dorten gewesen, dieser hat keine feindl. Soldaten gesehen. (Über 300 feindl. Truppen sind bei Minck gewesen, nur einige 60 haben zur Zeit auf die Diele kommen dürfen.)

Seit 4 Uhr sind einige schwere Schüsse gefallen, dem Schall nach vom neuen Thor, und jetzt etwas nach 5 Uhr ist der Horizont ganz erleuchtet, dahero warscheinlich schon einige Höfe in Brand geschossen sind, welches ich aus meinem Fenster sehen kann. Rund um am Fuße des Walles sind in gewisser Entfernung große 4eckigte Laternen mit 2 Lampen versehen, teils um bei den Arbeiten zu sehen, teils auch besser auf- u. abkommen zu können. Leuchtkugel, Raketen etc. werden dann und wann in die Höhe geworfen um zu sehen, was die Feinde draußen für Anordnungen treffen. Die Mannschaft auf den Batterien werden alle 4 Stunden abgelöset, die abgelöseten aber bleiben in der Nachbarschft in Bürgerhäusern, damit sie gleich gegenwärtig sein können. Daher hört man auch weder retraite noch reveille. Die Erleuchtung nach den neuen Tor hinüber ist der Widerschein vom Pechkräntzen gewesen, gebrannt hatte es nicht, wiewol einige behaupten wollen, die Feinde wären mit den Bewonern beschäftigt gewesen, um das Feuer zu löschen.

Den 21.ten December. Auf Bornholts Hofe[35] und in Meyers Kate[36] hat es wirklich gebrannt, allein die Feinde haben es wieder löschen können wiewohl fast jede ¼ Stunde dahin geschossen worden. Von Ewalds Sendung ist nichts weiter bekannt als daß wenige Feinde in Crempe seyn sollen, wahrscheinlich ist er auch nicht weiter gewesen. Am neuen Deich aber müssen sie in starker Anzal sein weil auf Hennig Mincks Hofe 2 Schildwachen vor der Hofpforte u. 2 auf der Hofstelle postiert sind. Heute sind abermals viele Familien zu Wasser abgereiset und merere sind reisefertig, dahingegen flüchten viele Rhinbewoner mit Habe und Gut nach der Festung, teils aus Furcht, teils aber auch des hohen Wassers wegen. Nach dem Rhin sind merere Schaluppen und 1 Lugger vom Königl. See-Etat allda über die Schleusen geschleppt, gebracht worden, warscheinlich, um nächtliche Überfälle zu verhüten. Heute sind öfter einzelne schwere Schüsse vom Sieh dich vor und dem neuen Tor geschehen, des nebligen Wetters ungeachtet, welcher Nebel gestern und heut sehr stark gewesen. Die feindl. Truppen holen bei diesem Nebel die Verhaue von Buschwerk fort, auch einzelne Sturmpfähle und sprechen auch mit unseren Schildwachen.

In der abgewichenen Nacht zwischen 10 u. 11 Uhr haben die Pickets auf den Contrescarpen[37], (denn auf der Landstraße dürfen sie der Feinde halber nicht kommen) sowohl als die Batterie- und andere Schildwachen in weiter Entfernung den Marsch schlagen hören, da dieses aber nicht näher gekommen, solches auch nicht gemeldet, worüber der Commandant seine Unzufriedenheit zu erkennen gegeben hat. Bei der jetzt getroffenen Einrichtung, die Ablösung der Batterie-Wachen betreffend, u. daß diese in den benachbarten Bürger- u. Privathäusern warme Stuben u. warme Erfrischungen erhalten, soll der General-marsch nur im äußersten Notfall geschlagen u. geblasen werden, um das Militär sowol als die anderen Einwoner nicht zu oft zu beunruhigen. In der Gegend von Stade und warscheinlich gegen Harburg hin, hat man gestern u. heute öftere Canonaden gehört. Heute, als am Markttage, ist gar nichts an Lebensmitteln eingebracht, kein einzelner Landmann hereingekommen, u. da auf Anhalten vieler in u. außer der Stadt um Öffnung der Tore und Niederlassung der äußeren Brücken gebeten worden, so ist dies Gesuch des starken Nebels abgeschlagen worden; viele wollten herein mit Habe u. Gut, u. viele wollten Fourage haben, auch andere wolten Bier, Branntwein einkaufen. Es heißt, daß bei der Ewaldsche Sendung auch von Auswechselung der Kriegs Gefangenen die Rede gewesen seyn soll.

Dies wird sich zeigen. Die Feinde haben 8 von den unsrigen, und wir 7 von den ihrigen. Ein feindl. Deserteur ist gestern angekommen, dieser hat beim Auxiliar Corps im 1.ten Bataillon hiesiger Garnison gestanden, ist im Hospital gewesen u. als gesund entlassen worden, darauf hat er bey den Rußen Dienste genommen, u. ist nun entwichen. Auf Koopmanns Hofe u. in den benachbarten Häusern sowie auch in den Häusern vor dem Deichtor u. neuen Tor haben sich die Feinde einquartiert. Von 4 bis gegen 7 Uhr ist alles stille, wenigstens keine einzelnen Kanonenschüsse mer. Gestern soll aufm Rhin schräge gegen der Erbprintzen Wache ein Mann mit einem Kahn, der in der Bucht nach dem neuen Tor herumfaren wolde, angehalten u. weil er keine Ordre pariert, erschoßen seyn; in dem Kahn soll mann 333 ledige Säcke gefunden haben. Morgen soll ein starker Ausfall gemacht werden, welches diesen Abend, nicht spät noch erfaren habe. Warscheinlich macht das Militär einen Zug aus dem Cr(emper) Tor, u. die Marine einen aufm Rhin nach dem neuen Tor hin. *Den 22. Dec.* Das Wetter ist stürmisch u. regnerisch. Um 8 Uhr waren der Sage nach 400 Mann, Jäger u. Musketiere nebst 2 Canonen mit Artilleristen aufm Markt, u. die Husaren hielten vor Ewaldts Quartier, (um unterm Commando des Herrn Grafen v. Ahlefeldt einen Ausfall zu machen, Häuser abbrennen u. zu fouragieren.)

Gegen 9 Uhr fielen einzelne schwere Schüsse nach dem neuen Tor hinüber. Alle hiesigen Furleute u. Privatwagen haben diesem Commando folgen müssen. Zwischen 10 u. 11 Uhr brannten die Häuser im Holländer Gang, die von Husaren angezündet wurden, (nur 2 Katen sind stehen geblieben, die die Eigentümer gelöscht haben.) Gegen 11 kam Hauschildts Hof[38] auch in Brand, zuerst die Scheune, hernach das Wohnhaus. Um 10 Uhr sah ich merere Schüsse von der Bastion Erbprinzessin abfeuern, allein sie zündeten nicht, oder wenigstens löschten die Feinde gleich. Ein paar Brandkugeln fielen aufs Erdreich u. brannten ganz deutlich, gleich aber waren sie gelöscht, sogar auf der bloßen Erde. (Die Feinde warfen gleich aufgelösete Erde oder auch Wasser darauf; an diesem war kein Mangel, u. die Schweden standen beständig mit Schaufeln bereit.) Um 11 Uhr sind 200 Mann von allen Truppen-Gattungen, jedoch one Pferde von Altona zu Wasser angekommen. Sie sind in der Affaire bei Wandsbeck mit gewesen. Es heißt, daß bei Krautsand merere beweffnete feindl. engl. Farzeuge seyn sollen; diese sowol als die Batterie bei Twielenfleth lassen allda unsere Farzeuge passieren. Bestimmte Nachrichten von Leuten, die über Rendsburg gekommen u. den Weg nach der Marsch eingeschlagen haben, sagen, daß die Festung nicht mehr gesperrt, auch die feindl. Truppen sich zurück gezogen haben sollen. (Dies ist, wie so viele andere Nachrichten, one Grund gewesen. Die engl. Schiffe näherten sich der Festung, wurden aber so begrüßt, daß sie sich eiligst wieder entfernten.) Andere wollen behaupten, diese große Anzal Feinde um die Festung wären von den Engländer in mereren Farzeugen allenthalben debarkiert. Um 1 Uhr geschahen merere Schüsse von der Bastion Holstein auf die Engländern, ob und was dorten vorgefallen seyn mag, wird die Zeit leren, jetzt ists ziemlich ruhig. Um 2 Uhr kam das Kommando zurück nebst 2 schwedischen Grenadieren, und einigen Wagen mit Lebensmitteln. Bei Henning Minck Hof aufm Deich u. an denselben sollen sie stark scharmütziert haben. 15 bis 16 Jäger zu Pferde waren ausgeschifft und ritten meinem Hause vorbey nach dem Markt hin, diese sind nebst den anderen sofort einquartiert worden. Um 7 Uhr fielen die ersten Haubitzenschüsse in die Stadt, (auch merere Stockraketten.) Anfangs wußte man nicht, wo sie herkommen, nachhero aber erklärte sich dies u. algemein wurde angenommen, daß sie von Mincks Hofe her geschossen, weil die Richtung quer übern Markt gegangen. (Durch den Generalmarsch kam alles in Tätigkeit.) Die getroffenen Häuser sind Gottlob nicht in Brand gesetzt worden; einige wollen wissen, daß es Congrevesche Brandraketen[39] seyn sollen.

Es verlautet, daß Ewald noch diesem Abend ausgeritten ist nebst Wachtmeister u. Trompeter. Um 8 Uhr erhielt ich ein Wachtcommando von 29 bis 30 Mann im Quartier, nur waren Stube u. Licht zu geben. Die von Altona gekommenen Officiere sagen aus, daß ein Waffenstillstand bis an den 29.ten Dec. Abends 12 Uhr abgeschlossenen, worin Rendsburg u. Glückstadt nicht inbegriffen seyn soll. Eine besondere Convention ists auf jeden Fall, wenns sich so verhalten sollte. Friedrichsort ist in Feindeshänden. In allem sollen 10 dieser Racketen auf die Stadt geworfen seyn. Ferner heißt es, daß die Festung aufgefordert sey, sich zu ergeben, oder um 12 Uhr gegen Mittag würden ernsthaftere Maassregeln ergriffen werden.

Den 23.ten Dec. Diese Nacht ist es abseiten der Feinde ganz ruhig gewesen, allein das Wagenfaren desto häufiger. Auch höre ich, daß die Nacht ein außerordentl. Kriegsrat versammelt worden, der um 7 Uhr noch beysammen seyn soll. (Diesem Gerücht ist nachhero widersprochen, also als falsch angegeben worden.) Das Wegfaren u. Wegtragen von Sachen aller Art und das Hingehen nach dem Hafen hat den gantzen Morgen fortgedauert. Geschossen wurde fast von allen Bastionen, auch sind einige Racketen gefallen, one Gott Lob gezündet zu haben.

Das Musketenfeuer aber dauert ausserm Deichtor zwischen unsrigen u. den feindlichen, die aufm Eselskopf in großer Menge sind, auch bereits die Contreescarpe herum die Stadt haben! so daß sehr viele Kugeln in die Stadt geflogen sind, immer fort. (Dieses soll gleichfalls nicht gegründet gewesen seyn, konnte auch am Tage nicht füglich angehen, weil die unsrigen von den Bastionen darauf geschossen haben würden; allein der dichte Nebel war so undurchdringlich, daß die Feinde wärend dieses Nebels die Batterien aufm Elbedeich aufwarfen, welches nicht eher als in der Nacht, da sie bei Lichtern arbeiten, von den Bastionen wahrgenommen werden konnte.) Seit 1 ½ Uhr wird alles ruhiger u. die Leute gehen von den Wällen nach Hause. Es heißt auch, daß kein Schiff aus dem Hafen soll u. daß die Feinde dicht davor mit den Kanonenböten liegen.

So unruhig als diese Nacht mit Faren, Tragen, Hasten gewesen ist, so ruhig ists jetzt, man hört wenig Leute gehen, und man wollte fast glauben, daß Unterhandlungen im Werke sind, weil viele von den Wällen nach Hause oder den jetzigen Bürger-Wachtlokalen geschickt werden. Meine 70 Rekruten sind fast gar nicht, wenigstens nur abwechselnd auf Posten gewesen.

(Unordnung und Verwirrung ist an der Tagesordnung, sowol an den bürgerlichen als Militair Wachten; ich weiß, daß einige auf Bastionen u. Ravelin Wachten 48 Stunden bleiben müssen. Ser Viele sind in 3 bis 4 Tagen nicht von den Wällen gekommen.) Das Militair, vorzüglich die gestern angekommenen Jäger zu Fuß u. zu Pferde sind sehr unruhig, weil sie weder Geld noch Fleisch u. Brod erhalten haben. Dazu kommt die traurige Stimmung aller Einwoner, das Wehklagen der Frauen u. Kinder, die abgereiset u. noch abreisen sollen. Viele Kaufleute haben den größten Teil ihrer Waaren auf Schiffen, mit denen sie absegeln wolten, u. nun zurückgehalten werden. Die Unzufriedenheit der gemeinen Soldaten, die Verwirrung bey Austeilung der Lebensmitteln, die Klagen über die starken Strapatzen u. daß viele in mereren Tagen u. Nächten nicht im Bette, sogar nicht mal aufm Strohlager sich ausruhen können, sind gantz algemein daher die üble Stimmung derselben. Heute haben alle geringen Leute, die sich nicht mit Provinat versehen können, aus der Stadt gewiesen werden sollen. Der Magistrat hat triftige Gründe dagegen, teils weil diese Leute nirgends hin kommen können, teils viele als Handwerker u. bey den Sprützen ganz unentbehrlich geworden sind.

Von halb vier bis halb 10 Uhr hört man keine Gewer- u. Kanonenschüsse, der Nebel, der aufm Nachmittag ser stark war, hat diese Ruhe wohl zu wege gebracht. Bey dem gestrigen Ausfall ist Martin Schall hinterm Kirchhofe ausserm Cremper Tor erschossen (dies ist one Grund, er lebt u. befindet sich gesund) u. der alte Minck im Arm verwundet worden, auch durch eine Kugel; einige wollen wissen, einer seiner Söne soll diesen Schuß getan haben. Gestern ist auch die Wache am Sieh dich vor nicht wieder besetzt worden (die Leute auf den Bastionen haben sie in Besitz, dahero keine Abteilung auf der Parade gemacht worden.

Den 24. Dec. Diese Nacht sind nur einzelne Gewerschüsse und von der Festung ein paar Canonenschüsse gefallen. Gegen 9 Uhr schlug der General Marsch, u. alles kam in Bewegung, ich erhielt sogleich 15 Mann zur Bivouac Wache u. ließ ein Frühstück austeilen; für mein Haus muß ich heute zum 2ten mal einen Mann zur Wache geben, das 1.te mal gab 28 Schilling u. dies 2.te mal 1 Mark. (Unter der zum Garnisondienst gezogenen Bürgerschaft waren merere als Lohnwächter, die sich ferner dafür bezahlen lassen, einer derselben ward verdächtigt u. desfalls arretiert, bey der Abhörung hatte sich gezeigt, daß dieser ein schwedischer Soldat, warscheinlich ein Pommeraner, sey weil er der deutschen Sprache mächtig war; er kam nachhero in Vergessenheit u. ist beim Einrücken der feindl. Truppen gleich nebst noch einen u. Fuhlendorff freigegeben worden.

Warscheinlich ist dieser von der Stör nach Krautsand gebracht, von dort nach hier gekommen, weil täglich freie Fahrt dahin war, er hat hier alles ausspioniert. Vielleicht ist er gar schon einige Male hin u. zurückgegangen, um Rapport abzustatten.) Da ich aber heute auch das Hospital Nr. 2 aufm Rehthügel[40] übernehmen mußte, habe ich dem Capitän Meyer erklärt, keinen Mann fernerhin zur Wache zu stellen. Die Feinde haben allenthalben um der Stadt Batterien mit Erdsäcken zur Verschantzung aufgeworfen, wozu die neblgte Witterung gestern u. vorgestern sehr behülflich gewesen. Es ist gegen 12 Uhr ziemlich ruhig, einige wollen wissen, daß ein Parlamentair ins neue Tor kommen würde, wäre dies der Fall, so käme er von Wedel oder Pinneberg, alwo der General Woronzow[41] sein Hauptquartier haben soll. General v. Boie[42] liegt in Crempe. Um 2 Uhr heist es, daß der Parlamentair nicht angenommen worden, wenigstens ist er nicht eingelassen. Die sogenannten Brackkaten[43] ausserm neuen Tore, der jetzige Schlupfwinkel der Feinde, sollen mit Brandkugeln zerstört werden; seit einer Stunde geschehen dann u. wann einzelne Schüsse. Alle besten Habseligkeiten werden auf Schiffe

11

gebracht die im Hafen bleiben sollen. Ob sie dorten besser liegen, mögen die Götter wissen.

Meine zum täglichen Gebrauch dienenden Sachen sind eingepackt, um bey
Feuersgefar herausgebracht werden zu können, alles andere nebst meiner Biblio-
theck überlasse ich der Vorsehung des Allerhöchsten. Vor jedem Hause sind Wasserbehälter nebst großer Leiter, u. in denselben in den Etagen Cupen mit Wasser,
härene Decken., die bereits durchnäßt sind, in Bereitschaft, um zu löschen wenn
Brand entsteht (Diese sind von großem Nutzen gewesen, in meinem Hause ist
2 mal Feuer dadurch gelöscht worden.) Gegen 4 Uhr war ich aufm Neutors-Wall,
hernach bei der Graupenmühle[44] u. aufm Schleusenberg[45]; von den Batterien
Erbprinz, Erbprinzessin u. von Glücksburg wurde scharf geschossen, erstere nach
der Stadtstraße, wo nun vorgestern der Hauschildtsche Hof u. heute die 2.te
Brackkate in Brand geschossen worden ist. Alle anderen Höfe u. Katen stehen
noch. Ganz deutlich aber ist es zu bemerken, weil alles unter Wasser steht, auch
die Stadtstraße, dem ongeachtet hausen die Feinde in den beschossenen Häusern.
(Die große Hafenschleuse[46] schien des Wasserdrangs halber in Gefar zu seyn. Das
Wasser war der Höhe wegen durch merere Ratten- u. Maulwurfslöcher gedrungen,
hatte sich einen Weg gebahnt u. es war ein großes Glück, daß diese noch durch
Sandsäcke, Stampfen etc. zugestopft werden konnten.)

Einige wollen behaupten, daß die Feinde aufm Gerichtsplatz am Außendeich,
alwo unsere Artilleristen im Herbst Verschanzungen aufgeworfen hatten, um
Canonen zu probieren, jetzt in diese Gegend Bombenkeßel[47] angelegt hätten,
woran ich aber zweifle, weil es zu nahe an der Elbe belegen ist. Ein von der Commandantschaft heute erlassener um 4 Uhr aus der Druckerey gekommener u. ans
Militair sowol als andere Einwoner verteilter Tagesbefehl muntert einen Jeden auf,
standhaft seine Pflichten zu erfüllen, u. keine Beschwerlichkeiten zu scheuen, weil
Gott, der König u. das Vaterland Alle mit verdienter Hochachtung belonen werden. Es ist in allen Häusern die größte Unordnung, alles von der Stelle weggerückt
oder eingepackt; ich habe alle Gardinen abnehmen lassen, um doch etwas dadurch
zu verhüten, weil diese leicht Feuer fangen, so wie ich alle mögliche Vorkerung
getroffen habe, das Feuer zu löschen, welches in vielen auch geschehen ist. Die
Stadtsprützen mit den roten Brandfanen u. der Brandwache stehen beständig bei
der Pumpe aufm Markt, (eine derselben mit Zubehör beständig aufm Rethhügel
bey dem Zuchthause, unter Ausicht als Brand-Cassen Deputierten Max Webers),
die Artillerie- u. Marine-Sprützen ebenfalls auf ihren Posten. Die letztere war vorgestern durch Dienste an der Brandstelle, die auch gleich gelöscht wurde.

In Lüder Lange Hause[48] schlug eine dieser Stockraketen ein, das Feuer wurde
aber bald gelöscht, obwohl doch einiger Schaden darinn geschehen ist. Den Stock
dieser Rakette hat Lange in seinem Hause, ich habe gebeten ihn aufzuwaren.
Dieser Stock ist von gutem Förenholtz, circa 10 Fuß lang, 1½ Zoll im Durchschnitt
dick, übrigens gantz rund u. 1 Fuß lang mit dickem eisernen Blech beschlagen,
welches Ende warscheinlich in der Büchse, die mit Brandmaterialien u. 1 Kugel
versehen, gesteckt haben mag. Diese Dinge zerschmettern vieles und zünden warscheinlich auch gantz leicht, bis jetzt ist doch kein Feuer ausgebrochen. Eins der-

selben ist in der Witwe Cruse Hofe am Fleth[49] im Hünerstall gefallen u. das Mägden wird hernach diese Zerstörung inner, one daß es gebrannt hat. Den Stock, den ich gesehen, war beinahe in der Mitte in 2 Teile gebrochen, das eine Ende aber so zersplittert, daß es fast fadenartig anzusehen war (Merere Sorten dieser Congrevesschen Raketten haben wir bisher hier gesehen, deren Bauart im gantzen wohl einigermaßen gleichförmig; wurden aber doch etwas abweichend bei den größeren sowol als kleinen gefunden worden sind. Die Soldaten nannten die größte Sorte Hechtköpfe und die kleinere Steertpoggen.)

Um halb 9 Uhr war ich aufm Markt, als die Meldung geschah, daß bey Minck Hofe ein starker Verhack, aufm Deich sowol als aufm Farweg angelegt werde, wesfals zu glauben steht, daß die Feinde mer auf irer Sicherheit bedacht sind, als daß sie einen Überfall unternemen würden. Diesen Morgen sind abermals merere Farzeuge mit Flüchtenden u. den besten Sachen abgesegelt. Einige nach Stade u. Assel, andere nach Grauerort u. noch andere nach Ütersen. (Längst der Krückaue sind auch Viele aus der Stadt nach dem Lande geflüchtet, um von dorten aus sich weiter ins Land retirieren zu können.) Die vorgestern angekommenen Jäger, das Leibkorps des Hertzogs von Augustenburg, haben heute die angewiesenen Plätze aufm Wall erhalten, die Mannschaft vom Holst. Reuter Rgt. werden warscheinlich Pferde aus dem Reithause bekommen u. dann mit den Jägern zu Pferde u. den Husaren die ser verstärkt worden, Dienste tun müssen. Jetzt ist alles gantz ruhig, Gott gebe, daß auch diese Nacht Ruhe herrschen, u. die Feinde iren Willen nicht erfüllen mögen, Weihnacht Abend in der Festung seyn zu wollen.

Unsere Seeleute haben mit 3 Schaluppen diesen Nachmittag einen Zug aufm Rhin gemacht, um Kohl u. Kartoffeln zu holen; sie sollen rechts nach dem neuen Tor hin gefaren u. recognosciert haben u. da sie nichts Verdächtiges warnehmen so fallen sie über die Kartoffelberge her, die leider! alda mit Wasser umgeben sind, allein die Erde ist von oben zu, noch lange nicht herab, so fallen die Feinde aus den Häusern u. schicken einen solchen Kugelregen, daß sie eiligst davon fliehen müssen. Eben da alles vorbereitet ist, die Wahnsinnigen bei Feuers Gefar zu sichern, ist eine kleine Rebellion im Zuchthause entstanden, die zwar jetzt, wie es heißt, gestillt ist, allein die Husaren haben erst den Aufruhr dämpfen müssen u. 12 Mann sollen noch gegenwärtig zur Wache dorten seyn, (die Befel haben, zu hauen u. zu schießen, so bald sich die geringste Meuterey äußert) Die künftige Nacht soll öfters geschossen werden, nach Aussage der Artilleristen.

Den 25.ten Dec. Die ganze Nacht ist fast jede ¼ Stunden 1 Schuß von einigen Batterien geschossen, hauptsächlich nach dem Elbdeich hin, um die feindl. Batterie aufm Deich, als auch Mincks Haus zu zerstören. Mit der Batterie soll es gelungen seyn. (bey welcher viele Leute sogleich, oder wenigstens nachher als Blessierte verloren haben) aber der Hof steht nun unverletzt.

Bis gegen ½ 9 Uhr dauerte dies fort u. nachhero wurde alles ruhig. Eine besondere Assecuranz[50] blos der Häuser, nicht der Möbel wegen, ist heute beschlossen, auch schon von vielen unterschrieben worden, wozu ich gleichfalls meine Einwilligung gegeben habe. (Diese Vereinbarung ist nicht zu stande gekommen, weil in diesen traurigen Tagen Alles abreisete, um das Leben zu retten). Ferner habe neue Angaben wegen meines Pferdes, Hafer u. Fouragekosten noch machen müssen u. der Commission einhändigen lassen. Ewald ist heute als Parlamentair ausgeritten, warscheinlich nach Crempe. Heute sind abermals viele abgereiset. Um halb 2 Uhr fielen in merere Richtungen Schüsse von der Festung. In der Gegend der Tobacks-plantage[51] soll auch eine Batterie errichtet worden seyn. Die Brackkaten solle alle 4 abgebrannt seyn, (nur eine ist halb zerstört u. halb aufgebrannt.) auch heißt es, daß gestern eine Stockrakette im Dach des Provianthauses[52] geschlagen seyn soll. Die Sich dich vor Wache ist zum Bivouac geworden, dahero keine Abteilung auf der Parade seit einigen Tagen geschehen ist. Herr v. Ewald hat keine Audienz erhalten, dahingegen ist ein feindl. Offizier in Gesellschaft des Herrn Kriegsrat Möller aus Crempe hier gewesen, ersterer hat eine Unterredung mit dem Herrn Commandanten gehabt, warscheinlich auch ein Schreiben überreicht, hernach sind sie bei dem Herrn Maior von Vendt[53] auf Kosten der Stadt bewirtet worden u. gleich darauf zurückgereiset.

Ein Officier der Garnison soll den Herrn Maior daran erinnert haben, diesem die Augen mit einem Tuch zu blenden, aber zur Antwort, daß solches nicht nötig sey. Gleich darauf hat der Commandant die Deputierten der Bürgerschaft zusammen rufen lassen, die eine Sitzung aufm Rathause warscheinlich halten. Wegen Sperrung der Stadt werden jetzt die Leichen (zur Garnison gehörend) in der holen bastion[54] onweit des Pulverturms, beerdigt. Die Frau Pastorin Hager, 88 Jahr alt, sollte am 21 ten zur Ruhestelle gebracht werden, u. da die Brücken kurtz vorhero abgebrannt wurden, ward diese Leiche neben der Kirche im sogenannten Todten Hause beygesetzt. Die Wache nebst den starken Picket am Cremper Tors Ravelin hat in der abgewichenen Nacht der Übermacht weichen und sich über den großen Burggraben zurückziehen müssen, jedoch hat der Feind keinen Besitz von dieser Wache genommen. (Diese Nachricht soll ungegründet sein, ist auch nicht denk-bar, weil die Wache nicht besetzt worden ist. Viele Gewerschüsse sollen gehört worden seyn.) Der Herr General v., Ahrenschildt, heißt es, soll das Commando über sämtl. feindl. Truppen in dieser Gegend haben, auch sagt man, daß er eine Unterredung mit unserm Herrn Commandanten gewünscht haben soll. (ersteres ist ohne Grund, weil der General v. Boie das höchste Commando hat, letzteres kann wahr seyn, da derselbe hier vorher gewohnt u. Freunde auch Bekannte hier in loco hat). Dies wäre doch für unsere gute jetzt doch ser bedrängte Stadt eine äußerst wünschenswerte Sache. In der Bürgerkirche soll heute vormittags so wenig als nachmittags Gottesdienst gehalten worden seyn, weil beide Prediger mit ihren Familien weggereiset sind, in der Schloßkirche[55] aber haben Herr Pastor Schmidt eine prachtvolle Predigt gehalten (Herr Pastor Frank[56] hat in beiden Tagen seine Bußrede gehalten, des Nachmittags ist kein Gottesdienst gehalten worden) Man sagt, daß der Cronprinz von Schweden in Kellinghusen seyn soll u. daß der Parlamentair um 4 Uhr in der Nacht wieder hier seyn wolle.

Den 26. Dec. Gestern Abend zwischen 8 u. 9 Uhr wollen Sachverständige bemerkt haben, daß der Feind Bomben geworfen und mit Haubitzen[57] geschossen haben soll. Der Schall kam vom neuen Tor her und war anders zu hören als die Schüsse der unsrigen. Gezündet aber hat es nirgends, weil alles ruhig blieb. Wie es diese Nacht gewesen ist, davon habe noch nichts erfaren. ¼ nach 7 Uhr war ein starker Schuß. Um 10 Uhr waren 2 feindl. Officiere bey dem Herrn Commandanten, wurden aber gleich abgefertigt u. nachhero verlautete, daß die Nacht um 12 Uhr dies Bombardement vor sich gehen würde.

Eine große Anzal der Einwoner bat inständigst mündlich u. schriftlich, dies Unglück abzuwenden, allein derselbe war nicht zu bewegen. Zum Mittag 12 Uhr ging schon leider das Schießen an. (der Generalmarsch setzte alles in Tätigkeit). dies dauerte bis 10 Uhr in einem fort. Der Schaden ist außerordentlich gros obwohl es gar nicht gebrannt hat, fast alle Häuser sind durch die Brandraketen zerschmettert, die Dächer vorzüglich. (Kanonen u. Kartätschen[58] Kugeln sind in Menge gefallen, Bomben nur wenige, Brandraketten desto mer, u. dem ongeachtet ist kein Brand von Wichtigkeit entstanden, alles gleich gelöscht worden) In meinem Hause[59] sind auch 7 Stellen im Dach, u. 2 in den Fenstern Löcher geschlagen, u. die eisernen Stücken von den Grannaten liegen allenthalben zerstreut umher. Einzelne Schüsse geschehen nach 9 Uhr u. um 10 Uhr, als ich nach dem Hospital Nr. 2 ging, flog eine Rakete quer über meinen Kopf auf dem Wasser hinein.

Den 27. Dec. Um 6 Uhr morgens fielen ein paar schwere Schüsse u. etwas nach 7 Uhr schlug der Generalmarsch wieder. Gegen 9 Uhr ging die Canonade an, die ungleich stärker als gestern war u. 3 Stunden gedauert hat. An mereren Stellen hats gebrannt, ist wieder gelöscht zwar, aber doch außerordentliche Zerstörung angerichtet.

Von den Engländern auf der Elbe und von unseren Batterien an der Elbe ist heute gantz erschrecklich gefeuert worden. Ob u. wie viele Todte u. Blessierte (es heute gekostet hat) ist gar nicht in Erfarung zu bringen, denn die Gerüchte durchkreutzen sich so sehr, daß man die Wahrheit gar nicht erfaren kann. Außerm neuen Tor haben die Feinde heute einige Häuser abgebrannt, zu welchem Behufe ist nicht zu erklären, sie mögten denn noch mer Batterien angelegt haben. Heute Vormittag ist mein Haus sehr stark beschädigt, jedoch bin ich vor vielen andern meiner Mitbürger noch glücklich gewesen. Es ist ein gräuliche Verwüstung hervorgebracht, keine Haus unverletzt geblieben. Die Mannschaft an der Hauptwache hat auch flüchten müssen, die irgendwo am Markt verteilt seyn wird. (Die Lange[60] hat einige dieser Wache beherbergt) Die Bürgerschaft hat keine Leute zur Wache mehr stellen können oder wollen, genug! Sie sind heute abgelöset, u. da das Militair fast alle in Bewegung ist, so können sie auch keine andere Dienste tun. (Die Rekruten müssen an deren Stelle den Wachdienst versehen) Die Batterien an Holstein sollen äußerst beschädigt sein.

Von 12 bis 7 Uhr ist es einigermaßen ruhig gewesen, aber jetzt schient es wieder ernsthaft werden zu wollen. Ein französischer Offizier mit 5 Mann sollen zu Wasser angekommen seyn, u. jetzt spricht man von Succurs u. daß unser König mit merere Regimenter auch inm Anmarsch seyn soll.

Das Faren mit Effekten u. das Abreisen dauert noch immer fort. (Die Englischen Schlupen[61] halten alle Schiffe an, jedoch nicht länger als um zu erfaren, ob königl. Beamte oder Effecten des Königs auf diesen verborgen sind, sie sind aber blos mit der Antwort zufrieden, daß Privateigentum u. Waaren fortgebracht werden). Viele gehen nicht mer über die Elbe, sondern bleiben diesseits, viele gehen auch aufm Rhin zu Wasser weiter fort, ob sie aber nicht aufgehalten werden dürften, wird die Zeit leren.

Das Schießen hat nicht lange gedauert. Bis halb 10 Uhr war es ruhig, dann fing das Schießen u. Rakettenwerfen wieder an, aber es fielen höchstens 12 bis 15 Schüsse.

An vielen Batterien haben ein paar hundert Soldaten diese Nacht bessschäftigt seyn sollen, auch sollen die sogenannten Britschen[62] allda beschädigt seyn. Auch Morgen sind die Bürger zum Wachtdienst aufs neue commandiert, ob u. wie viele die Capitaine zusammen bringen, wird die Zeit leren. Der größte Teil ist entweder abgereiset, oder andere Geschäfte halten ihn vom Wachtdienst frey.

Den 28. December Diese Nacht ist ruhig gewesen, sowiel diesen Morgen um 7 Uhr weiß. Viele Ammution ist warscheinlich nach den Wällen gebracht, weil beständig hin und her gefaren worden ist.

Gestern sind viele schwer bleßiert u. getötet worden, unter den Bleßierten ist auch der Chef der Marine, der Herr Capitain v. Kruse, dem ein Bein zerschossen, das nachhero amputiert worden ist, u. um 4 Uhr soll er bereits gestorben seyn, von der Amputation soll nichts geworden seyn, dies ist gantz sicher) Zu den Keller des Etatsrats Feldmann Hause wurde er anfangs hineingebracht, u. wie er gestorben war, nach seinem Hause. Es ist insofern noch gut, daß seine Familie abwesend ist. Ein Wöchnerin flüchtet mit ihrem Säugling vom Cremper Tor nach dem Deich in einen Keller, u. kaum eine Stunde ist sie dort, so war sie auch schon todt. Eine 24 pfündige Kugel prallt auf die Mauer[63] fährt auf das gerade überstehende Haus, schlägt durch den Boden im Keller, tödet Mutter u. Kind und verletzt einige andere Personen.

Um 11 Uhr wurde ich zu einem Manne[64] gerufen, der Blut aushustete, u. wie ich ankam, u. dies geschah sogleich, weil dicht bey mir war, holte er noch ein paar mal Odem u. verschied. Ein Blutsturz aus der Brust hatte ihn so schnell der Welt entrissen. Von vielen andern schwer Bleßierten, u. bald nachher, teils mit teils one Operation, gestorbenen Personen hört man zwar, aber mit Gewisheit ist nichts davon zu bestimmen. Die Wahnsinnigen u. der größte Teil männl. Verbrecher im Zuchthause sind auf ein großes Schiff gebracht worden, worauf 12 Husaren zur Wache dienen.

Das Zuchthaus ist stark beschädigt, so wie überhaupt viele Kugeln u. Raketten aufm Retthügel gefallen sind. Vom Hospital daselbst konnte ich oftmals nicht übern Hafen noch weniger nach der Holstein Wache sehen, solch entsetzlicher Pulverdampf schwebte in der Luft. Eine Rakette fiel im Torf Magazin dicht beim Hospital, u. wurde noch brennend heraus geholt, one daß der Torf in Brand geriet. (Das große Torflager wurde umgeworfen, der Sicherheit halber u. hernach ward hin und wieder Feuer darin gefunden.) Gott gebe uns und heute einen besseren Tag wie gestern. Um 8 Uhr fiel der erste Schuß, gegen 9 Uhr schlug der Generalmarsch, alle Mannschaft aber war schon auf den Beinen, der größte Teil derselben auch fast immer im Bivouac in den Bürgerhäusern. Diese 3 Stunden hätten unsere gute Stadt gantz zu Grunde gerichtet, wenn Feuers Not dazu geschlagen wäre; dies ist dann nun Gott Lob nicht geschehen, u. diese 3 angstvollen Stunden sind abermals vollbracht. Die Bombenkessel aufm Elbdeich bey He. Mincks Hofe haben merere 300 pfündige Bomben in die Stadt geworfen (200 pfündige sollen es nur seyn, wie Sachverständige sagen; auch sind merere Mörserbatterien daselbst errichtet worden.) Eine habe ich im Regiments Hospital[65] aufm Hof liegen gesehen, die über 4 Fuß sich in die Erde gewület hatte.

Merere fielen sichtbar im Hafen, just da wo keine Schiffe lagen (wovon (ich) selbst einige ins Wasser habe fallen sehen; in verschiedenen Häusern u. auf den Gassen sind auch einige gefallen, die viele Zerstörungen angerichtet haben.) Im Hospital auf dem Rethhügel waren die Reconvalescenten u. andere die sich zur Not aus dem Bette helfen konnten, reisefertig: Erstere waren mit ihren Habseligkeiten im Bechtoldsheimschen Garten u. am Hause gelagert, die schlausten saßen im Keller u. in der Stube, in decken gehüllt die aber lagen in ihren Bettstellen. Zum Löschen halten wir nasse wollene Decken u merere Eimer mit Wasser bereit. (Außer den im Hafen, Fleth, Burggraben gefallene Bomben sind merere dadurch unschädlich geworden. daß solche tief in der Erde erstickt sind, außer aber in Weinfässer gefallen sind u. dadurch gelöscht wurden. Im Keller des alten Herrn Schröder am Deich[66] fiel eine solche durch alle Etagen des Hauses, gerade in ein mit Madera gefülltes Faß, wodurch diese gleich gelöscht u. die Menschen, die darinn geflüchtet waren, sich retten konnten; im Weinlager der Witwe Siemen am Fleth[67] war ein ähnlicher Fall, eine solche Bombe haut durchs Dach in ein Stückfaß mit alten Mallaga gefüllt, auch diese löschte sich one größern Schaden angerichtet zu haben Obs eine besondre Ahnung bey mir oder die gleich anfangs ins Wasser gefallene Bombe warm, die mir diese Gedanken im Kopf brachten, genug! Es war gut.

Denn bald danach stehe ich auf der Diele, mit dem rechten Arm aufm Treppen Pfeiler gestützt, von 3 Chirurgen umgeben, weil wir von der getroffenen Einrichtung spreche, als bald darauf diese 3 ausrufen Herr Jesus und wir alle waren von Staub u. Steinen bedeckt, die mir vorzüglich aufn Rücken gefallen waren, alle Türen sprangen auf, u. in der Augenblick war auch der kränkste von allen, ein Husar, in bloßem Hemde bey uns, den wir gleich in eine andere Stube bringen ließen u. uns zur näheren Untersuchung in die beiden mit den schwächsten Patienten belegten Stuben begaben. Die matt gewordene 24 pfündige Kugel war, nachdem die Wand zerschmettert, auf ein ledig Zuchthaus Bett dicht bey dem Husaren gefallen, u. hatte sich im Stroh Sack gewälzt. Über dieser sowol als 4 andern war die Kugel durch die Bodendecke u. schräge 4 Fuß über der Erde an die Wand nach der Diele geworfen. Sämtliche schwer Kranke wurden gleich angezogen u. nach dem Bescholsheimschen Keller[68] getragen, alwo bereits einige Betten in Bereitschaft standen, für die anderen Lagerstellen an der Erde, so daß sie doch einigermaßen in Sicherheit waren. Daß in den oberen Etagen alles ledig war, dies gereichte den daliegenden Kranken nur zum großen Nutzen, weil nicht allein merere Bettstellen, Stubentüren, ein Teil des eisernen Ofens zerschmettert, sondern auch viele Stücke von Holtz, Steinen u. Kalck herumtrieben und überhaupt alles in Verwirrung untereinander lag.

Um 12 Uhr, als das starke Schießen nachlies, u. ich Anordnung teils wegen diese geflüchtete, teils wegen erwartende 30 anderen Kranken getroffen hatte, ging (ich) zu Hause, u. fand in meinem Hause keine neue Zerstörung. Zwey von den Reconvalescenten hatte ich schon gestern u. auch heute nach meinem Hause geschickt, um nötigenfalls mit zu helfen. Aufm Nachmittag führte mich mein Weg über unsern Kirchhof in der Stadt[69], alwo jetzt die Leichen eine bey der andern eingesenkt wurden, one alles Gepränge, so wie die Militärischen in der hohlen Bastion auch one Grabzeichen begraben werden. Heute gleich nach aufgehörtem Bombardement flüchten noch viele Leute, sogar die ärmeren der jüdischen Gemeine mit allem Gepäck, so daß ich glaube die Hälfte der Einwoner sind fort. Heute hat der Commandant ein Chaise-Wagen mit 4 Pferden requiriert, der immer bereit stehen mus. Die Engländer sollen heute eine schwartze Flagge aufgestellt haben, die erste Mörserbatterie auf dem Elbdeich ist von den unsrigen gantz zerstört, so daß alles rechts und links herabgeflogen ist. Die Seeleute sollen auch heute, ebens so wie gestern einige Engl. Schiffe gantz zerschossen haben. Diesen Nachmittag hat ein von der Stör angekommener Bote gesagt, daß die feindl. Truppen sich auf die Englischen Schiffe begeben; es muß etwas wahres daran seyn, weil sie vom neuen Tor auch mit allem Geschütz, welches die Leute selbst gezogen haben, abmarschiert sind (mit einigen Canonen sind sie gleich abgegangen, allein der größte Teil derselben hat auf Buchwalds Hofstelle[70] gestanden, um auf die Batterien gebracht zu werden. Die abgeführten Canonen haben auf der Batterie am Schwarzen Wasser gestanden, alwo sie wegen der Inundation nicht länger bleiben konnten.) Auch heißt es, daß Printz Friedrich mit vielen Truppen bereitz diesseits Itzehoe zum Succurs herbeieile. Woher aber kam diese Kunde? Da Rendsburg worin er seyn sollte, auch eng eingeschlossen ist, u. woher solte diese Nachricht kommen, da nur blos die Wasserseite noch frey ist. Auch diese ist schon gesperrt. Heut soll die Einrichtung getroffen seyn, daß jeden Mittag 700 bis 800 Portionen Essen für die Mannschaft auf den Wällen, Wachen u. Außenwerken, fertig ist, um diese armen Leute gehörig speisen zu können. Ferner ist ausgerufen worden, daß alle Brand- u. andere Racketen, die gefunden sind, aufm Zeughause[71] abgeliefert werden sollen. Seit 12 Uhr sind nur wenige Schüsse, warscheinlich von den unsrigen, gefallen, seit 4 Uhr zwei mer u. jetzt um 6 Uhr ist es so stille auf der Straße, als fast mitten in der Nacht nicht zu seyn pflegt. Die Bürgerschaft hat heute abermals einige Wachten besetzen sollen, sich aber dagegen gesträubt, u. der Commandant hat nachgeben müssen, dahero die Rekruten diese Wachthäuser besetzt haben. In der Lange (Haus) ist jetzt die Hauptwache u. aufm Ratskeller die Brand u. Spritzen Wache mit ihren Fanen.

Ich war auf diesen Nachmittag in der Hauptwache; die Zerstörung derselben ist gar nicht zu beschreiben. Die noch gebliebenen Frauen u., Kinder sitzen allenthalben, zur Zeit des Bombardierens sowol als in der Nacht in den Kellern, die alle mit Mist verstärkt sind, oder auch in den Gewölben der Tore, die alle verschlossen sind nach der Außenseite hin. In 4 Tagen bin ich nicht aufm Wall gewesen, aber doch heute aufm Schleusenberg. Das Wasser im Rhin ist noch 1 Fuß höher seitdem gestiegen, welches ich an den Pfälen beim Baum bemerkt habe, die nur eben hervorragen. Die Dachpfannen u. das Fensterglas werden teuer werden, erstere habe ich schon bestellt, u. letztere können zur Not entberet werden, wenigstens würde ich, wenn ich Viele gebraucht, welches nicht der Fall ist, Bretter vornageln lassen. Vor starke Regengüsse bin ich am besorgtesten, weil man jetzt nicht trokken im Hause sitzen könnte, wenns stark regnen würde. Der Himmel gebe uns aldan die uns nötige Ruhe, damit wir anfangen können, uns zu erholen, u. unsere Häuser reparieren zu laßen, und trocken darin sitzen u. die notwendige Ordnung herstellen zu können, Diese ist leider in allen Häusern gestört, dazu kommen nun noch die Bivouac Wachen, daher alle Häuser nach so was wie Wachstätten das Aussehen haben. Auf dem Gefangenen Schiff hat eine Kugel den Glockenstul mit der Glocke herunter geworfen, letztere glaube ich ist unbeschädigt, wenigstens habe nichts daran bemerkt, mich auch die Zeit nicht genommen, nähere Nachfrage darüber zu halten.

Ein solches gemeinschaftliches Leiden erweckt unter den Einwohnern merere Herzlichkeit u. Zuneigung; bey ser Vielen habe ich die Bemerkung gemacht, wie gros die Bereitwilligkeit gewesen, sich gegenseitig Dienste zu leisten, die bey anderen Gelegenheiten oft kaum zusammen sprachen.

Seit einigen Nächten haben die Nachtwächter ihre gewöhnlichen Gänge nicht gemacht auch nicht gerufen, sondern blos aufm Markt patrouilliert um Acht auf alles zu geben u. jede Stunde den Policeyinspector, der im Pumpengebäude[72] sein Nachtquartier hat zu rapportieren. Von 7 Uhr an wurde des Wagenfaren auf den Gassen wieder rege, u. so wie ich gehört habe, sind es Furleute u. Bierfürer gewesen, die Mist nach der Schleuse faren müssen, auf welchem warscheinlich eine Batterie zur Beschießung des Rhins, in der Länge hin, angelegt werden soll (auf der Flethschleuse sollte eine Batterie angelegt werden um die feindliche am schwarzen Wasser, auf Bornholdts Hofe, zu zerstören, wesfalls vorher der Damm vor diese, teils durch Zuwerfung der Schleuse, teils durch Verstärkung derselben merere Festigkeit erhalten sollte, hernach aber wurden Bollwerke darauf angebracht.)

Den 29. Dezember: Des Morgens 7 Uhr. Ausser dem kleinen Gewehrfeuer u. ein paar Kanonenschüsse, soll es die Nacht ruhig gewesen sein; ist der Abzug der feindl. Truppen gegründet, so hörte ich auch, daß wir heute nicht beunruhigt werden, welches uns allen, vorzügl. den Alten, Schwachen u. Kranken, eine große Wohltat seyn würde. Abseiten der Englischen Flotte, die noch etwas jenseits der Stör liegen soll, ist ein Officier als Parlamentair angekommen und im Mittag soll von der feindlichen Landarmee gleichfalls einer angekommen seyn. Einige Matrosen sollen (gestern) Abend nach der zerstörten Batterie bey H. Minck Hofe gewesen, auch noch einige Hüner von den jetzt leer gestanden Höfen mitgebracht haben u. dem H. Commandanten erklärt haben, daß, wenn sie ein paar starke

Schmiedehämmer gehabt hätten, sie diese Mörser hätten zerschlagen können. Eine Danksagung für diese Nachricht haben sie erhalten, aber keinen Auftrag, solche zu zerschmettern. (diese Batterie ist von den Feinden etwas mer zurückgelegt worden, weil die unsrigen durch ihre richtig angebrachten Schüsse alles zerschmetterten) So viele Meinungen pro u. contra hierüber gehört wurden, ist fast gar nicht zu glauben. Ein gestern Morgen mit einer sehr großen Anzahl Personen, sowie die Männer im Raum u. d. Frauen u. Mädchen mit weißen Halstüchern aufm Deck sich aufhalten müssen, um 8 Uhr abgegangen, Ewer nach Herzhorn, ist noch nicht zurück, u. man vermutet, daß die Feinde das Schiff mit allen Passagieren arretiert haben, zumal da der Schiffer hat zurückkeren wollen, einige sagen gar, daß die Männer bei den Schantzarbeiten angesetzt seyn sollen (Dieses und hernach noch einige Schiffe sind ungehindert, teils direkt vor Herzhorn, teils aufm Rihn gelandet, one von den schwedischen Truppen aufgehalten worden zu seyn, einige der Passagiere sind bis Crempe u. in der dasigen Gegend geflüchtet) Außen den Toren sollen weniger Feinde sichtbar seyn, auch sind immer ein paar Schüsse, warschinlich von unsern Leuten, geschehen. Um 2 Uhr hieß es würde das Bombardement vor sich gehen, weil die Wasserzeit dazu paslich ist, allein es ist schon ½ Stunde vorbei u. Gottlob! noch alles ruhig; für die Nacht aber ist mir bange, weil der Waffenstillstand um 12 Uhr zu Ende geht.

Die gestrige 3 stündige Attaque hat mer Todte als Blessierte gegeben, die Zal derselben ist nicht bekannt geworden. Im Reithause sind merere Pferde getödtet, und in anderen Ställen Ochsen, Kühe, Schafe u. Schweine in größerer Anzal, einige aber so blessiert, daß sie geschlachtet werden mußten. Da fast gar keine Landleute hereingekommen sind, so glaube ich jetzt auch kaum an eine Einschiffung der Feinde. vielleicht sind einige 100 Mann zu einer besonderen Operation beordert worden, oder sie machen an bord auch Patronen u. Kartuschen. (letzteres glaubt man, sei das wahrschienlichste) Es heißt ferner, daß Herr v. Ewald mit einem Trompeter ausgeritten, aber nicht lange abwesend gewesen seyn soll. Welche Nachrichten durch diese Parlamentairs von der See- als Landarmee angelangt sind, davon kann nichts bekannt werden. Sicher aber ist's daß der Chef des Auxiliarkorps, der Printz Friedrich den Waffenstillstand auf 10 Tage, hinfolglich bis zum 4.ten, Abends 12 Uhr, verlängert hat, auch, daß unser Commandant, schon am Sonntage diese Waffenruhe für unsere Stadt ebenmäßig bis zum heutigen Tage, 12 Uhr Nachts hat verlängert haben wollen, welches der Zeit nicht bewilligt u. bereits von 12 Uhr bis Abends 10 Uhr diese erste Canonade statt gefunden hat. Heute nun soll der Herr Commandant abermals um diese Waffenruhe bis zum 4.ten angehalten haben u. man glaubt, daß da die Feinde ihre Ammunition verschossen haben, diese aus eben genanter Ursache fordern, als um die Leute einigermaßen ausruhen zu lassen, diese Bedingung eingehen werden (daß kein Mangel an Ammunition gewesen sey, haben die folgenden Tage bewiesen; sowie es denn unsererseits auch nicht daran gefehlt hat, welches an dem vielen Schießen von der Festung die feindl. Truppen hinlängl. erfaren haben, indem sie Blessierte u. Todte in Menge gehabt. Einige Kugeln sind sogar durch die Schnelligkeit tödlich gewesen, welches einem schwedischen Tambour das Leben kostete.

Dieser steht am Fenster in Wiechmanns Kate[73], sieht gerade nach dem bunten Hofe[74] hin, als durchs Seitenfenster nach der Stadt hin eine Kugel 2 bis 3 Schritte hinter im durchfärt, er todt niederfällt one die geringste Verletzung behabt zu haben. Man sagte, daß er erst kürzlich aus der Stadt desertiert seyn solle.) Andere Nachrichten lauten dahin, daß der Commandant Erlaubnis erhalten einen Officier als Courier nach Copenhagen zu senden, welcher dann auch zugleich mündliche Aussagen über die traurige Lage der Stadt geben könne. Die erstere oder die letztere mag gegründet seyn, auf jeden Fall sind wir um 10 Tage wieder gesichert, unser Leben u. Eigentum zu behalten, aber die Feinde können sich in dieser Zeit verstärken, merere Schantzen aufwerfen u. uns dann mit umso größerer Macht angreifen, daß der letzte Rest vollends verheeret werden kann. Der Himmel schenke uns eine längere Waffenruhe und den baldigen Frieden.

In der Nähe der diesen Nachsommer aufgegrabenen Flethschleuse werden Bollwerke von dicken Balken verfertigt, die vielleicht als Brustwehr dienen soll, um hinter denselben geübte Jäger zu stellen, die längs dne äußeren Graben nach der letzten Brücke schießen können um bey einem Überfall die Feinde von dort mit Gewehr- u. von den Wällen mit Canonenfeuer abzuhalten (die große Schleuse ist nach vorn zu abgedämmt, oben auf starke Bollweerke angelegt, teils um das Durchschießen zu hindern, u. die Stadt vom Wasser frey zu halten, teils aber auch die Feinde auf der gerade über liegenden Batterie in ihrer Tätigkeit zu hindern. Jetzt ist es 10 Uhr abends, also in 8 Stunden kein Schuß, wenigstens aus den Canonen, geschehen.

Den 30. Dec. Alles ist ruhig gewesen u. auch jetzt noch, um 2 Uhr mittags; aber ängstliche Sorgen leuchten Jedem aus den Augen, die mancherlei Gerüchte sind zu verschieden, daß manchem der Mut sinken muß. Eine Besorgnis wegen des Dammes der Flethschleuse ist bey mit gehoben, weil ich das Durchschießen dieses Dammes befürchtete, welches vom neuen Tor aus in gerader Richtung gerne angehen kann. Einesteils habe ich auf Bornholts abgebranntem Hof so wenig Schutt als Batterie gesehen wohl aber den Blitzableiter. Alles ist unter Wasser in der dortigen Gegend, u. anderenteils wird die ganze Schleuse jetzt zugedämmt, u. meine Besorgnis für Überschwemmung in der Stadt einigermaßen, nicht ganz gehoben (die Batterien am wilden Wassergang[75] auf Bornholts Ländereien haben uns großen Schaden zugefügt) Der Feind wird suchen, auf alle Art und Weise, dies hohe Wasser los zu werden, kann ers uns zuführen, wie gerne geschähe es u. dahero meine Sorge.

Ganz bestimmt wird nun gesagt, daß um 12 Uhr diesen Abend der Waffenstillstand zu Ende sei, also das, was gestern für sicher erzählt wurde, wird heute als unwahr erklärt; um 4 Uhr aber soll Kriegsrat aufm Rathause gehalten werden, wozu schon ein Protokollist angesagt seyn soll. Die Kranken häufen sich täglich an, daher man auf Requisition einiger großer Schiffe Rücksicht genommen hat. Lebens Mittel u. Fourage aller Art nemen ab, wesfalls schon das Privat Eigentum angegriffen werden soll. Die Mörserbatterien aufm Elbdeich sollen jetzt jenseits dem Reck[76], nemlich in der Bucht, vom Feinde, u. zwar so angelegt worden seyn,

21

daß diese Richtung die Elbbatterien, das Provieanthaus zum Gegenstand haben; welche warscheinliche Wirkung werden diese zuwege bringen, wenn keine andere Ausgleichung stattfinden sollte. Der Mangel an Hafer, Fourage etc. muß ser gros seyn, da schon der 9.te Teil alle Angaben derselben requiriert worden ist. Zwar konnte die große Anzal Pferde nicht erwartet werden, die zufällig gekommen sind, allein die Brauer, Brenner, Bäcker etc können das Vieh doch nicht hungern lassen, um des Königs Pferde damit zu füttern.

Um 9 Uhr abends. Ein Gerücht hatte sich verbreitet, daß diesen Nachmittag wenigstens um 4 Uhr die Feindseligkeiten den Anfang nehmen würden, es ist aber Gott seis gedankt noch ruhig, zwar nicht in den Gassen, doch auf den Batterien. Von dem zu haltenden Kriegsrat ist alles blos Mutmaßung gewesen. Ein Zimmer auf dem Rathause ist zwar geheizt, allein es ist ein Staabs Verhör dorten, über einen Officier, wer es aber seyn kann, u. was er verbrochen haben mag, habe ich nicht erfaren, vielleicht weil keine nähere Nachfrage halten wollte. Diesen Nachmittag habe ich zufällig merere Fahrzeuge aus dem Hafen bringen sehen, die nach Colmar, der Aue[77] und Krautsand wollten. Ein jeder Abreisende darf aber one Erlaubnis des Herrn Commandanten u. d. Herrn Präsidenten nicht von hier gehen, ob aber nicht manchmal einer mit durchschleichen mag? Briefe kommen fast täglich vom jenseitigen Elbufer, auch einzelne Geflüchtete kommen dann u. wann von Krautsand u. gehen bald zurück (warscheinl. sind von dorten merere Spione, teils in Civil, — teils in Matrosenkleidern hier gelandet, die, nachdem alles ausgeforscht worden, über Krautsand nach der Stör zurückgegangen sind. Eine andere Passage ist gar nicht denkbar u. merere Spione, abseiten der Schweden sind hier doch in der Blockade-Zeit sowol als wärend des Bombardements gewesen; abseiten unserer sind auch Leute, teils mit Briefen nach Altona u. Hamburg teils auch auf gut Glück ausgesandt worden, um hier oder dort etwas auszuforschen, u. namentlich ist Herberg nach erstgedachten Orten und Briefen von hier aus abgefertigt worden, alles aber über Krautsand.) Es ist zu bewundern, daß dies verstattet wird. Gestern Abend haben die Nachtwächter wieder ire nächtl. Promenaden gemacht u. halbe u. ganze Stunden angesagt, so wie im Winter gewönlich gewesen. Das Protokoll des Todtenregisters ist jetzt geschlossen, keine Leiche wird angeschrieben, auch der Name soll nicht einmal gesagt werden. So ist es beim Militair, warscheinlich auch bei der Stadtgemeine, denn die Herren Prediger sind abwesend. Die Gräber werden gemacht und die Leichen in der Stille eingesenkt one die Namen anzeigen zu dürfen. Alles warscheinlich auf hohen Befel u. um kein Aufsehen zu erregen. Heute sind 7 Gräber aufm Stadtkirchhofe gemacht worden, wie mir einer der jetzt noch anwesenden Geistlichen erzält hat. In den Häusern der Geflüchteten, die nicht offen gehalten werden, muß der Schlosser die Haustüre öffnen, in diesen dann vorzüglich, doch aber auch in anderen, werden Kochstuben, Schneidersäle, Wachtstuben zum Bivouac etc. angelegt, u. die vorgefundene Feuerung wird als öffentl. Gut, zum Einheitzen, Kochen pp. verwandt.

Jedoch haben viele hier gebliebene Hauswirte Bivouac-Stuben für die von der Wache gekommenen Mannschaften. Viele gemeine Soldaten kommen in 9 bis 10 Nächten nicht einmal im Bette zur Ruhe. Wenigstens kommen von den 10 Mann, die bei mir einquartiert sind, Viele in mererern Nächten nicht zu Bette. Und sie sehen so schmutzig und zerrissen aus, daß es über alle Beschreibung ist, es kann aber des weichen Wetters u. des tiefen Schmutzes auf Gassen u. den Wällen nicht anders seyn, dahero dann die vielen Kranken in den Hospitälern, die mit Diarrhoen, rheumatischen Beschwerden, geschwollenen Beinen Hals- u. Brust-Entzündungen ankommen. Besonders ernst ist es, daß die Passage zu Wasser, auch auf beiden Rhinen u. auf der Elbe nicht vom Feinde gehemmt wird, da doch die Land-Reisen gantz unterbrochen sind. Einwoner vom Rhin kommen aber äußerst selten, um zu verkaufen u. einzukaufen. Aber man erfärt nichts, u. bey mir sind in 12 Tagen keine Boten angekommen. Die sonst gewöhnliche Wachtparade ist jetzt gar nicht mer. Jedes Bataillon oder Corps zieht auf dem ihm angewiesenen Lärmplatz zur Parade one alle Musik. Auf der Engl. Flotte werden Freudenschüsse gegeben, einige wollen wissen, daß der schwedische Cronprintz an Bord sey; auch daß die Schwedischen Truppen von den Russischen abgelöset wären.

Den 31. Dec. Gestern Abend spät erfur noch, daß Ewald diesen Morgen mit einem Trompeter wegreiten würde. u. daß auf dessen Rückkunft alles Bezug haben könnte. Ein Grönlandsfarer ist in Besitz genommen, dies soll als Hospital-schiff auf der Elbe liegen, um mit Ruhe u. Sicherheit die schwer Blessierten amputieren zu können. Ob die Engländer darinn willigen werden, wird die Zeit leren, Erlaubnis müssen sie dazu geben, weils sonst auch dort nicht sicher ist. Merere Schiffe mit Korn aller Art beladen, sollen angehalten worden seyn, ob nun diese auch in Requisition gesetzt werden, wird sich zeigen. Den Eigentümer derselben, der auch abwesend ist, kann Jeder leicht erraten[78]. Den Reisenden ists verboten, Lebens Mittel mit zu nehmen, sie mögen Namen haben welche sie sollen, also ist die Ausfuhr derselben gäntzlich untersagt, u. dies mit Recht. Das Hospital zu den Hauptoperationen ist nun im kleinen Pulverthurm (gerade über dem Stock-hause),[79] bey dem Cremper Thor angelegt, zu dem Ende alles ausgeräumt worden ist in dieser Nacht. (Sehr dumpfig u. naskalt ist es freilich dorten, aber doch sicher für die Kranken, u. vom Schießen wird wohl wenig zu hören seyn. Wärend des Schießens bin nie dorten gewesen, weil beständig im Hospital No. 2 beschäftigt war, wohl aber außer des Bombardierens, um Kranke zu besuchen, u. dann gefunden, daß es so dumpfig, kalt u. feucht war, nicht zm Aufenthalt der Kranken dienlich, aber Sicherheit gewärte, wenn alles Geschütz in Tätigkeit gesetzt wurde.) In den anderen Hospitälern hat man sich so gut wie es angehen kann, gesichert, wenigstens ungleich besser als vorher, weils in den Keller-Etagen in Ordnung gebracht ist. Heute Vormittag ist merere Malen parlamentiert worden. Ewald, Falkenschild, Schirren haben eben vors Cremper Tor haraus müssen, um Briefe in Empfang zu nehmen u. abzuliefern, ersterer ist also nicht weiter, als eben nach dem Steindamm hinausgewesen, u. zum 1.ten Mal gegen 12 Uhr brachte er die Nachricht, daß das Bombardieren wohl gleich anfangen würde. Der See- Leutn. v. Lütjens ist auch mit der weißen Flagge nach den Engländern gewesen, allein auch von diesen ist nicht in Erfarung gebracht worden. Alles war voller Unruhe und banger Erwartung, einer machte den andern noch ängstlicher, bis gegen 2 Uhr merere Schüsse fielen u. eine halbe Stunde danach der General Marsch schlug. Nun heißt es, die Engländer würden ungleich stärker angreifen, obgleich Wind u. Wasser entgegen war u. von der Landseite würde gestürmt werden, so daß wir one alle Rettung verloren wären. Von dem Angriff ist zwar jetzt halb 6 Uhr noch nichts geworden, allein ein Jeder ist doch in Furcht und Schrecken gesetzt. Die Feinde sollen ser gute Bedingungen vorgeschlagen haben, unser Herr Commandant soll mit der gantzen Besatzung, nur sie sollen den Oberbefel u. also auch Verstärkung hineinschicken, die Beschädigten sollen Ersatz haben pp., allein alles vergebens. Angesehene Männer haben flehentlich gebeten, Mitleid mit der Stadt u. deren Bewoner zu bezeigen, alles umsonst. Und daß die Not sehr gros seyn muß, ist daraus abzunemen, weil schon heute einige 20 Pferde erstochen werden sollen, man weiß nur nicht, wo sie eingescharrt werden können, auch hat das Parlamentieren dies wohl verhindert. Für die Nacht ist jeder in ängstlichen Sorgen, haben die Feinde kein Mitleiden mit uns, so sind wir alle verloren, denn der Commandant ist unbeweglich. Sehr bittere Nachreden muß er nun schon von sich hören lassen, allein was kümmert er sich darum. Ein Englischer Parlamentair soll um 4 Uhr gekommen u. noch nicht fortgeschickt seyn, da es doch halb 6 Uhr ist; vielleicht ist von diesem noch Hoffnung zu erwarten u. vielleicht sind solche Bedingungen gemacht, die annehmbar sind, so daß der Commandant nachgebender würde. Unser aller Wunsch ist es. Ser niederschlagend für uns ist es, daß die angesehensten Männer dieser Stadt, von allen Ständen, uns verlassen haben; wären diese mit den Zurückgebliebenen im Verein getreten, vielleicht hätte etwas Erwünschtes daraus entstehen können, allein nun kann Herr Justizrat u. Präsident Seidel nichts ausrichten, so sehr sich dieser Mann bemüht hat u. noch Mühe gibt, diesem traurigen Schicksal entgegen zu arbeiten. Gestern Abend sollen 20 Matrosen mit einer armierten Barkasse, die aufm Rhin gelegen, nach Herzhorn zum Feinde übergegangen seyn (dies hat sich nicht bestätigt) u. diesen Abend werden merere Soldaten von verschiedenen Batterien, namentlich von den äußeren Deichtor, vermißt.

Wie es heißt, so ist auch diesen Abend Kriegsrat gehalten worden, vielleicht dauert diese Conferenz lange, u. sie sind noch versammelt. Gott gebe, zum besten unserer Aller.

1814

Den 1. Jan. Außer mereren geworfenen Lichtkugeln von unserer Seite ist nichts vorgefallen, aber die Feinde sollen die gantze Nacht gearbeitet haben aufm Elbdeich (In der Scheidestunde des alten Jahres zum neuen hin, haben unsere Seeleute dem Feinde das neue mit 27 Schüssen angekündigt, zufolge sind es nicht blos Lichtkugeln gewesen, die abgeschickt worden sind, auch sind sie alda eben so scharf zurückgegeben.) Die ganze Blockhauswache 26 Mann stark sind diese Nacht davongegangen.

Um 9 Uhr Abends: Heute ein schwerer Tag. Gegen 9 Uhr schlug der General Marsch, Bomben, Kugeln, Brandgranaten und Raketten regneten auf die Stadt. Um 10 Uhr schon brannten Pruters Buden[80], auf deren Boden ein Holtz Magazin liegt, u. jetzt ists noch nicht gelöscht. (In der Eckbude, worinn die Möbeln des Herrn Capitän von Waldmann befindlich waren, lagen viel scharfgeladene Gewere u. ein großes Magazin mit scharfen Patronen, one Wissen des Eigentümers, u. dies Haus wurde gerettet,wiewohl die anderen gantz abbrannten. Welch Unglück wäre entstanden, wenn auch dies ein Raub der Flammen geworden u. diese Gewere almälig losgebrannt wären!) die ganze Stadt ist in Dampf u. Nebel eingehüllt u. ganz außerordentlich Schaden allenthalben entstanden. Gott stehe uns in der Nacht bey, denn man ist fürs Sturmlaufen ser in Sorgen. Der Commandant ist unerbittlich, er ist beinahe gestürmt worden, voran den Angesehensten der Stadt, geistl. u. weltl. Standes. Von 9–12 Uhr die stärkste Canonade, dann zog die Flotte sich zurück u. die Batterien aufm Elbdeich u. vorm Cremper Tor donnerten fort bis gegen 5 Uhr u. die Stockraketten fliegen noch dann u. wann, die man am Rasseln zu unterscheiden hat (wärend des Gottesdienstes in der Kirche zur Horst haben die Zuhörer die Erschütterungen spüren können, auch in Elmshorn ist dies der Fall gewesen.)
Unsere Batterien musten aufhören. weil sie nichts aufm Wasser sehen (auch die Englischen Schiffe nicht erreichen) konnten: die Leute sollen äusserst unzufrieden seyn, so wie alle Einwoner es sind, aber was ist es für Rat, der Herr Commandant will von nichts wissen. Ich habe meine Massregeln getroffen, ist die Antwort, die er jedem gibt. (die Festung ist mir anvertraut, aber nicht die Bewoner derselben.) Den heutigen Schaden zu beschreiben ist gar nicht möglich, alles ist zerschmettert, man mag hören diesen oder denen, alle sind äusserst beschädigt. Hin u. wieder liegen Todte, die diesen Abend mit ihren Kleidern, so wie sie sind, begraben werden sollen. Kein Einwoner kann trocken im Hause bleiben, wenn es stark regnen würde, u. keiner kann etwas ausbessern, nicht einmal Dachpfannen auflegen lassen, um sich für Regen zu sichern. Dazu verlangt der Commandant daß die Leute trockene u. warme Quartiere haben sollen, u. gibt zur Antwort, der Bürger muß schaffen, u. wird ihm gemeldet, daß hie und da Feuer entstanden, so heißt es, der Bürger muß löschen! Wenn S. Majestät unser König Selbst gegenwärtig

wäre, er würde Mitleiden mit seinen Einwohnern haben u. allein dieser wahrlich! nicht längsten hätte er allen Bitten u. Flehen Gehör gegeben, u. die vorgeschlagenen guten Bedingungen eingegangen.

Es ist ein Aufrur zu befürchten, wenns sich nicht baldigst ändern solte. Wie viele Todte u. Blessierte vorhanden sind, ist nicht in Erfarung zu bringen, freilich bin jetzt 1 Stunde zu Hause, um mich zu erholen, allein wenn auch ausgehe, werde wenig erfaren, weil alle betäubt sind.

Den 2. Jan. Gestern abend 10 Uhr ging das Schießen und Rakettenwerfen wieder an, u. dauerte bis 4 Uhr diesen Morgen. Ich hatte mich aus großer Müdigkeit in den Kleidern niedergelegt, u. zwar aufm Sahl, weil aus der Schlafstube (sowohl als meiner täglichen Wohnstube) der zerschmetterten Fenster halber flüchten mußte, als plötzlich ein starker Knall entstand u. ich bey Oefnung der Augen das gantze Zimmer in Feuer bemerkte, schnell fur ich aus dem Bette u. in den Kleidern, rief nach Licht u. alles, außer Schwefel Geruch war verschwunden (dahingegen schien die gantze Straße im Feuer zu seyn, welches die Nachbarn nachher gesagt haben.) In der Nacht bemerkte ich nur die zerschmetterten Fenstern, alles lag unter einandergeworfen u. zerschlagen, diesen Morgen aber ein großes Loch in der Mauer nach vorn, u. seitwärts auch große Verwüstungen, sogar die Haustüre u. die steinerne Treppe fand ich beschädigt; auch unten im Hause alle Fenstern zerschmettert, ja gar meines Nachbars Fenster sind zerschlagen! (und in der Brandmauer sind 3 bis 4 Beschädigungen sichtbar) eine Congrevesche Brandrakette hat dies Unglück angerichtet (Nicht diese, sondern eine gefülte Brandgranate ist es gewesen, die mein Haus so stark beschädigt hat, daß die Ecke nach der kleinen Straße[81] hin, von oben links bis unten geborsten u. diese Risse so gros sind, daß das Tageslicht durchscheint. Haubitzgranate soll der eigentl. Name seyn. Von 10 bis 4 Uhr dauerte in kurzen Zwischenräumen diese Canonade, daher blieb die ganze Nacht auf u. als es tagte, sah mich genötigt mein Haus zu verlassen und bey meinem Schwager[82] einzuziehen. Um halb 11 Uhr canonierten die Engländern u. gleich schlug der General Marsch. Diese Canonade hat bis ½ 4 Uhr mit einer fürchterlichen Wut gedauert, auf der Elb- u. Landseite wurde schrecklich geschossen, so daß in 2 Stroh- u. 1 Heumagazin Feuer entstand, eines wurde einigermaßen gelöscht, das andere brennt noch u. letzteres ist ganz abgebrannt, (in deren Kellerraum sich Speck, Fleisch, Rotwein u. andere Lebensmittel verwart lagen), hat auch noch merere Häuser in Brand versetzt. Das Faren der Spritzen und Wassertonnen hat gestern u. heute kein Ende nemen können.

Dazu kömmt heute noch ziemlicher Nordwestwind, so daß man mereren Brand befürchten muß. Das von dem alten Gummitsch bewonte Packhaus, in welchem Hafer, Heu, Stroh, Corn etc. bis an die Dachspitze war, ist gänzlich abgebrannt, Stamms Haus[83] ebenfals, Lannigs Haus aber gewaltig beschädigt, so auch J. G. Schröders Haus[84]. Dieses hat außerdem sehr ansehnlichen Schaden wegen verloren gegangenen u. aufgebrannten Zuckers (da die Königlichen Magazine heute fast alle abgebrannt sind, die Feinde auch von diese Häuser genau bezeichnet worden wären, doch nicht alle in ein paar Stunden hätten in Brand schießen können; so ist es fast nicht zu bezweifeln, daß Spione dazu die Veranlassung gegeben haben. Leider! — Merzu finden, die man anfangs nicht dafür gehalten haben möge, unter diesen war ein gewißer Chevalier de Cl., der als Sprachlehrer hier dem Scheine nach kümmerlich lebte u. als die Festung übergeben war, beim General Boye in großem Ansehen stand, auch mit diesem abgereiset ist. Verdacht erregte dies bei Vielen. Daß die Vorsehung über uns gewaltet hat, ist aber gar nicht zu verkennen, weil bey dieser großen Not nocht viel größere Unglücksfälle hatten entstehen können, die selbst wärend des Canonierens Ammunition aller Art, auf unbedeckten Wagen one nasse Decken, durch die Straßen nach den Bastionen gefaren wurden, one daß ein Wagen von den Bomben, Kugeln oder Granaten getroffen wurden, welches doch leicht hätte geschehen können, wie traurig wären die Folgen dann gewesen!) Nach der nahmlosen Straße war es schon bis zum Doven Fleth, u. viele kleine Häuser daselbst sowie die größern aufn Deich waren so gut wie verloren. Der Wind blies stark aus Südwest u. es schien als ob die Reichenstraße nebst der Deichstraße Gefar leiden könnte. Doch die Vorsehung hat alle Not gehoben, der Wind legt sich etwas und gegen die Nacht war man schon etwas mer gesichert. Das Brücken Haus[85], ein klein Magazin von Heu vorm Cremper Tor u. die Scharfrichterey[86] haben gleichfalls gebrannt, letztere liegt in der Asche. Sehr viele Leute sind gestern erschossen aber auch schwer blessirt, die meisten sind durch die glühenden Kugeln, die durchs Cremper Tor furen, getödtet oder schwer verwundet. Der Herr Commandant war bey dem grossen Feuer am Deich mermals gegenwärtig, soll auch sein Mitleiden bezeigt haben, aber damit wirds nicht besser. Diesen Morgen werden 56 Mann vermißt, wahrscheinlich zu Hause oder zum Feinde übergegangen. Die Außenwerke werden von den Seeländischen Jägern, Jütschen Scharfschützen odern den Augustenburgschen Jägern besetzt, diese haben keine Bekanntschaft im Lande u. wissen dieserhalb weder Weg noch Steg.

Den 3. Jan. Das Feuer hat die gantze Nacht gebrannt u. brennt noch wird wahrscheinlich noch merere Tage brennen, wiel solch großer Vorrat von Brennmaterialien aufgehäuft war. Diese Nacht soll es draußen u. auf den Wällen zieml. ruhig gewesen. Man hoft, heute einen ruhigen Tag zu haben. In sehr vielen Häusern findet man 150 bis 200 pfündige Bomben, nicht eine hat gezündet, u. die meisten sind mit Erde u. degl. gefüllt; die Häuser die an zu brennen fingen, sind warscheinlich von den glühenden Kugeln vom Cremper Steindamm in Brand gesetzt worden (bey der Jägerkate auf dem Wege nach Lentzenbrücke[87], die von den Nachbarn abgebrochen worden, ist anfangs eine Batterie gewesen, die von den Feinden hernach mer nach der Standt hin verlegt worden ist. Daß die Bomben blos mit Erde gefült seyn solten, ist nicht denkbar, auch daraus abzunemen, daß die Masse in denselben zwar das Ansehen schwarzer Erde habe, aber doch schmierig u. fettig anzufülen ist, diese auch nicht so weit hereingeworfen seyn würden, wenn nicht brennbare Sachen darinn gepackt worden wären. Ein Glück ist es, daß dies fast nirgendts gezündet haben, wiewohl Vieles zerschmettert worden ist. Einige wollen wissen, der Herr Commandant sey gantz weich am gestrigen Tage gewesen, allein seine Ratgeber bringen ihn bald auf andere Gedanken. Ferner hieß es diesen Morgen früh, daß, wenn die Engländer sich sehen lassen solten die weiße Flagge aufgehisset werden solle; man kann des starken Nebels wegen nichts sehen. Auch andere sagen, daß wenn die noch vorhandenen Bürger die Not schriftlich vorstellen würden, darauf Rücksicht genommen werden solle. Gott gebe es; ich zweifle jetzt noch daran. Jetzt ist es bald 3 Uhr u. ganz stille auf den Wällen u. draußen. Solche Stille sind oftmals die Vorboten eines losbrechenden Sturms, u. vielleicht geht es Morgen schon wieder ans Schießen. Um 4 Uhr fielen verschiedene Congrevsche Raketten, dauerte aber nicht lange. Einige wollen wissen, daß um der Festung alles zum Sturm bereit seyn soll, dies sagen Officiere, die es durch Perspektive[88] gesehen haben wollen. Heute sind 50 Pferde aufm Schlosplatz erschossen u. sofort verscharrt worden. Morgen früh sollen 40 Pferde daran, alles junge 2 jährige Tiere. Die Fourage bricht gewaltig ab, dahero diese Massregeln. Gestern ist ausserordentlich Viel verbrannt an allen Arten von Lebens Mittel u. rauhen u. harten Futter. Das Feuer brennt noch lichterloh, nur nicht so hoch, als gestern Abend, u. kann noch 8 Tage in der Glut bleiben. Ein großes Glück ist die Windstille u. die dicke nebligte Luft. Diesen Nachmittag haben sich merere Bürger zu Rathause begeben müssen, ob wegen Vorstellungen an den Commandanten oder anderer Einrichtungen halber, ist noch nicht bekannt. In dieser Nacht sollen abermals einige 50 Mann vermißt worden seyn, dahero der Befel statt gefunden, eine Liste aller Vermißten bey der Commandantschaft ein zu geben. Eine strenge Untersuchung wäre wohl notwendiger gewesen um in Erfahrung zu bringen, ob die Vorgesetzten ihre Schuldigkeit gehörig beobachtet hätten, allein an beiden Seiten war Verwirrung an der Tagesordnung.

Die Brandwachen u. Spritzenleute nebst den Bierfürern pp wegen den schweren Arbeiten, sollen erklärt haben, gar nicht zu arbeiten, wenn solch Unglück aufs neue statt finden sollte, weil sie ire eigene Wohnung schützen, und nur bey ordentl. Feuersgefar, nicht aber bey solchen, die der Feind verursache, zur Rettung bey der Hand seyn wolten. Allein sie müssen wohl, wenn abermals Brand entstünde. Jetzt noch gegen 7 Uhr Abends hat das Waserfaren kein Ende, u. die Glut hebt sich wieder, obgleich es stilles Wetter ist u. Schnee mit Regen vermischt, fällt.

Den 4. Jan. Diese Nacht ist fürchterlich gewesen. Es regneten Bomben, glühende Kugeln, Stockraketen. Dieses fing um 10 Uhr an u. dauerte bis 4 Uhr morgens. Auf 2 Stellen hats gebrannt, noch aber weiß ich nicht, wie und wo! Um halb 7 Uhr schlug der General Marsch, ein Zeichen, daß die Engländer in Bewegung sind. Merere Leute sind die Nacht getödet u. schwer blessiert, wie viele, weiß ich jetzt nicht u. kanns auch nicht erfaren, weil beim Hause eingescharrt worden one Sarg pp (ein leicht blessierter Soldat wird vom Wall nach Hause geschickt u. findet seinen Wirt in übler Stimmung beim langen Tische sitzend. Es fällt beiden ein, jeden Knall mit einem Kreidestrich zu bemerken, u. nach Verlauf von einer Stunde sind an 900 Striche zälbar gefunden worden.) Etwas nach 8 Uhr ging der Commandant in mereren Straßen mit seinem Gefolge, in welchem d. Herr Pastor Schmidt gegenwärtig war. Gleich darauf ist ein Englischer Parlamentair im Hafen gekommen, ob etwas davon bekannt wird, kann die Folge zeigen. Jetzt ist alles noch ruhig. Außerm Cremper Tor solls auch gebrannt haben. Ein Jeder ist voll banger Erwartung, Gott weiß es, wies werden soll. Von der Landseite ist auch ein Schwedischer Parlamentair hier gewesen, dieser ist bald abgefertigt worden. Der Engländer ist gar nicht hereingewesen, sondern am Canonenboot Nro. 1 abgesetzt, die Depeschen aber von Leutn. Sandholdt hereingebracht, auch dieser ist expediert u. nachhero der Leutn. v. Ewald nach der Englischen Flotte geschickt, und um halb 4 Uhr mußte derselbe noch nach Crempe. Der Himmel lasse uns erfreuliche Nachrichten durch ihn bekannt werden, im Gegenteil geht wahrscheinlich das Schießen in der Nacht an, da die Englische Flotte auch schon vorgerückt ist. Diese Nacht sollen nur 10 bis 12 Mann sich absentiert haben. Die Verwüstungen der letzten Nacht sind nicht zu beschreiben, in Herfurths Hause kamen in einem Zeitraume von einer Stunde 2 Stockraketten, eine Kugel, die durchs Dach fur; eine der ersten fur durch die Ladentür in eine Tonne, von circa 30 Pfannkuchenpfannen, um welche einige eiserne Öfen (u. eine große Menge eiserne Grapen, eins ins andere gesetzt) standen, zerschmetterte fast alles, u. wurde noch brennend gefunden, auch gleich gelöscht, die andere fiel auf den obersten Boden, hatte Feuerspuren zurückgelassen, ward aber nicht gefunden, das Feuer gleich gelöscht. Ser viele Bomben haben das Steinpflaster zermalmt, viele Häuser zerschlagen u. einige durch alle Etagen bis aufn Hausboden, nirgends aber gezündet. Das Feuer in der Loh Müle[89], u. in der Deichstraße ist wahrscheinlich auch von Stock-Raketten gewesen, u. auch, wiewohl mit vielem Schaden, gelöscht worden (In dem Hause in der Deichstraße wurden 3 Soldaten getödtet, die erst eben von der Batterie zu gehen Erlaubnis erhalten hatten, 2 waren gleich zerschmettert, der 3. starb nach einigen Stunden. Im Schaars Hause[90] haben 2 Bomben u. merere Kugeln schreckliche Verwüstungen angerichtet, wie auch gerade über in Tiedemanns Hause[91], one Jemanden getödtet oder blessiert zu haben; ferner in Brannerstedt u. Jacobs Häusern[92]. Die Bewoner derselben waren freilich nicht gegenwärtig, allein es wurden doch Leute dazu angehalten, um auf alles zu achten. Unsere Spritzenleute beweisen sich ser tätig, sind Tag u. Nacht in Bewegung, u. haben doch fast immer alles getilgt, die 3 Häuser bey dem Magazin ausgenommen, alwo die Glut noch sichtbar zu sehen ist, weil im Keller Speck, Fleisch, Taback, Branntwein in Menge gelegen hat welches nun erst recht zu brennen anfängt. Der General-Marsch von diesem Morgen war nicht der Engländer halber, sondern weil so viele Mannschaft auf den Wällen gefelt haben; ein Zeichen, daß diese unlustig werden u. den Mut sinken lassen. Sie könnens auch nicht lange mer abhalten, sie wie die Einwoner eben mäßig nicht.

Keine Nacht ordentl. Ruhe, selten warmes Essen, weil die Unordnung u. Verwirrung zu gros ist, dazu die Traurigkeit u. Niedergeschlagenheit aller Einwoner, sie seyn wes Standes sie wollen, ferner die Mutlosigkeit und eine Art von Betäubung, die Viele so ergriffen hat, daß keiner lange darinn fortleben kann. Jezt ist es ungefer 10 Uhr, der gantze Tag ist one Schießen verflossen, u. man hofft auf Ewalds Rückkunft, um etwas erfreuliches zu erfaren. (bey den feindlichen Landtruppen als auf der Englischen Flotte hat es jetzt schon an allem gemangelt, u.

letztere hatten auf Helgoland auch keinen Ammunitions-Vorrat, konnten dieserhalb die Landtruppen nicht mehr unterstützen; der große Verlust an Todten u. Blessierten an beiden Seiten könnten die Herren Oberbefehlshaber zu gelinderen Bedingungen, u. da wir hier in loco von allem diesen nichts wußten, so waren wir dazu ser froh, um nur zur Ruhe zu kommen. Hätte unser Herr Commandant nur das geringste davon erfaren können, so würden wir alda noch einen solchen Chock ausgehalten haben, u. die Feinde wären gegangen, wozu schon die Anstalten getroffen waren, die Festung wäre dann nebst Alles, was darinnen war, gerettet worden.) Alle Batterien um und nahe an der Festung bringen alle Einwoner um Hab u. Gut, Leben u. Gesundheit, wenn sie vereint mit der Flotte wirksam werden, dazu der Mangel an allen Bedürfnissen, die zalreichen Requisitionen, die fortdauernden Bivouac-Wachen in den Häusern der Stadt, das Zusammendrängen der Menschen mit den vielen Kindern in kleinen, der Meinung nach sichern Behältnissen wärend der Canonade, das Begraben der Menschen, und das Einscharren der vielen erschossenen Pferde aufm Schlosplatz, alles dieses u. die trübe Stimmung der sonst noch gesetzten einzelnen Einwoner werden zahlreiche Krankheiten hervorbringen; Diarrhöe, Masern, Krankheiten meren sich schon, dazu die Aussicht in der Zukunft keinen Succurs noch Capitulation, sondern leider! das Stürmen hoffen zu können, alles dieses sind traurige Aspecten. Ob nun unser Commandant glauben mag, sich länger noch zu halten, wird sich zeigen; algemein wird gesagt, daß nur noch auf acht Tage Lebensmitteln vorhanden seyn sollen, u. wenn dies auch auf längere Zeit wäre, so kanns fast doch nicht anders enden, als durch Capitulation oder durch Sturm, im letzten Fall sey uns Gott gnädig. Die vielen zusammengeschossenen Häuser nötigen schon manche Familie, sich anderswo einzuquartieren, u. unglücklicherweise sind wenige Häuser nur noch bewonbar, weil die Dächer, Fenster, Wände zerschlagen sind, u. keine Stube geheitzt werden kann, daß man Wärme davon zu erwarten hat, auch scheint sich der Winter einzustellen, die Feuerung, Holtz u. Torf, ist ser teuer, von letzterm kosten 100 Soden Torf, dann taugt er gar nichts oder ist nas, alles dieses in Erwägung gezogen, müßte unseren Herrn Commandanten einleuchtende Gründe an die Hand geben, diesem Elend aufs baldigste ein Ende zu machen, es wäre denn, daß die Festung zum Schutthaufen gebracht u. die Einwoner arm seyn sollten und müßten, welches sicher war, wenn die hinter der Tabacksplantage errichtete Batterie von 18 Pfündern, 20 Canonen an der Zal, gegen uns losgebrannt werden würden (auf Mahlers Land)[93], diesseits Mahns Hofe ist diese größte Batterie aufgefürt u. montiert worden. Fast kein einziges Haus ist one Beschädigung geblieben, Fenstern u. Dachpfannen doch zerschmettert worden, selbst auch dann, wenn Bomben, Kugeln, Raketten größere Verwüstungen an andere Stelle zuwege gebracht haben.) Wie gros die Batterie auf dem Judenkirchhofe[94] sey, ist nicht bestimmt anzugeben, so wie alles, was man erfärt, für nicht gantz wahr zu behaupten ist. Unter den Soldaten, Matrosen u. der niedrigen Volksklasse der Einwoner ist eine Meuterey am Werden, die von üblen Folgen werden kann, wenn sie zum Ausbruch kommen sollte. Wäre die Canonade diesen Mittag vor sich gegangen so glaube ich wäre eine Plünderung unvermeidlich geworden, denn, anstatt nach den

Wällen zu gehen, wenn der General Marsch schlüge, solte die Sturmglocke geläutet werden, die Matrosen, denen viele die Englischen Flagge ums Leib gewickelt hatten, wolten, wenn sie auf den Canonenbooten oder den Batterien kommandiert würden, diese nehmen laßen u. keinen Schuß tun, die Soldaten sich wiedersetzen wenigstens viele derselben u. die Unordnung wäre dann aufs höchste gestiegen. Jetzt 7 Uhr abends höre ich längs den Wällen vom Castel[95] bis zum Schleusenberg ein dreimaliges Hurra rufen, das von Bastion zu Bastion sich verbreitete. Die Leute auf den Wällen haben sich dem Herr Capitän nebst den beiden Leutnants auf der Wache am Sieh dich vor widersetzt u. keine Befehl befolgen wollen, u. als Gewalt angewandt wurde, dies 3 malige Hurra geschrien; Ein Zeichen, daß sie nicht mer fechten wollen. Herr v. Ewald ist um 8 Uhr abermals als Parlamentair nach Crempe gewesen, gegen 10 Uhr wieder zurückgekommen, u. bald darauf entstand das Gerücht, von ser guten Bedingungen, die der Commandant nicht verwerfen können, u. daß um 12 Uhr Morgen Mittag das Schießen anfangen solle, wenn sie abgeschlagen würden.

(Schon hieraus hätte die Schlusfolge gezogen werden können, daß es den Feinden an Munition mangeln müsse, weil sie einen Zeitraum von 14 Stunden bestimmten, da sie sonsten gleich nach der Drohung anfingen zu bombardieren u. zu canonieren. Wären diese abseiten unserer abgeschlagen worden, so wären die Feinde zurückgegangen, allein der darauf bald eintretende Winter hätte entweder diese allein oder aber mit den Russen vorauf gereitzt, einen abermaligen Versuch zu wagen, u. wehe dann uns. Dann hätten wir doch capitulieren oder uns abermals wehren müssen, u. bey dem strengen Frost wären alle Gräber haltbar gewesen, u. Alles wäre doch verloren gegangen. Der General v. Ahrenschildt, der lange in der Stadt gewohnt hatte, hat den Herrn General Boye vermogt, alles mögliche zu wagen, um diese Festung zu erhalten u. im Besitz zu nemen.) So sind wir doch nicht alle Nächte in Sorgen. Von den Capitulations Vorschlägen hört man allerhand. Die Garnison zieht mit klingemdem Spiel u. der Bagage ab, jeder kann im Dienste bleiben oder nach Hause gehen, u. die da bleiben, steht es frei, in Russische, Schwedische oder Englische Dienste zu treten. Alle mit Lebens-Mitteln handelnde Einwoner haben vor 11 Uhr nachts bey der Präsidentur den erlittenen Schaden an zerstörten Brau- u. Brenndestilen nebst Zubehör, Backöfen pp. Verlust an Corn, Mehl pp., angeben müssen, um als Belege zu dienen, daß die Festung nicht haltbar bleiben könne, weil keiner das nötige liefern, die Leute nicht genärt u. bekleidet, auch nicht gehörig verpflegt werden können. Die Pferde, die zum Geschütze bestimmt wurden sind nicht zur Hälfte erschossen, weil diese mit ausgeführt werden können; viel alte Abgänger sind von den Einwonern gegen diese jungen umgetauscht, versteht sich gegen Douceur[96], mithin hat mancher sein altes angebracht u. ein junges dafür erhalten.

Den 5. Jan. die Nacht gantz ruhig, u. man ist schon ungleich besser gestimmt, wie gestern. Ein Trompeter ist wieder nach Crempe one Officiere. Es hat sehr stark geschneit, u. in den Häusern liegt solcher fast 1 Fuß hoch. Das Feuer auf der großen Brandstelle nimmt zu, oneachtet des vielen Schnees, es wird stark gearbeitet, alle Zugänge sind mit verdoppelten Posten besetzt, u. man hofft, es gäntzlich zu löschen. Torf, Lebensmitteln aller Art werden unter die armen Leute, aus den Magazinen verteilt, um nur Ruhe zu erhalten, vielleicht auch den fremden Truppen nichts abliefern zu dürfen. Ob nun aufm Mittag um 12 Uhr alles arrangiert seyn wird, daran ist wol zu zweifeln (Die Capitulation ist im Holländer Gang im 1. ten Hause hinterteils, dicht am Friedhofe der Catoliken, dem Steuermann Wolter gehörend[97] unterschrieben worden. Diese u. 2 andere Caten sind von den Einwonern gerettet worden, wiewohl sie alle von unsern leichten Truppen angezündet worden sind.) Genug! Wir sind vors Erste fürs Beschießen gesichert, ein Jeder kann nun sorgen, trotzdem im Hause seyn zu können. Ich habe schon Anstalten dazu getroffen, wenigstens 2 Stuben bewonbar zu machen. Vom 26. Dec. bis zum 4. Jan. sind circa 40 Stunden beständig gefeuert u. die Einwoner gantz entsetzlich mitgenommen worden; einzelne Stockraketten, Brandgranaten pp. nicht mit gerechnet, die öfters zwischendurch gefallen sind, wenn unsere Leute, welches jedes mal, wenn sich Feinde sehen ließen, geschah, daß sie schossen u. diese Plackerey ging fast beständig fort in diesen 10 bis 12 Tagen (Wenn den Aussagen d. Herren Officiere auf der Englischen Flotille zu glauben stehet, so haben allein diese Schiffe nebst Canonenbooten über 70 000 Schüsse schreibe siebzig Tausend auf die Stadt u. deren nahe Umgebungen abgefeuert.) Diesen Vormittag sollen über 1000 Mann Truppen sich im Außendeich versamlet haben, ob zum Abmarsch aus dem Lande, oder nach einer anderen Gegend, dies ist nicht unbekannt. Aufm Nachmittag haben unsere Soldaten mit neuen Montierungs Sachen sehr viel hin u. hergetragen, einige wollen wissen, daß die Leute neu gekleidet u. die alten Jacken im Depot bleiben sollen, weil sie beim Ausmarsch wahrscheinlich nichts als Armatur u. Kleider mitnemen dürfen. Die Ordonanzen reiten hin u. zurück, u. alles wird heute wahrscheinl. arrangiert, wie es gehalten werden soll, wie Viele oder ob sie alle abmarschieren, und welche Truppen Gattung wieder einrücken sollen. Es schneit beständig fort bey nur gelindem Frost, aber der Schnee ist jedem gar nicht wilkommen, weil keiner von Dach- u. Fensterbeschädigung frey geblieben, u. es nun allenthalben, in allen Zimmern u. Böden voller Schneeberge liegt, die alle Stunden weggefegt werden müssen, um vor großer Feuchtigkeit sich zu sichern. (An der Proviantierung der Festung ist nichts gesparet worden, welches daraus abzunemen ist, daß etwa 900 Stück Hornvieh herbeigeschafft, 800 Tonnen Branntwein 7000 Tonnen Roggen, über 40 000 Soden Torf; Speck, Erbsen, Graupen, Essig in Menge angeliefert worden, wovon dies Militär wenig erhalten, alles ein Raub der Flammen oder des Feindes geworden, der hernach verkaufte, was aufzufinden war.)

In den heißen Tagen des Bombardements sind von unsern Artilleristen die Mörser sowol als Canonen so stark gebraucht, daß aus jedem über 100 Würfe u. Schüsse gegeben, u. namentl. hat der 200 pfündige Mörser auf Kronprintz noch merere Bomben den Feinden hingeschleudert, jeden Tag nemlich, wenn wir beschossen wurden. Die feindl. Batterien haben dies schwer empfunden, die Raketten Batterien ungleich weniger, weil diese weiter entfernt u. allenthalben bemerkbar waren.) So unruhig wie der heutige Tag gewesen ist, wiewohl gar nicht geschossen worden, so ruhig ist es diesen Abend um 10 Uhr; bey dem Austeilen der Lebensmitteln, Torf pp schlugen sich die Leute beinahe; u. nun da dies für heute geschehen ist, pflegen sie sich warscheinlich u. ruhen jetzt. Viele Einwoner sind nun in Sorgen wegen der neuen Einquartierung, da sie nicht wissen können, ob das Betragen derselben einigermaßen ordentlich seyn werde, u. weil man mit den Landleuten in einigen Wochen keinen Umgang gehabt, dahero nichts von diesen der Einquartierung halber erfaren kann. Die Brücken außerm Cremper Tor werden ausgebessert, das abgebrannte u. Zerschossene einigermaßen wieder hergestellt, um die freie Passage nicht zu stören u. das Aus- u. Einmarschieren zu erleichtern. Fast alle Wachthäuser sind unbewonbar, die Neuthor-Wache die eintzige, die wenig Schaden gelitten hat, daher alle Dachpfannen, Glass pp in Requisition gesetzt worden sind.

Bey der herannahenden stärkeren Kälte wird der Mangel an Bau-Materialien sehr gros werden, der Himmel gebe uns keinen strengen Winter, denn sonst sterben Viele für Hunger u. Kälte, denn die Armut ist gros, Verdienst in mereren Wochen gar nicht, der Geldmangel noch größer u. drückender, also trübe Aussichten für die Zukunft, doch muß man den Mut nicht sinken lassen. Die aufrürischen Bewegungen der Soldaten u. Matrosen werden stärker, erstere wollen Löhnung u. letztere Prisengelder haben, alle aber nicht länger dienen. Morgen früh heißt es, soll die Reiterey, die Seeländischen Jäger u. Jütsche Scharfschützen ausrücken, woran ich zweifle, weil die Brücken noch nicht repariert worden sind (Ein feindliches Picket hat die Ravelin-Wache beim Cremper Tor mit besetzt, dahingegen 1 Picket von den unsrigen ausserhalb den Festungswerken bey den feindl. Truppen sich aufhalten muß.)

Der Herr General v. Czernikow hat um 7 Uhr über Kellinghusen, seitwärts Rendsburg nach Schleswig reisen wollen.

Den 6. Jan. Diese Nacht viele Unruhe unter den Seeleuten, viel Lärm auf den Straßen. Die Magazine von Colonial-Waren haben geöfnet weden müssen, u. Jeder hat, was er tragen konnte, mitnemen dürfen; hätten sie diese Erlaubnis nicht erhalten so würden sie gewaltsam verfaren haben. Es sind noch traurige Auftritte zu erwarten.

Die Feinde stehen vor den Toren u. wollen herein, die unsrigen sind noch nicht marschfertig (Die Hauptursache ist wohl gewesen, daß die Cremper Torbrücke noch nicht wiederhergestellt war, wie wohl die Tischler u. die Zimmerleute die gantze Nacht gearbeitet, ja gar die ersteren in der Nacht das Holtz aus dem Hafen geholet u. längst den Straßen nach diesem Tor geschleppt hatten.) Die Schlüßel der Stadt sollen gestern Abend an 2 Deputierten, die beim Maior v. Vendt[98] logieren, übergeben worden seyn. Es heißt, das 3. und 4. Bataillon der Königin Leib-Regiment gehen nach Alsen, die anderen Truppen aber nach der Gegend von Lübeck. Merere Compagnien haben sich widersetzt, das besagt, wie Officieren unartig begegnet u. ein 3 maliges Hurra gerufen. Auch sind schon merere Gewere abgefeuert, daher noch allerhand Unglücksfälle erwartet werden können. Herr v. Ewald ist ausgeritten, warscheinlich um anzuzeigen, daß vom Ausmarsch noch nichts werden kann, weil die Wagen noch nicht hier sind, die alle im Cremper Tor herein müßen. Merere junge Pferde sind bereits beladen worden von Packsättel nebst Riemen etc. Es ist eine Gewül auf den Straßen als in einer großen Stadt, von Meublen, Montierungssachen, Lebensmitteln pp., Hin- u. Herlaufen, so daß man bey dem vielen Schnee, der diese Nacht in großer Menge gefallen ist, kaum vorwärts kommen kann.

Um 3 Uhr kamem ser viele 4spännige Wagen aus Sommer- u. Grönland, Herzhorn, Neuenkirchen, die, da die Cremper Tor Brücke noch nicht befaren werden kann, nach dem Deichtor längst der Sortie[99] u. dem Hafen hin mußten u. alda an der Mauer[100] bis hin bis der Reichenstraße entlang, alwo sie in den andern Gassen verteilt wurden, wärend dem rückten unsere Garnison vom Marckt nach der Königstraße u. dem Hafen zu den Barrieren hinaus, die Husaren circa 100 Pferde ritten aus Langeweile noch in einige Straßen umher, u. warscheinlich sind sie jetzt alle aus der Festung heraus mit dem Gepäck. (Die beyden Herrn Generale v. Tschernikov u. v. Breuer sind ebenfals, kurz vor dem Abmarsch der Truppen längst dem Hafen bey der Sortie herum, den ganzen Außendeich bis Ivenfleth u. Borsfleth nach Crempe gefaren, die Garnison aber den Weg ums Gericht[101] nach dem Steindamm zu marschiert, alwo der Durchbruch beim Rhinschlot[102] den Marsch außerordentlich aufgehalten u. warscheinlich auch viele Leute mutlos u. zaghaft geworden sind.) Ich mögte den Abmarsch nicht ansehen, teils des Abschieds halber, teils auch des beständig anhaltenden Schneegestöbers wegen, dafür mich im Hause beschäftigte, und genug zu besorgen hatte, weil diese Nacht zum ersten Mal hier schlafen kann, indem so glücklich gewesen bin, meine tägliche Stube mit neuen Fensterscheiben versehen zu lassen; alle andern sollen mit Brettern vernagelt werden, weil ich große Löcher in der Mauer erhalten, die die Fensterzargen mitten durch zerspalten u. daher bis zum Frühling warten muß. Es ist, wärend dies geschrieben, halb 10 Uhr, u. noch ist alles ruhig u. v. Einmarsch fremder Truppen nichts zu hören. Heute gegen 4 Uhr habe ich den ersten Landmann, der krankheitshalber kam, gesprochen, sonsten wohl in 3 Wochen keinen. Dieser, vom Elbdeich kommend, war mit den Truppen zwar wohl zufrieden, allein die Menge ist so gros gewesen, daß sie alle haben räumen müssen. Dieser klagte ser über die Verwüstungen am Elbdeich sowol als an den Häusern, die unsere Bomben u. Kugeln alda angerichtet haben, u. wünschte sehnlichst stilles Wetter zu behalten, indem sonsten das Wasser sich leicht durchwülen u. das gantze Land überschwemmen würde (die Herren Lieutnant von Grypenschild u. Appoloff bestätigen diese Nachricht, u. daß bey Anlegung der Bombenbatterien schrecklich viel Leute getödtet u. blessiert worden, die Landleute aber auch viele Pferde, Wagen u. Carren verloren haben müßten.) Dies wären dann noch traurigere Aussichten. Das 3.te u. 4.te Bataillon ist sicher mit Unruhe abmarschiert, u. ich glaube es fest, daß nicht die Hälfte derselben nach dem Ort ihrer Bestimmung gelangt, weil die Leute größtenteils davon u. nach Hause gehen, teils aus Unzufriedenheit, teils aus Sehnsucht, zu den Ihrigen zu kommen. Ein Bataillon Schweden von des Königs Rgt.[103] ist dagegen eingezogen, es ist 4 Compagnien stark, jede zu 150 Mann, hierselbst 600, u. am folgende Morgen um 7 Uhr werden merere erwartet, die übrigen verteilen sich u. rücken nach Hamburg vor. So ist dann der Abzug der dänischen Truppen u. der Einzug der Schwedischen one große Unruhe vor sich gegangen. Warscheinlich ist der Aufrur im Zuchthause, der diesen Morgen auf neue ausgebrochen, wieder gedämpft worden.

Den 7. Jan. Heute sind zum erstenmal (in 3 bis 4 Wochen) viele Landleute teils krankheitshalber teils aus Neugierde bey mir gewesen, um zu hören, wies hier gegangen ist. Die Passage ist aber allenthalben noch mit größter Mühe, u. nur für Fußgänger wegen der zerstörten Verhacke sowol als den abgebrannten Brücken; die Crempertor Brücke ist warscheinlich hergestelt, weil diesen Nachmittag sehr Viele Truppen, sowol Husaren als Infanterie angekommen sind. Die Reichen-straße gantz entlang war mit ersteren in 2 Reihen gestelt voll, hernach kam außer-ordentlich viel Fusvolck, u. da diese alle an der Mauer herkamen, so sind viele wahrscheinlich bey der Blockhaus Wache[104] herumgegangen, um sich nicht im Wege zu stehen. (gestern u. heute sind wahrscheinlich an 4000 Mann feindliche Truppen in der Stadt einmarschiert). Gestern erhielt 4 Mann, u. heute nachmittag 8 Mann, die gespeiset, gepflegt u. getrocknet werden müssen, weil sie allenthalben voller Schnee stecken. Es heißt zwar, daß diese nur zur Erholung einrücken, weil der größte Teil 3 Wochen um der Stadt bei den Landleuten auf Stroh gelegen haben, wenigstens nicht aus den Kleidern gekommen. Ein Lieut. (Baron von Herzell) erzählte mir, daß er seit dem 18. October nicht aus den Kleidern des Nachts gewesen sey, dem onerachtbar sehen die Leute munter aus, u. sind ser gut gekleidet, auch gantz manierlich (Eben dieser Lieutenant der bey der Attaque auf der Batterie zu Ivenfleth mit gegenwärtig gewesen u. nachher sich am neuen Deich aufgehalten, bey der Übergabe aber nebst 80 Mann die Deichtors Ravelin Wache besetzen mußte, erklärte mir daß, als er einstens mit seiner Mannschaft vom Posten nach dem Wachthause gehen wollen, von einer Kugel aus der Festung 11 Mann sogleich getödtet, 2 andere aber tödtlich blessirt worden; sämtl. Leute waren aufm Deich einer hinter dem anderen aufm Fußsteig gegangen, als diese Kugel abgefeuert wurde. Diese sowol als merere andere Todte u. Blessierte sind nach Crempe gebracht worden. Gantz algemein werden unsere Artilleristen von-den feindl. Truppen, der Accuratesse wegen gelobt). Bey der Parole ist scharfer Befel deshalb ergangen, wie der Herr Lieutenant mir gesagt hat. Die bey mir im Quartier liegen, sind geborene Schweden, u. sprechen ziemlich gut Deutsch. Alle Truppen sollen nach u. nach sich Hamburg nähern, über 10 bis 12 000 Stück Con-grevesche Raketten sind nebst dem schweren Geschütz schon fort. Diesen Nach-mittag soll der höchst kommandierende General gekommen seyn, der im Feld-mannschen Hause[105] sein Absteigquartier erhalten, der bisherige Commandant logiert in der Stadt Coppenhagen[106].

Die Hauptwache ist auf der Rathausdiele, sehr stark besetzt zu Pferde u. zu Fuß, die anderen Wachen größtenteils in Bürgerhäusern, weil die Wachthäuser unbewonbar sind, u. jetzt auch nicht ausgebessert werden können. In sämtlichen Hospitälern ist der Befel ergangen, daß die Reconvalescenten nach irer Heimat gehen, das sonstige Garnisons-Hospital aber gantz geräumt werden solle, welches die fremden Truppen für ire Kranken haben wollen. Die Hälfte der Kranken u. Blessierten sind schon fort, die andern können nicht marschieren, u. bleiben dahero so lange, bis sie ihr Schicksal erfaren werden. Die Festungs Bediente heißt es, sollen alle hier bleiben. Heute sind viele Flüchtlinge, männl. Geschlechts größtenteils, wieder zurück gekommen, die Frauen u. Kinder werden des Frostes wegen, wohl eine beschwerliche Reise, oder einen großen Umweg machen müssen, weil die Elbe wohl bald nicht befaren werden kann. Jetzt da der höchst commandierende General hier in loco ist, werden wohl viele neue Befele bekannt werden.

Den 8. Jan. Gestern u. vorgestern sind nach u. nach über 4000 Mann einmarschiert. Die Husaren gehören zum Schillschen Corps, u. sind desperate Leute. Gott sey denen gnädig, wo sie als Feinde hausen, hier müssen sie sich doch einigermaßen schicklich betragen.

(2 Eingeborene aus der Stadt, Straget u. Braun, Schlachterburschen, waren mit darunter, u. lange nachher wurde es bekannt, daß ein dritter, Christian Hanssen, ein Schlossergesell auch bey diesem Corps gestanden, der seine Verwandten um Geld u. Geldeswert sehr gequälet haben soll) Der Aufzug derselben, dne Kosacken ähnlich, sind zurückgegangen u. die Schillschen Husaren werden Morgen in Colmar einquartiert. Auch rückt Morgen das zuerst gekommene Bataillon vom Rgt. des Königs aus, um als Observationscorps die dänischen Truppen, die nach der Trave marschieren, zu folgen. Die übrigen Bataillone vom Rgt. Calmar bleiben dann wohl wahrscheinlich hier in Garnison. Vor der Hauptwache stehen 8 Feldschlangen nebst Wagen u. Karren, die mit den sonst dort gestandenen 7 Canonen, eines durch dem anderen stehen. Diesen Nachmittag ist Herr Capitän v. Krebs, vormaliger Chef der Marine militärisch begraben. 200 Mann waren dazu commandiert, sehr Viele folgten u. nach Einsenkung der Leiche wurde eine 3 malige Salve abgefeuert. Um 4 Uhr sind einige Englische Kriegsfahrzeuge u. ein großes, wahrscheinlich eine Brigg, im Hafen gegangen. Die andern heißt es werden nach Cuxhafen segeln. Der Winter schient scharf zu werden, daher die Schiffe Sicherheit suchen. Warscheinlich wird Morgen ein Regulativ[107] bekannt, wie es mit Speisung der Einquartierten zu halten sey. Die jetzige Einrichtung kann nicht lange so bleiben, weil die Verteilung, der zerstörten Häuser halber, gantz unregelmäßig ist, u. viele zu stark belästigt worden sind. Bey der Schwedischen Armee hält man ser auf die Gottes-Verehrung. Jeden Morgen u. Abend muß die Compagnie vor dem Hause des Chefs kommen, in voller Rüstung, alwo dann ein paar Verse gesungen u. Einer ein kurzes Gebet herliest, dann gehen sie auseinander. Heute habe ich einen ofenen Brief vom Capitän Reuter beim Mecklenburgischen Corps erhalten, der am alten Deich geschrieben worden. Er hat selbst nicht hereinkommen können aber doch die Veranstaltung getroffen, daß bey etwaiger Stürmung 5 Häuser eine Salvegarde[108], gegen Betzalung von 5 Louisdor für jedes Haus, erhalten sollen. Diese 5 Häuser sind das meinige, Herfurth, Klüver[109] für sich u. Siemen Witwe[110]. Gott lob, daß dies nicht nötig gewesen, allein die Maasregeln sind doch sehr dankenswert. Diesen Nachmittag sind

die ersten Versuche gemacht, mit Vorsicht das Wasser aus dem Lande zu füren, welches bereits 1 Fuß abgelassen worden, u. da dies nun täglich 2 mal geschieht u. hernach der Sturtz nicht mer so groß ist, daß die Schleusen können Schaden leiden, so steht zu hoffen, daß die Landbewoner am Rhin auch bald gantz davon befreit werden. Durch Zuschließung der Binnenschleusen haben die andern Bewoner keinen Überflus davon erlitten. Das platte Land, vorzüglich in der Nähe der Stadt, hat vielen Druck von der schweren Einquartierung leiden müssen, nun werden die etwas entfernteren Gegenden es leiden! Auch erfaren vorzüglich die Gegend nach Elmshorn hin (Die entfernteren Städte u. Dörfer haben den Druck des Krieges ebenso wie die andern empfunden, nur mit dem Unterschied, daß eine oder die andere Commune stärker gelitten haben mag, u. beim Rückmarsch noch vieles zu liefern haben wird) Viele Soldaten müssen als Fronarbeiter an der Festung Dienste tun. Ob Verhacke gemacht oder weggehauen werden, oder sonstige Verordnungen zur Sicherheit getroffen werden, davon habe nichts erfaren. An Herstellung der Brücken vorm Cremper Tor ist Tag u. Nacht gearbeitet, u. Meister Michelsen[111] als Beimeister wieder eingesetzt worden. Ob morgen Gottesdienst gehalten wird, ist wohl noch unbestimmt, weil die Kirche besonders der Predigtstuhl gantz zerstört seyn soll, wahrscheinlich wird wohl eine kleine Rede vom Altar aus gehalten werden. gestern Abend schlug zum ersten Mal die Retraite, die lange nicht gehört worden, auch war türkische Musik dabey.

Den 9. Jan. Diesen Morgen halb 11 Uhr führten meine Geschäfte mich übers Markt, alwo das 1. Bat. des Königs Rgt. eben im Begriff war, abzumarschieren; sie standen auf dem Paradeplatz u. machten vortreffliche Musik beim Abzuge. Gleich darauf war Wachtparade vorm Rathause, diese war nicht ser stark, etwas über 100 Mann, aber eine große Menge Spielleute. Ein Mandat an allen Ecken der Stadt angeheftet, enthält den Befel, alle Armatur, Gewere pp. an der Commandantschaft abzuliefern, bey schwerer Ahndung. Ob nun die Gewere der Bürgerschaft u. diejenigen, die sonsten in den Läden zu kaufen waren, mit darunter begriffen sind, ist nicht deutlich genug bemerkt worden. (Alle Armaturen, es seyen Gewere, Pistolen, Säbel sind aufm Rathause abgeliefert worden, nichts ist zurückgegeben, als die Gewere der Bürgerschaft, die sie zum Militär-Dienst der Festung bishero gebraucht haben, u. die vor langer Zeit von Sr. Majestät dem Könige der Bürgerschaft geschenkt worden sind.)

Ein anderer Befel, die Verpflegung der Leute betreffend, wird Morgen bekannt werden. Heute bin ich 4 Mann los geworden, die mit ausmarschiert sind. Diesen Morgen sprach ich merere aus Herzhorn u. Crempe, die über die Einquartierung große Klage führten. Das Schillsche Corps hatte sich im erstern Ort u. im Colmarschen einquartiert u. in Crempe war ein Gerücht, daß noch merere Bataillone in der Festung gelegt werden sollten. Die zum Schillschen Corps gehörenden haben hier u. in den 2 Tagen sehr viele Ausschweifungen begangen, vieles gekauft, nichts bezalet u. ser Vieles zerhauen u. zernichtet. Vom 3.ten u. 4.ten Bataillon der Königin Leib Rgt. sollen nur äusserst wenige in Itzehoe angelangt seyn; beym Heidkruge sind die Schillschen angekommen u. haben durch Überredungen den letzten Rest derselben gesprengt. (in Crempe haben die Husaren sowol als schwedische Infanterie eintzelne Versprengte u. Zerstreute alles abgenommen, Armatur sowol als Montierung, u. sie zurück zu den Irigen zu gehen anbefolen. Selbst an einer Frau haben sie Gewalt ausüben wollen, dem ist aber der Arm von den unsrigen abgehauen worden.) So sagen Zurückgekommene Leute von diesen 2 Bataillonen. Der Postenlauf ist noch nicht hergestellt, daher wir von den politischen Sachen wenig wissen. Es heißt, daß 7000 Mann dänische Truppen unterwegs sind, um zu Hilfe zu eilen, ob den Holsteinern oder den Franzoden in Hamburg?

Dies mögen die Götter wissen. Die entscheidende letzte Antwort bringt der Baron Tawahl nach Kopenhagen, u. ein anderer Herr ist nach England gereiset, dessen Name ich vergessen habe. So viel wissen wir, u. dies soll gantz gewis seyn, daß der dänische Monarch von der Alliance mit Frankreich sich nicht trennen will.

Den 10. Jan. Diesen Morgen ist eine algemeine Umquartierung vorgegangen, statt 8 Mann, die verlegt wurden, sind 10 Mann, ebenfals vom Rgt. Calmar, wieder einquartiert u. aufm Nachmittag 1 Unterofficier, der für 2 Mann gilt (Dieser Fanenjunker wurde nachher vermißt, gleich darauf, als er die erste Wache an Holstein Bastion getan hatte. Allenthalben wurde er seiner Jungend u. Schwächlichkeit halber nachgesucht, allein vergebens. Zufällig hörte ich bald danach in Goles Hause in Crempe, daß er einige Tage dorten einquartiert gewesen, u. die Aussage gemacht hätte, bey mir im Hause seyn Quartier gehabt zu haben. Eine Freude war es bey mir zu hören, daß er wieder gefunden worden.) Fleisch, Brod, Speck, u. etwas Grütze oder Graupen, auch etwas Branntwein wird geliefert, aber zur Sättigung nicht genug, u. durstig sind sie immer; felt es an Bier so trinken sie Wasser. Der Herr Lieut. Mallneen hat mir die Versicherung gegeben, sogleich zur Hand zu seyn, wenn die Leute unruhig würden, allein sie sind eine gute Art Menschen, u. ich hoffe, mit sie in Friede zu leben.

Gestern Abend ist zum erstenmal in langer Zeit eine Estafette[112] angekommen; diesen Morgen entstand das Gerücht, daß der dänische Monarch mit den alliierten Mächten Friede gemacht haben solle, welches ein reisender Kaufmann, von Itzehoe kommend, verbreitet hat, auch bekräftigen es die hiesigen Herrn Officiere. Diesen Nachmittag war ich in Geschäften nach dem Steindamm u. hernach am Cremper Rhin, zu Fuß. Allenthalben traurige Ansichten, Trauern u. Wehklagen, teils über die schwere Einquartierung, teils über das Niederschießen der Häuser, teils aber über das wilde Benemen der dänischen Truppen bey den gemachten Ausfällen. Ein Mann in Bauerkleidung redete mich auf der Straße an, frug nach Jemanden, u. nachher erfur ich als ein Geheimnis, daß er als Ordonnantz vom 4. Bataillon, das in Kellinghusen läge, geschickt wäre, konnte aber nicht erfaren, wie stark sie jetzt sey, nur daß sagte er, viele Leute hätten sie unterwegs verloren; (die Anzal der Versprengten u. Zerstreuten ist so gros gewesen, daß gantz sicher keine 100 Mann Gemeine per Bataillon in Kellinghusen angekommen seyn sollen.) es gebrach mir an Zeit, sonsten hätte warscheinlich noch Vieles in Erfahrung bringen können. Heute müssen noch merere Truppen eingerückt seyn, weil ich bey meiner Rückkunft merere Bagage Wagen aufm Markt vorgefunden habe. Die jedesmalige Wachparade zieht mit einer Fane auf Wache, die immer vorm Rathause zwischen den Geweren wehet.

Auf den Wällen sieht man fast gar keine Posten, u. die Ravelins-Wache aus dem Cremper Tor ist auch nicht besetzt. Die Einwoner in der Stadt können frey aus- u. einpassieren, wenigstens bin ich befragt u. one Hindernis ausgelassen worden. Es ist großer Mangel an verschiedenen Lebensmitteln, namentlich an Bier, Branntwein, Milch, Butter, Gemüsearten u. es steht zu erwarten, daß am morgenden Tage, als am Markttage diesem Mangel etwas abgeholfen werde.

Den 11. Jan. Die gestrige Umquartierung hat zur Erleichterung nichts beygetragen, so hat Herfurth zum Beispiel 5 Englische Seeofficiere, wovon freilich einer nach Cuxhafen u. der 2te nach Kiel verreiset sind, noch 3 Landofficiere, nemlich 2 Capitäne u. 1 Lieut. nebst deren Bedienten, so dann noch 8 Mann Gemeine im Quartier, dahingegen andere fast keine haben, u. in vielen Häusern, die gantz zerschossen sind, gar keine Einwoner, ist diese Last für Viele äußerst hart u. drückend. Vor unseren Wagen-[113] u. Zeughäusern stehen allenthalben dänische Feld- u. Requisiten Wagen, viele Karren pp., die warscheinlich alle mit auf den Marsch müssen, indem es heißt, daß morgen Viele abmarschierne sollen (Leider ist alles Vorgefundene vom Feinde mitgenommen worden, selbst Privateigentum sollen sie sich zugeeignet haben) Heute sind merere Frachtwagen mit requirierten Glaskisten angelangt. Täglich faren die Herren Officiere im Schlitten nach Crempe, u. leben, so lange wie es angehen kann, herrlich u. in Freuden, one an Bezalung zu denken. Ser schlimm ists für den Einwonern, daß man nicht weiß, wie man sich mit den Leuten zu benemen hat, es wird alles geliefert, aber ise sind selten zufrieden; wenn nur ein Regulativ bekannt wäre, so könnte man sich danach richten, der Commandant hat mündlich befolen, daß den Leuten das Requirierte zubereitet u. nichts als Gemüse gratis dazu gegeben werden sollen, allein damit sind diese nicht zufrieden u. verlangen fast alles, was sie sehen, haben immer Appetit zum Essen u. Trinken, vorzüglich lieben sie Bier, Branntwein, Butter, Käse pp.

Den 12.ten Jan. (Am 5. Dec. wurde die Festung vom Commandanten in Belagerungszustand erklärt, u. am 5.Jan. wurden leider! die Capitulationspunkte schon unterzeichnet. Die Dispositiones des Herrn Generals waren folgende: die 1. Abteilung war von Holstein bis Königin Bastion, unter dem Herrn Oberstlieutnant Grafen v. Ahlefeldt u. Capitän v. Krebs, als Artillerie Officier. Die 2. te von Königin bis Erbprinz Bastion unter Maior v. Siboldt u. Lieutn. v. Gullan als Artillerie-Officier; die 3te auf dem gantzen Rethügel vom Rhin bis zur Elbe, unter Oberstlieutnant v. Kirchner u. Lieutn. v. Timm als Artillerie-Officier. Sämtl. Kanonenboote lagen anfänglich noch auf der Reede, außer der Brigg Fehmarn, die einlegen mußte, hernach legten der größte Teil auch im Hafen u. die Mannschaft wurde auf den Elbbatterien verteilt.

Bey der wenigen Anzal Streiter in der Festung, den Jütschen Scharfschützen, Seeländischen u. Augustenburger Jägern, mereren Versprengten, circa 200 Rekruten,
einigen Husaren u. Jägern zu Pferde, die Seeleute nicht mitgerechnet, in Allem
ohngefär 25 bis 2700 Mann, die allenthalben auf den Wällen verteilt waren,
konnte sich die Festung nicht lange halten. Diese Anzal war aber ziemlich vermindert, wie die eingegebenen Listen, von der Übergabe, bewiesen haben. Nach diesen waren nur noch 1685 Mann vorhanden.)

Bey der Parole soll gestern angezeigt worden seyn, daß die Feindseligkeiten
gegen Dänemark aufhörten, woraus zu schließen ist, von den Friedensgerüchten
könnte wohl Vieles gegründet seyn. Die Wagen- u. Zeughäuser werden dem
Scheine nach wohl gäntzlich ausgeleert, es steht draußen voll, von Kisten, Karren,
Wagen etc., daß die Straße fast gesperrt ist. In der Nacht gegen halb 2 Uhr ist ein
Russischer Courier in aller Eile angekommen u. sofort über Bremen weiter befördert worden. Diesen Morgen sind 3 Compagnien vom Rgt. Calmar nach Crempe
marschiert, alwo sie einstweilen in Garnison liegen sollen, statt diesen 3 kommen
aber 2 Compagnien wieder, u. warscheinlich heute noch, da erstere um halb 8 Uhr
schon ausmarschiert seyn sollen. Der Rest des Schillschen Freicorps wird heute
auch abmarschieren, nur einige Husaren zur Ordonnantz werden bleiben. Diesen
Morgen bin ich 10 Mann von der Einquartierung losgeworden, aufn Abend
werde wohl meist eben so viel erhalten, damit die Zal von 12 volzälig bleiben
können. Gestern soll bey der Fane vorm Rathause auch die Schwedische u. die
dänische Flagge gewevt haben. Ein Tagesbefel vom Commandanten, Obersten
Haderstierna, fordert alle Ausgewanderten auf, mit ihren Effekten sofort zurückzukehren, auch wird jeder Hauseigentümer verpflichtet, sein Haus in wohnbaren
Stand zu setzen, um der algemeinen Einquartierung keine Hindernisse im Wege
zu legen. Statt der diesen Morgen abmarschierten 10 Mann habe ich gegen 3 Uhr
10 andere Männer erhalten.

Den 13. Jan. Diesen Morgen sind viele schwere metallene Canonen vom Wall
hergebracht, u. teils auf Lafetten, teils aber auf Schlitten liegend, über Neumünster weiter befördert worden. Es heißt, alles metallene Geschütz soll nach Lübeck
gebracht werden, um von dort zu Schiff nach Stockholm transportiert werden zu
können. Die Landleute müssen Vorspann liefern, 6 bis 8 Pferde für jede Canone.
Die Züchtlinge im Zucht- u. Werkhause sind noch immer umruhig, diese Nacht
soll es ser arg gewesen seyn und aufn Morgen soll der Commandant selbst nebst
dem Herrn Stadtpräsident Seidel die Ruhe wieder hergestellt haben. Auf wie
lange aber wird die Zeit lehren. Ein starkes Commando Militair, strenge Zucht
pp. ist wohl das notwendigste bey sollchen Maßnahmen. Der gestrige Tag ist in
Hinsicht der Strenge des Frostes wohl der stärkste gewesen; heute war die Luft
sehr mit Schnee angefüllt, auch ist vieler gefallen, aber die grausame Kälte ist
doch nicht so wie gestern zu bemerken. Auf der Flaggen-Batterie bey Holstein
weht jetzt täglich die Schwedische Flagge. Der Sage nach soll Hamburg jetzt
scharf eingeschlossen werden, auch heißt es, ein Bombardement würde nicht

geschehen, um beide Städte[114] u. deren Einwoner zu schonen. Aber schrecklich ists, daß an die 30 000 Frauen u. Kinder aus Hamburg gewiesen sind, die den Holsteinern zur Last fallen, die ebenfals große Not leiden, vorzüglich an Feurung bey dieser grausamen Kälte. Bey dieser großen Kälte, bey der Menge fremder Truppen, die ser sorgenlos mit Feuer umgehen, ist die Besorgnis für Feuersgefar noch die größte, zumal da unsere Brandanstalten sehr gelitten haben, u. warscheinlich vieles ausgebessert werden mus; dazu kömmt nun noch die große Unordnung u. die starke Zugluft fast in allen Häusern, dahero die Feuers Not unsern elenden Zustand noch um ein Großes vermeren würde, wenn die Vorsehung uns zu schützen nicht Mittel u. Wege genug hätte. Ein Hundert Soden Torf kostet jetzt 24 Schilling, u. wie Viele sind, die weder Betten, Essen noch Kleidern und Feuerung haben. 2 Personen sollen in der abgewichenen Nacht erfroren seyn.

Den 14. Jan. Gestern abend ist zum 1.ten Mal die Post nach Altona abgegangen. 2 Husaren vom Schillschen Corps haben heute Besitz von meiner eintzigen warmen Stube genommen, gefrühstückt um 4 Uhr Mittag u. 8 Uhr Abend gegessen, überhaupt gantz gräulich gewirtschaftet.

Die Madame Koopmann, (meine Nachbarin) hat die Güte gehabt, mir alles zu liefern, u. so werde ich denn erfaren, ob diese Gäste länger als 24 Stunden bleiben, u. was ich zu bezalen habe. Geschäfte riefen mich nach dem Lande u. seit dem Frühstück habe sie noch nicht wiedergesehen. Das Gerücht von der Ankunft 1000 Mann Russischer Truppen hat sich algemein verbreitet; ein Cosacken Officier mit einer großen Lantze begegneten mich aufm Steindamm. Spät aufen Abend ein anderes Gerücht, daß die Schwedischen u. anderen Truppen Morgen ganz früh abmarschieren sollen, so hatte ich dann auch Hoffnung, meine Gäste aus der Stube los zu werden. Um 9 Uhr sollen bereits mehrere Fusvölker von Uetersen durch die Marsch kommend eingerückt seyn.

Den 15. Jan. Die gantze Nacht voller Unruhe u. Lärm auf den Straßen wegen des Abmarsches der Schwedischen Truppen, die diesen Morgen gegen 11 Uhr abmarschiert sind, (alle sind auf verschiedenen Wagen nach Blankenese u. von dort aufm Eise über die Elbe gegangen.) wohin, dies wusten sie selbst nicht, mein Nachtquartier habe ich in Herfurths Hause gehabt, schlafen konnte ich wegen den vielen Hin- und Herlaufen nicht. Das gestern Abend angekommene Bataillon Russische Truppen hat sofort zum Cremper Tor wieder heraus müssen, u. das Nachtquartier am Steindamm gehabt. Wohin nun diese u. die Schwedischen, die noch hier waren, näml. von Calmar u. Kronenberg hin marschiert sind, wusten die Herren Officiere nicht, sie glaubten nach Itzehoe, die Wachen bleiben bis 2 Uhr von den Schweden besetzt, wurden aber von der Englischen Legion sogleich abgelöset, u. bald darauf schlug von Ersteren der Generalmarsch, da dann diese den anderen nachgezogen sind. 1200 Mann von der Englischen Legion sollen zur Besatzung hier bleiben, wovon auch heute gleich 8 Mann erhalten, dagegen sind die anderen alle abgereiset. Obgleich nun die beiden Husaren von Schill aufs beste bewirten lassen, um zu verhüten, daß keine Spiegel, Fenstern, Mobilien pp. zerstört u. zerhauen wurden, so haben diese ungebetenen Gäste mir dennoch mein chirurgisches Besteck, dessen Instrumente alle von Silber waren, u. welches ich wenigstens auf 40 Mark schätzen kann, gestolen ferner noch 2 paar lederne Handschu, 1 Pfeiffenror mit Porcellan-Kopf u. einige andere Kleinigkeiten, u. auf der Reise hat jeder noch 1 Bouteille roten u. 1 Bouteille Glühwein mitgenommen, wovon ich morgen erst die Rechnung haben soll. So wie ich verschiedene andere Sachen unter Schlos legte, hätte ich dies Besteck auch besser bewaren können, allein in der Eile ist dies, weils oft brauchen muß, an seiner gewönlichen Stelle liegen geblieben. Dieser Verlust schmertzt mich um so mer, da ich almälig dies zu einiger Volkommenheit gebracht hatte, um nötigenfals alles bey der Hand zu haben, wenngleich ein kleineres System noch hatte u. auch jetzt behalten habe, welches nun nach u. nach zu erneuern suchen muß.

Gestern hat jeder Hausbewoner 1 leinen Sack ans Magazin liefern und heute sechs Bürger 1 Mann zur Arbeit stellen oder selbst kommen müssen, um die noch vorhandenen metallenen Geschütze vom Wall herunter u. auf Schlitten zu bringen, wozu die Landleute die Furen leisten müssen. (In allem sollen 144 Stück metalles Geschütz, an Mörser, Canonen, Haubitzen pp von den Schweden u. Engländern abgefürt worden seyn. Die gestern Abend aus dem Schwedischen Hauptquartier in Kiel zurückgekommenen, in Herfurths Hause wonende Englischen Officiere wolten bestimmt behaupten, daß der Friede gestern Abend hat unterzeichnet werden, u. daß Rendsburg so wenig als Hamburg beschossen werden solle, indem beide Städte durch enge Einschließung zur Übergabe genötigt werden sollen u. müssen. Andere Nachrichten lauten auch dahin, daß die Franzosen in Holland die Übermacht wieder hätten u. desfals diese Truppenbewegungen nun gegen den Rhein u. Holland sich zu concentriren. Die heute angelangte Englische Legion (2 Bataillons stark, circa 1800 Mann) war zuletzt in Heiligenstedten gewesen, u. viele sind der Meinung, daß auch diese nicht hier sich aufhalten würden. Dasjenige metallen Geschütz, was die Schweden nicht haben fortbringen können, nemen die Engländer in Besitz, u. alles laßen sie durch Bürger, oder deren Stellvertreter u. durch Matrosen am Hafen u. an Bord bringen. Gestern sollen über 9000 Russen über Elmshorn nach Rendsburg marschiert seyn.

Den 16. Jan. Heute ist das Faren mit Geschütz in vollem Gange wieder, u. man sagt, daß die Englischen Matrosen von hier u. zu Cuxhafen, 900 Mann stark, mit diesen Canonen nach Hamburg sollen, um, nicht der Stadt u. deren Einwoner, sondern die Batterien u. die Leute darauf zu zerstören. Um 10 Uhr diesen Morgen erscholl die frölicke Nachricht vom Frieden, welche ich auch von dem Herrn Präsidenten erfur, dem der Englische General diese Anzeige durch den Herrn Lieutenant v. Stuckardt annoncieren lassen. Um 11 Uhr waren Englische Trompeter beschäftigt, an den Ecken der Straßen zu blasen, warscheinlich diese frohe Nachricht zu verkündigen u. um 12 Uhr sollen 100 Kanonenschüsse abgefeuert werden. (Das Blasen der Trompeter betrifft die Leute der Englischen Legion, die dadurch erfaren, wenn Victualien, Fleisch, Branntwein pp geliefert werden soll.) Die näheren Bedingungen dieses Friedens werden wir denn auch erfaren, wir alle sind ser froh, daß es nur erst so weit gediehen ist. Der Winter ist außerordentlich strenge, u. der Mangel an Holtz u. Torf ser groß, daher auch so genau wohl nicht darauf gehalten wird, daß so viele Sturmpfäle, Palisaden, spanische Reuter pp. gestolen werden; einige werden ertapt u. müssen das Gestolene zurückbringen, der größte Teil aber schlüpft durch u. macht sich eine warme Stube, die bey der grausigen Kälte eine große Erquickung ist. Zwischen 11 u. 12 Uhr wurde durch Ausrufen der Friede verkündigt u. daß deshalb um 12 Uhr 100 Kanonenschüsse abgefeuert werden sollten. Dies geschah auch hernach. In der Schlospredigt wurde noch am Schluß das Tedeum gesungen, warscheinlich ist dies auch in der Nachmittagspredigt geschehen. Ser viele 4 spännige Wagen aus der Gegend von Neumünster, die Proviant, Branntwein pp. holen sollten, haben ledig zurück müssen, welches von den Knechten auf der Landstraße erfaren habe. Die Mannschaft dabey waren Schweden. Die Englische Legion gibt lange nicht so viele Mannschaft, auch keine Fane, an den Wachten, welches an der Menge der Gewere vorm Rathause bemerkt habe. Die wenigen dänischen Officiere, die teils krankheits-, teils anderen Ursachen halber zurückgeblieben sind, haben heute dem Englischen General (warscheinlich dem Schwedischen General v. Boie) die Cour gemacht u. Erlaubnis erhalten, wenn sie etwa reisen wolten, diese vorzunemen. Das viele Faren mit Geschütz pp. hat seit der Friedensnachricht aufgehört, aber in den Arsenalen sind sie alle beschäftiget, auch sind einige Posten hin u. wieder ausgestelt, um das Stelen der Sturm-Fäle, Palisaden pp zu verhüten. Von der Batterie auf Voigt Mahn Land ist der größte Teil der Canonen bereits fort; diese haben doch alle losgehauen werden müssen, denn sie waren mit der Marscherde so fest zusammen gefroren, daß one Hauen nichts von der Stelle zu bringen gewesen seyn muß.

Von den Friedens Bedingungen weiß man diesen Abend noch nichts sicheres, es heißt daß 1 Bataillon dänische u.1 Bataillon Englische Truppen zur Garnison dienen sollen; daß Norwegen abgetreten, und 70 000 Mann dänische Truppen mit den Alliierten gegen Frankreich fechten u. 20 000 Man eine Reserve Armee bilden werden, teils um Jütland zu decken, teils auch mit den Alliierten vorwärts zu gehen. Dies sagt man, in wie ferne solches gegründet sey, wird die Zeit leren. Der größte Teil der hiesigen Sclaven[115] sind losgelassen u. haben die Freiheit erhalten, Hauptverbrecher sind geblieben. Ob dies von dem Englischen oder von dem Schwedischen General bewerkstelligt worden sey, habe ich nicht erfaren können. (Alle Sclaven sind freigegeben worden von dem schwedischen General v. Boie u. mit einem Pas versehen, entlassen.) Diese Abend ist zum 1.ten mal im Clubhause[116], das sehr viel Schaden erlitten, u. woran seit der Capitulation täglich viele Handwerker gearbeitet haben, große Gesellschaft, um den Frieden zu feiern; in einigen Bürgerhäusern ist dies sicher auch der Fall, denn nun ist man doch seines Eigentums u. seiner eigenen Person gesichert, welches leider! vorhin nicht war. In der Nacht vom 14.ten aufen 15.ten soll das gantze Russische Corps, 6000 Mann stark, durch die Festung marschiert seyn, daher die viele Unruhe auf den Straßen. (Diese Zal soll lange so stark nicht gewesen seyn). Ire Absicht soll gewesen seyn, hier in der Stadt zu bleiben, allein sie haben wohl hier oder unterwegs andere Orders erhalten.

Den 17. Jan. Schon gestern Abend war der Horizont gantz bewölkt, u. es schien, als ob die Kälte sich etwas gelegt hätte, es friert zwar noch stark, aber die große Strenge des Frostes hat doch nachgelassen, auch ist etwas Schnee gefallen. Geschäfte riefen mich nach dem Herrenfelde, welchen Weg ich zu Fuß machte. Die lange Brücke war noch nicht zu passieren, dicht an der Klappe 3 neue Jochen eingesetzt, aber keine Balcken noch Bolen darüber. Ich nam meinen Weg übers Eis, u. von der letzten Brücke bis nach Steffens Hause war alles mit Eis belegt, hernach ging rechts auf dem Herrendeich, alwo 3 Batterien vorfand, die 1. te bey Strüwens Garten[117]; die zwote bey Bornholdts Kate u. die 3. te bey Breckwoldts Hofe, die zwote u. 3.te. waren die größten, u. bey der mittelsten war eine Casematte, alwo noch einen höltzernen Stul vorfand (diese 3 Batterien sind gar nicht zur Wirkung, weil bald darauf die Kapitulation zu Stande kam. Nur die eine bey Bornholdts Hofstelle, etwas links nach dem schwartzen Wasser ist in Tätigkeit gewesen, auf Bornholdts Hofe sind aber schon Mörser u. Canonen gewesen, die aufgefürt werden solten.) Die Landleute füren jämmerliche Klagen über die große Einquartierung u. über die großen Lieferungen, die bereits geschehen sind und noch ins Werk gesetzt werden sollen. Und hier in der Festung wird alles Mögliche verkauft, Roggen u. Mehl davon in großer Menge, viele andere Lebensmittel, Lafetten, Wagens, Bley pp. warscheinlich zu gantz niedrigen Preisen, weils Jedem an Geld mangelt.

Ehe ich aus der Stadt ging, hieß es, daß aufm Nachmittag 800 Mann Russen einrücken würden, sie sind aber jetzt um 5 Uhr noch nicht hier. Ferner heißt es, daß das 3. Bataillon Engländer, Maior von Langrehr, morgen abmarschieren werde, wiewohl die Englischen Seeofficiere das Gegenteil sagen. Bey meiner Zurückkunft waren noch Menschen u. Pferde beschäftiget, Canonen vom Sieh Dich vor, aufm großen Burggraben nach der Stadt herein zu bringen. Von den Friedensbedingungen erfärt man nichts näheres, sie müssen gantz eigener Art seyn, denn hier sieht es nocht gar nicht friedlich aus. Verkauft wird alles, es mag Namen haben wie es wolle; Pallisaden, Spanische Reuter, Sturmpfäle pp. beyde letzteren sind bey diesem strengen Winter das nützlichste Feuerungs-Material, weils an anderem mangelt. Auch sagt man diesen Abend, daß am 27. Jan. die dänischen Truppen wieder in die Festung rücken werden, es kann seyn, aber so lange der Winter nahält, können die Englischen Kriegsschiffe doch nicht wegkommen. An Mad. Koopmann habe ich für die beiden Husaren 5 Mark bezalt, dazu wenigstens 2 Mark, was ich geliefert, die Unruhe nicht gerechnet (und den Verlust an Wein- u. Biergläsern, Tellern, Tassen pp.) so wäre ich noch wohlfeil genug davon gekommen, wenn nicht den Verlust der Chirurgischen Verbandtasche hätte erleiden müssen. Heute war die Wachtparade ser gros, sicher an 300 Mann, welches gestern u. vorgestern nicht gewesen seyn soll, nur die heutige habe ich gesehen, konnte aber den Abmarsch, Geschäfte halber nicht abwarten. Die heutige Hamburger Post geht nur bis Blankenese, ob die anderen Posten Morgen ankommen werden, wird die Zeit leren. Die holsteinische u. dithmarscher könnten vielleicht frey durchgehen, die dänische warscheinlich angehalten werden. Um 7 Uhr blasen die Englischen Jäger zur Retraite, die andern trommeln um 8 Uhr.

Den 18. Jan. Die 800 Mann Russische Infanterie ist gestern Abend angekommen u. so verlegt worden, daß sie für sich alleine waren, dahero merere von der Englischen Legion umquartiert worden, wovon ich 7 Mann vom 3.ten Bataillon Langrehr erhalten; beide Bataillons werden auch, weil sie fast alle aus dem Lauenburgischen sind, danach genannt. Man sagt, daß jedes Bataillon 800 Mann stark seyn soll, woran ich zweifle, u. wenn nun jedes 600 Mann hätte, so könnten diese Bataillone one große Unbequemlichkeiten diesen Winter hierbleiben. Selten aber sind sie lange an einem Ort. Gestern gegen Abend ist der Jäger-Capitän v. Fries, Adjutant bei Sr. Hochfürstl. Durchlaucht, d. Herrn Printzen Friedrich, in Begleitung von 2 Husaren hier angekommen, u. man sagt, saß das Kgl. Wappen sogleich wieder aufgestelt worden; beim Posthause[118] habe ichs bemerkt. Auch soll heute die Post angekommen seyn, ob die Copenhagener ebenfals, kann nicht bestimmen. Übrigens wird noch immer fort verkauft, aller Roggen u. das Mehl desselben ist an einen Mann in Wilster, u. zwar zu gantz niedrigem Preise, verkauft worden, dies sowol als andere Lebensmittel, nemlich Pöckelfleisch, von Rindern u. Schweinen, Erbsen, Branntwein pp. hätte alles in loco bleiben müssen, u. solte die Obrigkeit dies mit Arrest belegen, wenn sie auch zum Gelde nicht warten können, um nur Hungersnot zu verhüten. Denn wie viele arme Leute haben gar nichts u. wie viele vom Militair werden nicht gespeiset, deren Rationes u. Portiones lange nicht hinreichend sind, sie zu sättigen. Lafetten u. Raperten[119] sind das Stück zu 6 bis 7 Schilling verkauft, die jetzt vor den Häusern der Eigentümer stehen. Schade wärs, wenn sie zernichtet würden, um als Brennholz zu dienen. Blei in Mulden nach Stückzal, wovon man glaubt, daß das Stück keinen Schilling gekostet habe. Wenn nun in Erwägung gezogen wird, was alles dieses einzukaufen u. zu verfertigen gegolten haben mag, und den jetzigen Preis bedenket, ferner wenn alle diese Sachen über lang oder kurtz aufs neue angeschaft werden solten, welch unsäglicher Verlust ist nicht dabey. Doch die Kapitulations-Bedingungen lauten vielleicht dahin, daß die Kriegfürenden Mächte, die vorhin gegen Dänemark gefochten, sich einigermaßen bezalt machen können u. sollen, nun! dann muß man im Stillen blos seine Bemerkungen darüber machen. Das Feuer auf der großen Brandstelle glimmt noch in der Asche. Seit dem Appell gegen Abend ist das Gerücht entstanden, daß die Englische Legion Morgen weggehen solle, meine Einquartierten haben dies unten im Hause erzählt. Ob nun Morgen merere Russen oder andere Auxiliar Truppen, die gegen die Festung gefochten haben, auch sich einige Tage ausruhen sollen, u. dann den letzten Rest zusammenbringen werden, wird sich zeigen. Denn daß die Leute, die einige Wochen vor der Stadt in dem bösen Wetter immer Dienste getan haben nun nicht auf disen Ort sehen u. sich einige Tage ausruhen sollen, finde ich gar nicht unbillig. Nur den Einwonern drückt dieses entsetzlich, zumal da so viele Häuser leer stehen, deren Eigentümer entweder abwesend, oder gar arm geworden sind, oder auch so zerschossen worden, daß sie unbewonbar wurden, weil in Kalckarbeit gar nichts gemacht werden kann, sogar des harten Frostes wegen nicht einmal die Fenstern, die notwendigsten nicht, weil sie fest zugefroren, u. der Mangel an Glas noch immer ser gros ist. Der Sage nach, soll heute das neue Tor für Fusgänger sowol als Farende gesperrt seyn, warum? habe nicht in Erfarung gebracht. Die Fusgänger können doch überm Eise herausgehen beim Cremper Tor, aus welchem ich gegangen, ist nichts gesagt, u. aufm Rhin bin zurück gekommen, one gefragt worden zu seyn

Den 19. Jan. Diesen Morgen um 10 Uhr ist das Bataillon Russen u. zwischen 8 und 9 Uhr das 1. te Bataillon der Englischen Legion abmarschiert, letzteres hat nach Aussage des Chefs, des Herrn Maior v. Weroit nach Barmstedt gesollt (ersteres nach Wedel). Um 10 Uhr wurde an allen Ecken geblasen, warscheinlich ein Signal für das 3. te Bataillon der Legion, die heute die Wachten besetzt haben. Die Wachtparade war nur klein, vielleicht halb so viel wie gestern. Man sagt, daß nächstens 1 Bataillon dänische u. 1 Bataillon Schwedische Truppen die Stadt besetzen werden. Verkauft u. abgeliefert wird noch immerfort, u. weil so viel dabey zu schreiben ist, sind merere junge Leute der hiesigen Kaufmannschaft dazu requiriert worden. Die Besatzung von Hamburg soll zweymal einen wütenden Ausfall bis diesseits Pinneberg gemacht, aber jedes mal mit schwerem Verlust zurückgetrieben worden seyn. Auch sollen die Wälle tägl. mit Wasser begossen werden, so daß das Stürmen fast gar nicht möglich ist. Um der ganzen Gegend umher soll eine schreckliche Teuerung herrschen, kein Brod für Geld zu haben seyn. Man glaubt, daß nach u. nach alle fremden Truppen sich Hamburg nähern werden. Es ist schon allenthalben angesagt, sich bereit zu halten, Truppen im Hause u. in Verpflegung zu nemen. Noch sind keine Posten angekommen, aber Estafettenbriefe an einen Schwedischen Officier, der nirgends u. auch hier nicht zu finden ist (u. mit dieser) ist die Holsteinische Post heute zum 1.ten Mal angekommen. Aus der hiesigen Sclaverey sind alle Gefangene mit einem Passe, von dem Schwedischen damaligen Commandanten entlassen worden, sogar Hauptverbrecher, die den Tod längst verdient haben. Welchen Unfug werden diese Bösewichter nicht machen! In den Königlichen Magazinen wurde um 7 Uhr Abends mit Laternen noch gearbeitet, welches im Vorbeigehen bemerket habe; allenthalben ist man tätig, u. das Aufsuchen u. Aufschreiben bringt fast gar kein Ende. Das Königliche Zollamt hat bekanntmachen lassen, daß mit Erlaubnis des Herrn Commandanten, des Brigadiers Haguet[119a], die Zollbediente den Anfang machen, u. solche, wie vorhin füren können.

Den 20. Jan. In Crempe ist gestern Abend durch Unvorsichtigkeit eine Pulver Explosion in der Kirche entstanden, die diese fast gantz zersprengt, den Thurm in die Asche gelegt u. die benachbarten Häuser zerstört hat; 4 Schildwachen u. einige andere Menschen sollen dabey ums Leben gekommen seyn. Der dadurch entstandene Knall ist hier gestern Abend halb 9 Uhr allenthalben gehört worden (Von hier aus sind gestern Abend spät auf Requisition die große Sprütze nebst Zubringer u. die Brandleute dahin gefürt worden; die Verwirrung u. Unordnung soll ser groß gewesen seyn. Die Schweden sind gleich nach der Explosion nach Grevenkopp marschiert u. haben zu erkennen gegeben, daß, da im Eingange merere 100 Bomben u. Granaten lägen, die ganze Stadt in Feuer aufgehen würde; diese sind aber warscheinlich nicht gefüllt gewesen, sonsten wärs so glücklich nicht abgegangen.

N. B. Diese Bomben sind alle gefüllt gewesen aber so ser unter dem Schutt verschüttet, daß sie die Kraft nicht zur Zündung bringen konnten. Man spricht sehr zweideutig von diesem Unglücksfall, der viele Einwoner um das Irige gebracht hat)

Sämtl. Häuser daselbst sollen ser gelitten haben, vorzügl. an den Fensterscheiben. Die Französische Armee unter Anfürung des Kaisers soll bey Speier total geschlagen, u. hernach durch Berthier ein Waffenstillstand in Vorschlag gebracht worden seyn, der aber nicht angenommen seyn soll. Auch heißt es, daß Hamburg übergeben worden sey, das letztere ist nahe u. das andere entfernt, daher von der Gewisheit leider nichts bestimmtes zu sagen ist. Heute, Nachmittags besonders, ist vieles Geschleppe mit Sturmpfälen, Buschwerk pp. gewesen, ob alles weggegeben worden oder nicht, oder obs gestolen worden seyn mag, weiß ich nicht. Einige wollen bestimmt sagen daß Morgen 1 Bat. vom Holsteinischen Regt. ankommen u. sodann alles Untersuchen, Wegnemen pp. ein Ende haben werde. Es sollen bereits merere Briefe an einige Herren des Ober-Gerichts hier seyn u. man behauptet, daß sämtl. Herren bald zurückkeren u Recht u. Gerechtigkeit handhaben werden, welches leidet in 6–7 Wochen nicht hat geschehen können, dahero die großen Unordnungen in allen Theilen des Verwaltungs-Geschäfts.

Den 21. Jan. Diesen Vormittag begegnete mir ein Schwedischer Officier mit seinem Bedienten (auf der Stadtstraße), der so wie ich zu Fuß ging, seinen Wagen traf bei Breckwoldts Hofe, den der Knecht vom Cremper Tore kommend, hatte stehen lassen müssen, da er des vielen Schnees wegen nicht weiter kommen können. Aufm Nachmittag mußte nach dem Cremper Rhin hin, alwo ebenfals ser schwer zu gehen war. Merere Furleute waren beschäftigt vom neuen Deich, nahe von Mincks Hofe u. Sierks Kate[120], die Mörser u. Kanonen, auf große Schlitten mit 10 Pferden bespannt, herein zu holen u. an die Englischen Kriegsschiffe zu bringen. Viele Wagens mit Säcken u Tonnen beladen mit Schildwachen von der Englischen Legion standen bereit, um zum Cremper Tor hinaus zu faren. Jedesmal, wenn ich heute aus- u. einpassiert bin, u. dies ist 4 mal gewesen, habe meinen Paß vorzeigen müssen. Bey dem außerordentlich vielen Schnee, der seit ein paar Tagen gefallen ist, werden unsere vormaligen Sclaven jetzt vermißt; diese pflegen zwischen den Festungserken die Wege sonsten durchzuschaufeln, jetzt liegts so hoch, daß man bis an die Hüften hereinfällt u. außerm Neuen Tor ists am schlimmsten, weil die lange Brücke noch nicht hergestellt ist, daher übern Burggraben gehen muß, der mit Waser überlaufen war, so daß man bis an die Knie in Schnee und Wasser waten mußte. Der Rhin ist gleichfalls so aufgestaut, daß keiner dorten gehen kann.

Außern Cremper Tor, näml. bey Mahns Hofe u. aufm Juden-Kirchhofe haben die Schweden das Geshcütz zurückgefürt, wozu die Bauern requiriert worden, so wie hier in der Stadt ein Jeder, entweder Pferde oder Wagen liefern muß, er mag solche selbst brauchen müssen oder nicht. Der Graf v. Bothmer, Kommandeur des 2. ten Bataillons der Englischen Legion hat heute seinen Bagage Wagen in Ordnung setzen lassen, vielleicht muß dies Bataillon bald marschieren. Heute habe zum 1.ten Mal die Bremer Zeitung durchgeblättert, ich hatte keine Zeit sie zu lesen; von der Übergabe dieser Stadt stand noch nichts darinn, wohl aber, daß sie bombardiert wurde (Hätte die Festung sich noch 1 bis 2 Tage halten können, so würde sie vielleicht gar zur Capitulation nicht gekommen seyn, weils bey der feindl. Armee an Munition gefelt hat, auch die Leute ser unzufrieden gewesen seyn sollen, so daß, wenn die letzten Vorschläge abseiten unser verworfen worden wären, das ganze Belagerungs-Corps den Rückmarsch angetreten haben würde. So wurde nachher von Glaubwürdigen erzält.) Gott Lob! daß diese Schreckens Scene vorüber ist, der General gebe uns nur Erleichterung der Einquartierungs-Lasten, die bey dem Mangel an Feuerung um so drückender ist, obwohl jetzt nur 1 Bataillon hier liegt, aber die vielen ledig stehenden, teils auch zerschossenen Häuser machen diese Last um so größer u. beschwerlicher.

Viele Leute werden jetzt krank u. einige sind bereits gestorben, teils von Gallen Erbrechen u. Diarrhoen, teils an Nervenschwäche als Folgen der Schreckensscenen, der anfängl. gelinden aber nebligten Witterung, u. des jetzigen starken Frostes, wozu der Mangel an gehöriger Wärme, die beständige Zugluft in fast allen Häusern, hin u wieder auch Mangel an Nahrungs Mitteln pp. mit gerechnet werden müssen.

Den 22. Jan. Man will bestimmt wissen, in den Capitulations Bedingungen sey bemerkt worden, daß alles Königliche Eigentum, es möge Namen haben, welche es wolle, den Siegern überlaßen werden solle, daher die Wegnamen u. Verteilung der Mörser, Canonen, Lafetten, Raperten, Kriegsfarzeuge kleine u. große, Ammunition aller Art, Gewere, Bandeliers, Säbel, Pistolen pp., ferner aller Lebens Mittel, aller Feuerung pp. Daher der Verkauf aller dieser Arten, u. das Weggeben der Sturmpfähle des Nachts an die geringen Leute, u. daß dieses Aufsuchen, Aufschreiben, Verkaufen pp. so lange fortdauern könne, bis dänische Truppen in die Stadt rücken werden, daher läst sich dann auch wohl dies Zögern u. Zurückbleiben letzterer nicht recht wohl erklären, weil noch hin u. wieder etwas gefunden werden könne, welches des Verkaufs wohl wert seyn möge (u. dann doch zurückbehalten werden konnte.) So will man zum Beispiel behaupten, daß im Provianthause über 6000 Tonnen Schiespulver, über 1000 Tonnen Kalck gefunden worden sey, die doch gar dorten nicht gesucht werden mußten, auch schlecht aufgehoben waren, weil dies Gebäude doch ser vielen Schaden erlitten hat, durch diesen Pulvervorrat außerordentl. zerstört worden seyn könnte, wenn dieses Pulver zur Wirkung gekommen wäre. Nicht zu gedenken der vielen 100 Weiber u. Kinder die zur Zeit des Schießens iren Zufluchtsort im Souterrain namen um sicher zu seyn, die dorten den Tod oder Verstümmelung gefunden hätten, wenn ein solch Unglück ausgebrochen wäre. Der Schwedische Obrist, Graf Kagerbielke, jetziger Commandant, soll den Auftrag haben, die Stadt den dänischen Truppen zu überliefern, wärend dem mimmt der Englische Commandant Capitain Marshall von der Marine, große Summen Geldes ein, die jeden Abend spät von dem Auctionär abgeliefert, u. dem Commissair Thombson eingehändigt werden. Die Passage auf den Straßen in der Stadt ist hin und wieder zugesperrt worden durch die vielen Lafetten, Raperten, Schaluppen, Boote pp., deren jetzige Eigentümer diese nicht im Hause beherbergen können, dazu kömmt die außerordentl. Menge Schnee, die hin u. wieder hoch aufgeschaufelt liegt, so daß bey Ankunft eines Wagens der Fusgänger in Gefar kommt, Schaden zu leiden, wenn er nicht geschwinde rück- oder vorwärts geht, um vor den Türen Schutz zu finden. Obgleich jetzt alles ser teuer ist, so ist doch verhältnismäßig das Arbeits- u. Furlon aufs höchste gestiegen. Ein Tracht Wasser kostet 2 Schilling u. $\frac{1}{2}$ Stunde Arbeit 8 Schilling, dazu muß man nur froh seyn, jemanden gedungen zu haben, gute Worte zum Gelde geben, sonsten geschiehts gar nicht. Dahingegen ist das Stelen an der Tagesordnung; in den Magazinen wo alles verteilt u. verkauft worden, soll ganz außerordentlich Vieles gestolen seyn, sogar diesen Abend wurde noch ausgerufen, daß einer Schildwache beim Magazin sein Gewer wahrscheinl. wärend Befriedigung eines natürlichen Bedürfnisses entwendet worden, daß dieserhalb strenge Nachforschung u. Strafe erfolgen würde, wenns nicht freiwillig zurückgeliefert werden solte. Von den gestern Abend zwischen 7 u. 8 Uhr aus dem Zuchthause Durchgebrochenen 7 Stück der größten Bösewichter hat man noch keinen auf der Spur, obwohl Wall u. Stadtpatrouillen immer im Gange gewesen sind. Wenn diese sich zu den losgelassenen Sclaven gesellen, so wird hieraus eine Räuberbande entstehen, die ganze Dorfschaften ausplündern u. bestelen werden.

Den 23. Januar Heute sind einige Englische Seeofficiere, wahrscheinlich von der Stör u. der Bösch bey iren Commandanten gewesen, sie ware alle zu Pferde. Die Billeteurs[121] haben diesen Vormittag auch Quartiere angesagt, für dänische Truppen, die morgen kommen solten, wann diese aber anlangen u. wie viele, davon wußten sie nichts.

Auch ist zu einer Anleihe von 2000 Mark für Rechnung der Stadt Anfrage bey mir geschehen, allein ich suche selbst einige hundert Taler, weil meine Kasse erschöpft ist u. niemand bey mir mit Geld sich einfindet, selbst Zinsen sowenig wie fällige Wechsel Schuld, wird bezalt, alles ist in Unordnung.

Den 24. Januar Diesen Morgen hat die Wachthabende Mannschaft ire Wache aufm Rathause verlassen u. sind nach der Hauptwache gezogen, won welche sie diesen Mittag durch andere wie sonst gewönlich, abgelöset worden sind. Vom Einmarsch dänischer Truppen ist heute nichts zu hören, einige wollten sagen, daß Russische kommen würden, allein jetzt, zwischen 9 u. 10 Uhr sind keine angelangt. Öffentlich wird jetzt nichts mer verkauft, aber so im Stillen, manch einige Kriegsfarzeuge zu wohlfeilem Preise, aber zalbar in Louis d'or; kleine Müntze wollen die Engländer nicht mehr annehmen! Viele Russische Truppen zu Fuß u. zu Pferde sollen in der Wilster-Marsch einquartiert worden seyn, auch sollen viele Russische Truppen durch Itzehoe iren Weg nach Hamburg genommen haben. Das

1. Bataillon vom Leib-Rgt. der Königin soll ebenfals von Rendsburg aus dahin gegangen seyn. Algemein wird gesagt, daß die Schweden nach und nach sich nach Lübeck zögen, u. wenn sie sich alda gesammlet, nach Schwedisch-Pommern ziehen würden, die Russen aber almälig dem Elbufer sich nähern, u. teils vor Hamburg bleiben, teils aber bei Wedel die jenseitige Elbgegend betreten würden. Obwohl strenge Mannszucht bei dem 3ten Bataillon Englische Legion gehalten wird, u. von Ausschreitungen sonderlich nichts bekannt geworden, so ist doch viele Klage über diese Leute, manche, daß sie ir geliefertes Brod, Fleisch, Branntwein pp. verkaufen, statt den Hauswirten abzuliefern u. sich von diesen füttern lassen. Auf jeden Fall ist dies unrecht, allein Lönung haben diese lange nicht erhalten, u. nun machen sie sich etwas Geld, um andere Bedürfnisse dafür zu kriegen. Das beste dabei ist dieses, daß sie sich nicht betrinken u. man dieserhalb noch am besten mit sie fertig werden kann, es scheint aber, als ob sie dann u. wann etwas stehlen, wenigstens sind Kleinigkeiten u. sogar einige Bettlaken bey mir vermißt worden, aber ob in diesen Tagen oder schon etwas länger, als das 1te Bataillon noch hier war, dies kann nicht wißen u. dieserhalb keine nähere Untersuchung anstellen. Die Unterofficiere halten zu vielen Nachfrage, obe die Leute alles Gelieferte abgeben, allein wer mag sie anklagen. Täglich wird 3 mal unter gewissen Abzeichen, zu Brod, Fleisch u. Branntwein geblasen an den Ecken der Straßen, u. dann müssen sie hin u. holen dies oder das andere, aber sie liefern fast gar nichts ab, wenigstens die meinigen nicht, u. verkaufen es zu wohlfeilen Preisen.

Den 25. Jan. Diesen Nachmittag sollen die Fourier-Schützen[122] vom 1.ten Bataillon der Königin angekommen seyn mit der Nachricht, daß diese aufm Abend anlangen würden. Ob dann das Verkaufen unter der Hand aufhören wird, solte man glauben. Alles Königliche Eigentum ist verschleudert, ja gar die Dachpfannen abgedeckt und verkauft worden. Seit drei Tagen hat es fast ständig geschneit, daher die Wege beinahe nicht zu passieren sind, u. ich denke, daß das 1.te Bataillon, welches um 12 Uhr von Itzehoe hat abgehen sollen, Mühe haben wird, um 10 Uhr hier sein zu können.

Den 26. Jan. Unsere Truppen, nämlich das 1. te Bataillon der Königin nebst der Grenadier Compagnie u. das 1.te Bataillon vom Rgt. Fühnen, sind in Crempe geblieben, ob nun des vielen Schnees halber, oder anderer Ursachen wegen, ist jetzt noch nicht bekannt Der Graf von Schulenburg ist Commandant der Festung. Gestern Abend um halb zehn Uhr wurde noch der Appell geschlagen, aus welchen Gründen ist auch nicht bekannt, warscheinlich aber des Abmarsches wegen. Die Ankunft unserer Truppen hat sich sehr verzögert, u. in dieser Zeit entstand das Gerücht, unterwegens wäre Contre-Order[123] gekommen, die dahin lautete, daß beide Bataillone zum Auxiliarkorps der Alliierten gehören u. dieserhalb über die Elbe gehen würden. Allein dieses wiederlegte sich dadurch, daß sie halb 3 Uhr anlangten. Am Herrendeich, alwo ich jetzt war, konnte ich diese Feldmusik deutlich hören.

Um 4 Uhr wurden die Leute der Englischen Legion, die erst um 12 Uhr aufgezogen waren, wiederum abgelöset, u. alle Posten aufm Wall u. den Außenwerken doppelt besetzt. Die Grenadier u. Jäger Compagnie beider Bataillone werden Morgen erwartet, andere sagen, sie sind dazu bestimmt, die fremden Truppen u. deren eintzelne Verstreute zu beobachen u. dieserhalb würden sie wohl nach Elmshorn verlegt werden. Morgen wird das 3 te Bataillon der Englischen Legion von hier gehen, so wird gesagt. Die Regimenter u. Corps, die zum Auxiliar-Corps der Alliierten gehören, werden bestimmt angegeben, unter diesen ist das 1 te un 2 te Bataillon der Königin nicht begriffen, u. es heißt, daß das 2 te von Bornholm bald zurückkommen werde, um den Abgang des 1. ten Bataillons Fühnen zu ersetzen. Die annectierten Bataillone sollen eingehen, u. die Officiere in den Districten verlegt, die Gemeinen aber nach Hause gesandt werden, womit die letzteren ser zufrieden seyn werden.

Verschiedene Wagen mit Lebensmittel, Brannwein pp sind von unseren Truppen onweit der Stadt angehalten u. zurückgeführt worden. Man sagt, daß diese von Privatleuten angekauften Sachen nach Elmshorn gesolt haben, der Commandant sie aber aus der Ursache behalten, um seinen Leuten diese zukommen zu lassen.

Den 27. Jan. Diesen Nachmittag bald nach 1 Uhr ist das 3.te Bataillon der Englischen Legion mit 7 Wagen u. 12 Packpferden vors erste nach Crempe marschiert, es heißt daß sie über die Elbe den andern Truppen folgen werden. Bald darauf ist die 2. te Compagnie des 1.ten Bataillons unter Kommando des Herrn Capitain v. Gollowin nach Wewelsfleth marschiert, um dorten auf die Marodeurs, entwichenen Züchtlingen u. entlassenen Sclaven ein wachsames Auge zu haben, wie es dann auch heißt, daß die 2 Grenadier u. Jägerkompagnien der gestern eingerückten Bataillone nicht hier in loco kommen, sondern nach Neuenbrook, Steinburg, Elmshorn verlegt werden sollen in der nämlichen Absicht wie die ausmarschierte 2te Compagnie, welche Vorsicht unsers jetzigen Herrn Commandanten sehr zu loben ist, vielleicht werden noch verschiedene Verbrecher erwischt, oder der Landmann ist doch mer gesichert u. den Plünderungen nicht so stark ausgesetzt. Von Obrigkeitswegen ist bekannt gemacht, daß alle zurückgebliebene Leute des 3.ten u. 4.ten Bataillons der Königin oder auch die zurückgekommenen in 2 Stunden sich entfernen, nach irer Heimat gehen und sich sofort bey einer Behörde melden sollen.

Die heutige Wachtparade war zwar gros, aber doch lange so stark nicht wie gestern, viele Posten sind jetzt überflüssig, weil die Batterien one Geschütz u. Lafetten sind. Das 1.te Bataillon von Fühnen hat heute die Wachen besetzt. Gestern habe ich 1 Sergeant u. 9 Mann vom 1.ten Bataillon der Königin erhalten, die von der Englischen Legion sind mit ausmarschiert. Die Bremer Zeitung kommt jetzt regelmäßig einmal die Woche an, aus dieser ist gestern zum 1.ten Mal, auf meinen Vorschlag, Auszüge in der hiesigen Fortuna gesetzt, u. nun erfaren wir doch etwas vom Auslande u. unserer Nachbarschaft, welches wir merere Wochen entberen mußten. Die Hamburger Post geht nur bis Wedel, von da über die Elbe nach dem auswärtigen Lande, die Lübsche Post geht auch ab, aber noch nicht so regelmäßig wie sonsten.

Den 28. Jan. Jetzt, da alles Königliche Eigentum, teils zernichtet teils von den Schweden weggefürt, u. von den Engländern an Bord der Kriegsschiffe gebracht worden ist, soll alles dies Abgeführte aufgeschrieben werden. Gestern Abend hatte der Lieutnant Groth den Auftrag, sich an Bord dieser Schiffe zu begeben, um alles aufzuschreiben, sie wolten ihm aber dies nicht erlauben u. als er sich beim Englischen Commandanten desfals meldete, ist es ihm ebenfals abgeschlagen worden. Zur Feier des Geburtstages Sr. Majestät des Königs ist aufn Mittag große Gesellschaft im Rathause, u. aufem Abend bey Scheer; bey letzteren sind die Bürger-Officiere, der Magistrat u. merere hiesige Bürger, wozu ich auch eingeladen, solches aber abgelehnt habe. Aller Vorsicht unerachtet, haben mir die 3 Mann von der Englischen Legion, die gestern wegmarschiert sind, verschiedenes an kleinem Gerät gestolen (ein gantzes Schrank wozu sie meine Schlüssel gehabt haben müssen, ist gäntzlich in der Hinterstube ausgeräumt u. warscheinlich von diesen gestolen worden; alle 3 waren Italiener von Geburt, vorher in französischen Diensten gewesen.) Heute ist zum 1.ten mal Session[124] unter dem Präsidio des Herrn Conferenzrat Feldmann, ein Obergericht gehalten worden, die Räte sind gewesen: der Herr Etatsrat Levsen, die Herren v. Schirach u. v. Prangen. Man sagt, daß das Köngl. Obergericht bereits Beschlag auf alle Arten von Lebensmitteln gelegt haben soll, u. daß selbst das von den Engländern verkaufte Korn, Mehl. Fleisch pp. ausgeliefert werden soll. Mereren Leute habe ich angeraten, nichts zu kaufen, weil man nicht wissen könne, wie sich alles entwickeln würde, allein der wolfeile Preis hat sie doch zum Kaufen angelockt, u. jetzt nun zeigt es sich schon, daß sie besser getan hätten, nichts anzukaufen, sie hätten das Geld behalten u. die Engländer keine solche großen Einnamen gehabt. Man sagt auch, daß die von den Schweden abgefürten schweren metallenen Mörser u. Canonen, die nur bis Bramstedt der Zeit gebracht worden sind, mit Arrest belegt seyn sollen. (Dies ist ungegründet, indem der größte Teil derselben schon an der Trave liegen soll). Ob nun in den Capitulations-Punkten diese Verteilung, entweder jetzt anders erklärt werden, oder ob nichts davon erwänt worden, kann nicht bestimmen. In den Zeitungen habe noch nichts davon gelesen. Heute soll auf Befel des höchstpreislichen Obergerichts zum erstenmal die Post nach Copenhagen abgehen. Es ist doch ser gut, daß dies Collegium wieder in Tätigkeit gekommen ist, wiewohl nur erst 4 derer Herren hier sind. Nun weiß man doch, daß almälig alles wieder im vorigen Zustand gesetzt werden wird u. keiner machen kann, was ihm beliebt. Zur Feier des Geburtstages Sr. Majestät des Königs sind diesen Mittag 3 mal 27 Canonenschüsse gegeben worden. Die Torsperre[125] hat heute auch iren Anfang wieder genommen, welches ich bey meiner Rückkunft vom Herrenfelder Deich bemerkt habe. Binnen ein paar Tagen soll das Militair mit Brod versehen werden u. vielleicht auch bald darauf mit Fleisch, welches ser notwendig ist, da die Einwoner diese Last nicht lange, manche gar nicht tragen können, hinfolglich fält solche den mer bemittelten gäntzlich anheim. Gestern sind einige 70 Uhlanen, Russische Kavallerie, von Wewelsfleth kommend, über Crempdorf, alwo sie halt gemacht, geritten, u. haben sorgfältig Nachfrage nach dänischen Truppen gehalten, um nicht da zu übernachten, wo diese sich etwa einquartiert.

Den 29. Jan. Gestern sind in Elmshorn merere Tausend Russische Truppen, größtenteils Cosacken, angekommen; die kleinen Häuser sind alle mit 4 Mann belegt, die größeren mit mereren. Die Zal ist aber zu gros gewesen, um sie alle einzuquartieren, u. dieserhalb sind sie tiefer ins Land nach Raa, Neuendorf, Siel pp. verlegt worden. Die Not ist in der Nähe bei Hamburg so gros, daß diese Leute um den Hunger zu stillen, weiter hereinrücken müssen. Von Horst sind 2 Deputierte beim Commandanten gewesen um Salvegarden zu erhalten, die auch bewilligt worden sind. Von Crempe aus sind der Kriegsrat Möller u. der Pastor Kolditz nach dem Hauptquartier in Kiel gereiset, um Schadenersatz zu bitten, u. man glaubt, daß sie befriedigt zurückkehren werden. 30 Centner Pulver haben die Zeit in der Nähe gelegen, die Bomben sind aber nicht gefüllt gewesen (20 Centner sollen vorrätig gewesen seyn). An Fenstern Türen haben alle vielen Schaden gelitten, die Kirche aber ist gäntzlich zersprengt u. der schöne Turm gantz abgebrannt. (Die Dächer der Häuser am Kirchhofe haben vorzüglich gelitten, viele gantz zertrümmert, die Dachpfannen alle in Stücken, so daß das Mauerwerk noch eben zusammenhängt). Einige wollen wissen, daß das 1.te Bataillon Fühnen nächstens zur Erleichterung der Einwoner nach Dithmarschen verlegt werden würden — zu wünschen wäre es um vielen die große Last der Speisung zu erleichtern, denn äußerst drückend ists, den Leuten täglich 3 mal zu speisen. Man sagt ferner, daß nächstens die Haussteuer sowol als die beiden rückständigen Termine der gezwungenen Anleihe[126] bezalt weden sollen, allein wer kann dazu Rat schaffen? Die außerordentlich starken Ausgaben, die die Stadt gehabt, u. die Contribution an die Schweden, sind von den Bemittelten vorgeschossen, aber sie müssen doch ersetzt werden, u. wer hat jetzt Geld vorrätig? Ser Viel in der Stadt sowol als aufm Lande können nichts bezalen, u. diejenigen, die es noch könnten, denken entweder nicht daran, oder wollen auch noch nicht, um nötigenfals nicht one Baarschaften seyn zu dürfen. Es fängt bey dem heutigen Tauwetter gegen Abend aus Südwest stark an zu stürmen, Gott gebe, daß der Wind hernach nicht nach Nordwest gehen möge, sonsten sind wor alle unter Wasser gesetzt, denn die Deiche, besonders nach der Stör hin, haben Löcher von 10 bis 12 Fuß Tiefe, und dies in großer Distanze, nömlich da, wo die Batterien gewesen, bey Minks Hofe u. Sierks Kate. Alles dieses hat bey dem starken Frost nicht planiert werden können, u. dieserhalb ist nur eine nicht gantz außerordentliche Fluth hinlänglich, das Wasser durch diese Vertiefungen im Deiche ins Land zu füren; Deichbrüche an mereren Orten sind unvermeidlich.

Den 30. Jan. Der Wind hat in seiner Stärke circa 18 Stunden angehalten, bald aus Südost, bald aber auch aus Südwest, u. es hat scharf dabei getaut; es weht zwar noch, aber doch lange so stark nicht wie gestern Abend u. die Nacht über. In der gestrigen Fortuna sowol als durch öffentlichen Anschlag an den Ecken der Straßen sind 2 Bekanntmachungen erschienen, beide durch den Magistrat auf Befel des Herren Commandanten. Die eine zeigt an, daß die Stadt noch im Belagerungszustand sey, daß allen Militairpersonen gehörige Pflege vorzüglich im Essen u. Trinken gegeben u. daß dafür gesorgt werde, Magatzine anzulegen und sie mit Fleisch

u. Brod zu versorgen. Die zweite befiehlt, daß alle Leute die Königliches Eigentum an sich gebracht, es seien Lafetten, Raperten, Blei, Pulver pp. sowie auch Lebensmitteln aller Art solches innerhalb 24 Stunden schriftlich beim Präsidio, bey schwerer Ahnung, wenn etwas verschwiegen werden solte, anzugeben. Die hier gebliebenen sowol als die Zurückgekerten Leute vom 3.ten u. 4.ten Bataillon sollen zum Dienst wieder angesetzt werden. Merere kleine Commandos sind hin und wieder aufm Land verteilt worden, um die Einwoner für Gewalttätigkeiten zu schützen. Die Grenadiere von diesem Regiment sind in Itzehoe, u. die von Fünen in Crempe, um von dorten aus wachsam zu seyn. Ein Commando Artilleristen, die gestern gekommen sind, haben heute die Mörser u. Canonen vom neuen Deich u. die Canonen von Mahns Land abholen sollen (die die Schweden u. Engländer nicht haben fortbringen können, weil sie so fest eingefroren waren) allein das ungestüme Wetter hat sie verjagt. Die Canonen u. das Pulver sind von Friedrichsort[127] u. Vollerwiek[128], also sind wir mit unserer eigenen Ammunition u. Geschütz beschossen worden. Die Deichgrafen machen schon Anstalten, die Löcher im Deich ausfüllen zu lassen, weil sie Besorgnisse wegen hohen Wasers haben. Selbst ein Englischer Officier hat sich mit dem Voigt Mahn wegen der Höhe des Wasserstandes bei ordinairer und außerordentlicher Fluth besprochen, auch sein Bedenken dabey geäussert u. nachdem ihm alles erklärt worden, u. er gehört hat, welche Anstalten bey solchen Notfällen getroffen würden, ist er ser zufrieden gewesen. Heute ist zum 1.ten mal Brod an die Militairpersonen, Officieren sowol als Gemeinen, verteilt worden, welches schon eine große Erleichterung für den kleinen Bürger ist. Auch sind alle Stöpenlöcher ausgehauen u. von Eis und Schnee gehörig gereinigt worden, vielleicht sind auch die Bohlen eingepaßt, welches alles ser notwendig war, zumal da der Wind Nordwest geworden, u. es zwischendurch gantz entsetzlich stürmt.

Den 31. Jan. Der Wind ist diese Nacht ruhiger geworden, auch hat es etwas gefroren u. geschneit, die Luft ist auch heiterer, daher für dies Mal der Sturm sich gäntzlich legen dürfte. Die Russischen Truppen, größtenteils Cavallerie sind allenthalben verteilt, vorzüglich in beiden Dithmarschen, der Wilster Marsch pp. Einige wollen wissen, daß ein 10 Wochen langer Waffenstillstand vor Hamburg geschlossen sey u. daß dieserhalb die Verlegung der Truppen vor sich gegangen, woran aber doch zu zweifeln ist. In Hamburg sowol als Altona soll zu verschiedenen Malen grosse Feuers Not gewesen seyn.

Den 1. Februar Die unruhige Witterung mit Schnee, Regen, auch Frost dauert noch fort, der eigentl. Sturm aber hat sich doch gelegt. Ein beim Plündern in der Brockdorffer Gemeine ertapter Kosacke, der vor einigen Tagen als Arrestant eingebracht worden, ist heute mit 2 Kosacken, die ihn geholt, u. 2 Kommandierte der hiesigen Garnison nach dem Hauptquartier zu Pinneberg gefürt, alwo ihn der Tod als der Lon seiner Taten werden wird. Das gantze hier im Lande gewesene Schwedische Truppen-Corps hat sich teils in, u. teils um Lübeck versamelt, auch sind der Cronprintz von Schweden nach Pinneberg gereiset, um wie man glaubt, über der

Elbe nach Stade zu reisen, wohin schon vorher der Herr General Hederstierna sich begeben hat. Sämtliche nach Bramstedt ausgefürte Canonen sind bereits jenseits Lübeck transportiert worden.

Den 2. Februar. Heute sind 17 Wagen mit Heu u. Stroh u. 12 die mit Hafer, 120 Tonnen, von Brockdorff eingebracht. Ob nun diese ausgeschrieben oder von den Russen requiriert u. weggebracht werden solten, ist ungewis; viele wollen dies letztere behaupten. Diesen Mittag ist der Kriegsrat Möller aus Crempe als Arrestant unter Eskorte des Brigade Adjutanten v. Fries u. 2 Husaren eingebracht u. auf der Hauptwache gesetzt worden. Man will ihm vieles anschuldigen, daß er als Secretaire beim General Hederstierna (beim General v. Boye ist er angestellt gewesen) gewesen ist, hätte er als Königl. Beamter bleiben lassen können! Allein dies ist wohl nicht das einzige, welches ihm vielleicht zu Lasten fallen dürfte. Alle Matrosen werden aufgesucht, im Dienst gesetzt u. bey den Bürgern einquartiert, um sie zu beköstigen, also noch mer Last für die Einwoner. In der Wilster Marsch sind die Russen meist alle weg, nur in Wilster selbst sind circa 200 u. in St. Margarethen einige 70, auch rund 12 Englische Canonenboote mit der Besatzung in der Böösch[129] daselbst (die meisten sind noch auf Cuxhafen gesegelt)

Den 3. Februar Zu Ende dieses Monats sollen die alliierten Truppen sämtlich an der Französischen Grentze seyn, auch diese, die hier im Lande gewesen u. noch sind, auch die, die in der Nähe sich aufhalten, welches mit der Ordonnanzofficier Reuter, der 2 Tage auf Urlaub bey uns gewesen, gesagt, auch daß er am 20.ten dieses zu Düsseldorf seyn müsse, indem sein Corps, bey welchem er steht, bereits auf dem Marsch dahin sich befindet. Viele sind schon auf mereren Stellen in Frankreich eingedrungen. Vorgestern war ich in Elskopp, dicht vor Süderau, dorten beschwerten sich die Einwoner über die vielen Furen, u. daß Pferde u. Wagen nebst Knechten merere Wochen ausbleiben, nach Lübeck, Stade, ja gar nach Bremen faren müssen — daß sie fast jede Woche, 400 bis 500 Pfund Brod backen u. fahren müssen. Demonerachtet die Hintermarsch täglich 100 Mark Executionsgebüren zale 10 Mann Cosacken in Neuenbrook lägen. Gestern war (ich) in Herzhorn mit einem Handschlitten, dorten hatten die Einwoner nicht solche großen Lasten, Furen aber fast täglich, u. noch dazu in weiter Entfernung. Nach der Schleuse daselbst[130], in der Rihn-Wetterung lagen an die 30 Ewer, die die Eigentümer dorten hinschaffen mußten. Heute war (ich) aufm Rhin nach der abgedeckten Lentzenbrücke zu Fuß, auf diesem waren die Ewer alle angehauen u. versenkt gewesen, merere aber von den Eigentümern wieder übers Waser gebracht u. die Löcher vestopft, das Waser ausgepumpt, um sie droben zu erhalten. Die Cartoffeln an beiden Rhinen sind fast alle verfault, verfroren u. verdorben. Das beste ist noch, daß die Binnen- oder Landschleusen alle dicht gehalten haben, so daß das Wasser nicht weiter als bis den alten u. Obendeich hat dringen können. Der Schaden u. den Verlust der Pferde u. Wagen, des Viehstandes ist außerordentlich gros u. die Klagen gantz algemein. Aufm Rhin waren einige 20

Schiffszimmer- u. Arbeitsleute beschäftigt, die Grönländischen Schaluppen vom Burggraben auf Schlitten fortzuschaffen u. nach der Zimmerey oder der Tranbrennerey[131] zu bringen, u. die Marine bis diesen Abend ein Langboot mit 10 Pferden bespannt, so blos aufm Schnee fortschleifen nach dem Hafen hin, der aber auch merere aufm Rhin tief ins Land hin eingefroren gewesen ist. Die Festungswerke sollen ausgebessert werden, Pallisaden, Verhacke pp. wieder hergestelt, u. die Einwoner auf 14 Tage mit Proviant sich versehen; mir ist aber noch nichts von Magistratswegen angezeigt. Warscheinlich ist diese Sage von Grund, die letztere auch, weil die Magazine zwar angefüllt werden, indem die Leute pp. doch gespeiset werden müssen u. daß hin u. wieder Ausbesserungen vorgenommen werden sollen, ist vielleicht notwendig, aber das meist Geschütz ist doch fort, wiewohl noch eiserne Canonen genug vorhanden sind, um die Batterien damit zu montieren, wenns nur nicht an Lafetten, Kugeln die dazu passend sind u. an Pulver vielleicht auch mangeln dürfte. Die Lafetten. Raperten, Boote pp., die eine Zeitlang die Straßen ser verengert haben, sind nun alle fortgeschaft, warscheinlich jetzt wieder in den Händen des rechtmäßigen Eigentümers.

Den 4. Febr. Es wird mit aller Tätigkeit an Ausbesserung der Batterien, Wiederherstellung der Brücken pp gearbeitet u. man sagt sogar, daß der Englische Commandant Capitain Marshall gegen Revers die in Besitz genommenen Canonen hergeben wolle, um nur in Geschwindigkeit die Batterien besetzen zu können, vielleicht auch um seiner eigenen Sicherheit halber. Der Kriegsrat Moeller sitzt unten in der Hauptwache, weil oben noch alles zerstört ist, hat täglich 1 Unterofficier u. 2 Mann zur Wache bey sich im Zimmer, alle seine Sachen in Crempe sind unter Siegel gesetzt u. man sagt, daß ser Vieles dorten gefunden worden, welches er nicht als sein Eigentum anerkennen kann, auch wird ihm Vieles angeschuldigt, wogegen er sich scharf verteidigen dürfte. Zwischen den Cosacken u. unsern Grenadieren in Itzehoe sind schon öfter kleine Scharmützel vorgefallen, nämlich zwischen den Piketts u. Patrouillen, allein jetzt sind einige 70 Husaren nach Itzehoe marschiert, die die Grenadiere unterstützen, u. seit dem ist es ruhiger geworden.

Den 5. Febr. Der Postenlauf ist noch immer in Unordnung, mit der Lübschen Post erhalten wir Zeitungen aus Lübeck u. Berlin, mit der Hamburger, die nur bis Blankenese geht, die Bremer, aber doch nicht ganz regelmäßig. Ob nun heute politische Nachrichten ankommen werden, wird die Folge leren. Die hiesigen Schiffszimmerleute sind vom Englischen Commandanten in Dienst genommen um in Cuxhafen die Englischen Kriegsschiffe auszubessern. Bey der Cremper Stöpe fur ich diesen Abend einem Commando von 1 Unterofficier, 4 Grenadiere von den unsrigen u. 3 Arrestanten, vorbey die von Itzehoe kommend, letztere hier abliefern solten. Auch sagt man, daß der bekannte Fuhlendorff bereits als Arrestant aufm Rathaus wieder sitze (Dis ist ungegründet). Von Copenhagen ist noch keine Post angekommen, wohl aber aus Jütland, Dithmarschen, von woher aber keine Neuigkeiten bekannt geworden sind.

Den 6. Februar Von den Schiffszimmerleuten sollen nur 6 bis 8 Mann nach Cuxhafen, um zu veranstalten, daß die Schiffe dorten nachgesehen u. bey offenem Wasser nach hier gebracht werden können. In u. um Neustadt liegen jetzt die von hier am 6.ten vorigen Monats ausgerückte Garnison; der Rgt. Stab in der Stadt selbst, die Compagnien sind mit den Chefs verteilt allenthalben auf den Dörfern, die Stärke derselben aber wurde nicht bekannt. Die beiden Herrn Generale v. Breuer u. v. Czernikow, nebst dem Stabe des 4.ten Bataillons sind in Neustadt, der Herr Chef des 3.ten Bataillons u. warscheinlich die Compagnie auch, ist in Brodau nebst den anderen Compagnien. Man sagt, daß der Friede auch mit Frankreich geschlossen sey u. der Monarch in Alles gewilligt haben soll, woran aber noch zu zweifeln ist.

Den 7. Februar Nunmero ist es sicher u. bestimmt, daß alle entwichenen, entwafnete, abgeschnittenen oder sonst auf irgend eine Art von der Compagnie abgekommene Mannschaft der annectierten Bataillone aufgerufen werden, um sich in Rendsburg zu melden u. allda montiert u. bewaffnet zu werden. Des Endes haben die Oberbeamte die Weisung denen Unterbeamten aufzutragen in iren Districten allen Leuten diesen Befel zu verkündigen u. sich, bey Strafe als Deserteur angesehen zu werden, unverzüglich nach Rendsburg zu begeben.

Sämtliche Mannschaft habe zum Auxiliar-Corps, das gegen Hamburg bestimmt ist, gezogen werden. Ob nun diese beysammen gebliebenen Leute der hier am 6.ten Januar ausgerückten Garnison noch länger dort oder nach Alsen sollen oder eine andere Bestimmung erhalten, wird die Zeit leren. Vor einiger Zeit war die Rede, daß sämtliche annectierten Bataillone aufgelöst werden sollten. Altona ist für neutral erklärt, daher keine fremden Truppen auf deren Gebiet kommen dürfen; die Vorposten der Franzosen stehen jenseits u. die Vorposten der Alliierten diesseits der Stadt, in derselben aber tun die Gardisten u. die Bürgergarde militairische Dienste. In dieser Stadt soll sich eine außerordentliche Menge Geflüchteter von Hamburg aufhalten, u. in letzterer soll eine große Teuerung, nahe an Hungersnot herrschen; auch wollen Einige wissen, daß der Printz Eckmühl mit dem Cronprinzen von Schweden eine Conferentz gehabt habe, ferner daß die große Michaeliskirche u. merere Plätze gäntzlich unterminiert sey, um solche nötigenfalls, u. wenn die Franzosen abziehen müssen, zu sprengen u. die Stadt in Schutthaufen zu verwandeln. Wenn dies alles gegründet ist, so könnte die Stadt Hamburg vielleicht ein ähnliches Schicksal wie Sarragossa[132] haben, welches die Vorsehung gnädiglich abwenden wolle.

Da der Mangel an Lebensmitteln u. an Feuerung so gros ist, daß Hunde, Katzen pp. geschlachtet, Häuser abgebrochen werden, um für die Kälte sich zu schützen, so solte man glauben, daß die Belagerung sich, auf eine oder andere Art, bald endigen dürfte. Gestern soll die Post von Copenhagen angekommen seyn, welches in mereren Wochen nicht der Fall gewesen, u. mit dieser die Nachricht, daß in Hinsicht des Handels eine große Veränderung vorgehen, u. vors Erste das Stempeln und die Quartal-Angaben der Waren[133] aufgehoben worden seyn soll, welches dann bey der jetzigen Lage auch zu erwarten stand.

Den 8. Febr. Gestern sind pro Compagnie 10 Mann, in allem circa 60 nach Neuenbrook marschiert, um dorten bey dem Durchmarsch mererer Russischer Truppen als Salvegarde ein wachsames Auge auf diese Leute zu haben; man sagt, daß sie sich nach u. nach von hier aus über die Elbe begeben. Man behauptet, daß in Allem über 60 000 Mann fremder Truppen im Lande gewesen, die bereits bis Colding vorgedrungen u. warscheinlich noch weiter gegangen seyn würden, wenn der Friede nicht unterzeichnet worden, wiewohl unser Monarch auch schon in Middelfarth[134] sich mit seinem Armee Corps aufgehalten hat (an 90 000 Mann feindl. Truppen u. circa 20 000 Pferde sind im Lande allenthalben zerstreut gewesen) Welche unsäglichen Kosten diese dem Lande verursacht haben, u. wie viele tausend Eintzelne dabey gelitten, Viele Alles verloren haben, ist leicht zu erachten. Der Wohlstand aller Einwoner ist auf merere Jare gantz verschwunden, es mögen die Zeitumstände sich bessern oder nicht! Nunmero sind die von hier Geflüchteten wol größtenteils zurück, alle jedoch noch nicht. Die in Stade gewesenen haben auch, ausser der beschwerlichen Reise über Cranz, ser vielen Costen, Aufwand gehabt, vielleicht auch Verschiedenes an Sachen pp. dabei eingebüßt.

Den 9. Febr. In Pinneberg, Wedel pp. u. der umliegenden Gegend ist in der Nacht vom Sonntag aufen Montag allenthalben große Freudenbezeugung u. Illumination auf Veranlassung der Alliierten, vorzüglich der Russen, wegen des bey Metz erfochtenen großen Sieges über die Französische Armee u. über den Einzug des Russischen Monarchen mit 40 000 Mann in Paris. Alle Häfen in Frankreich sind von den Englischen Schiffen blockiert, die Grentzen allenthalben scharf bewacht u. diesem onerachtet ist der frz. Monarch nebst Gemalin nirgends zu finden gewesen; warscheinlich ist derselbe längst in Sicherheit irgendwo. Aber wie werden die Einwoner daselbst nicht leiden müssen, weil das gantze Armee Corps so erbittert auf diese Nation war, wenn der Russische Monarch nicht äußerst strengen Befel zur Erhaltung der Ordnung u. Ruhe gegeben haben solte. Nicht weit vom alten Deich hielt ein Schwedischer Soldat meinen Wagen an, um Nachfrage nach 2 Officieres seiner Nation zu halten, die er nirgends finden konnte. Es ist eine eigene Commission unter dem Präsidio des Herrn Obristlieutnant v. Römling ernannt worden, um das Verhör über den Kriegsrath Moeller abzuhalten u. zu Protokoll zu nemen. In Elskopp erfur ich diesen Nachmittag, daß ser viele Wagen mit 2 u. 4 Pferden bespannt, aus der Hintermarsch, bereits in Lauenburg, Lüneburg, ja sogar in Bremen sich befänden, auch daß die Russen erklärt hätten daß sie die ihrigen bis an der holländischen Grentze mitnemen wolten. Das beste ist nun doch, daß allenthalben aus jeder Commune Gevollmächtigte zu Pferde gegenwärtig sind, um die Furleute auf alle Art u. Weise zu unterstützen, vorzüglich in Geld-Verlegenheiten, damit sie nicht zuletzt davonlaufen u. alles zurücklassen, auch um sie vor Gewalttätigkeiten, wo möglich zu schützen. Diese in Frankreich vorgefallene grosse Veränderung könnte warscheinlich auf Hamburg großen Einfluß haben, vielleicht werden die Einwoner derselben baldig ihrer Leiden entledigt, welches ein Jeder deren Nachbarn ganz sicher herzlich wünschen wird.

In der abgewichenen Nacht wollen die Wachthabende Mannschaften eine starke Canonade in der Gegend von Hamburg gehört u. ein paarmal eine heftige Erderschütterung bemerkt haben. Die heutige Fortuna enthält einen officiellen Bericht über den Rückzug des Auxiliar-Corps nach unserer Gräntze, über den Entsatz der Vestung Rendsburg u. über die verschiedenen Scharmützel, die auf dem Wege von Kiel dahin längs u. über den Canal vorgefallen sind. Die fremden Truppen haben starken Verlust erlitten. Nach eben dieser Zeitung ist die Anzal dieser nahe 90 000 Mann stark gewesen, welche ungeheure Costen u. welch großer Schade ist hierdurch nicht entstanden.

Den 10. Febr. Geschäfte riefen mich nach Crempdorff, von da ich mit dem Furwerk nach Crempe reisete. Die Verwüstungen bey dem Grevenkopper Tor u. Süderauer Tor, u. rund um die Kirche herum sind ausserordentlich u. gar nicht zu beschreiben, kein Haus um die Kirche ist bewonbar (Unvorsichtigkeit oder Nachlässigkeit ist wohl nicht die Ursache dieses unglücklichen Vorfalls, obwohl einige behaupten wollen, daß reine Wäsche zum Trocknen aufgehangen, die des Abends bey Licht abgenommen worden seyn solle, welches die Schildwachen wohl nicht erlaubt haben würden, Schuld daran sey. Einige andere desselben Tages, als die Explosion geschah, vorgefallenen Dinge lassen das Gegenteil mutmaßen: Ein Schwedischer Capitain im Rectorat-Hause logierend, elend krank, geht gegen Mittag aus, u. als ihm sein Hauswirt freundschaftlich bittet, bey der unangenehmen Witterung nicht auszugehen, zumal da er lange nicht mer in freier Luft gewesen, gibt er zur Antwort: bleiben kann ich doch nicht, aufn Abend muß ich fort; einige Officiers in Leipmanns Hause sind mit der Familie unten im Zimmer, u. erschrecken heftig über diese Erschütterung, einer der Herren Officiere sagt aber gleich: Seyen Sie gantz ruhig, es ist alles vorüber. Ein Gemeiner geht in der Abendämmerung mit seiner gantzen Habe aus dem Quartier, sein Wirt erinnert ihn, daß er nicht umziehen könne, one ein neues Billet zu haben, worauf er antwortet, er brauche keines, weil er bald marschieren solle. Und gleich nach der Explosion ist die gantze Mannschaft nach Süderau u. Elskopp abgegangen, jedoch erst nach erfolgten Trommelschlage.) Alle Handwerker waren tätig, nur die Mauerleute nicht, denn diese können noch nicht arbeiten; die äußerst dicken Mauren lagen in großen Stücken, von der Explosion zersprengt, in der Nähe u. Ferne zerstreut, merere Bomben da wo der Turm gestanden, u. aufm Kirchhofe allenthalben Raperten u. eiserne Canonen von Vollerwiek; seit 8 Wochen ist kein Gottesdienst dorten gehalten, u. es fehlt an Localen, um sich dazu einzurichten. Vom Kriegsrat Moeller hörte ich mancherlei, welches, wenn dies alles algemein bekannt werden solte, keine guten Aussichten für ihn geben werden. Der Weg ist so schlecht u. so ser beengt, daß heute noch einige Wagen umgeworfen worden sind und ich ser froh bin, gut fortgekommen zu seyn, auch mit eigen Furwerk eher nicht dorthin faren wede, bis es aufgetaut u. Schnee nebst Eis alles geschmolzen ist. In den Häusern der Schullehrer u. (in den großen Schulstuben) sind allenthalben Kranke gewesen u. keiner ist von der Explosion getödtet, wiewohl viele nachher an den Blessuren gestorben sind, wie dann überhaupt nur einer, nämlich die Schildwache (kein einziger Soldat soll verloren gegangen seyn, ein Zeichen, daß keiner aufm Posten gewesen seyn muß) keiner aber verwundet ist, wenigstens nur gans leicht u. one Bedeutung. Wer das Locale dorten genau kennt wie ich, u. alle die kleinen Häuser, die voller Menschen der Zeit waren, muß sich wundern, daß bey dieser Zerstörung des Abends um halb neun Uhr da jeder zu Hause sich aufhält (keiner getödtet oder verwundet worden) die Vorsehung aber über das Leben der Menschen gewacht habe. Eine gantz alte Frau hat in der Alcoven[135] sich bereits zur Ruhe begeben, das gantze Haus wird zertrümmet, u. sie ist lebendig, one Schaden erhalten zu haben, gerettet. Innerhalb von 3 oder 4 Tagen kert das 3.te u. 4.te Bataillon des Leib-Rgts wieder zurück, um das Bat. Fünen abzulösen, auch wird gesagt, daß das Speisen der Einquartierten nächstens aufgehoben werden solle, welches für die Einwoner eine große Woltat seyn wird, weil Viele für sich selbst kaum die Narung aufbringen können, ferner heist es auch, daß unser jetziger Commandant, der Herr Graf v. Schulenburg nächstens nach Coppenhagen reisen werde, auf wie lange davon ist nicht die Rede gewesen. Beim Einrücken der annectierten Bataillone wird die Einquartierungslast zwar größer, wenn dann nur die Speisung aufhört so ist solche doch so drückend nicht.

Den 11. Febr Die in Englischem Besitz bereits befindlichen metallenen Canonen werden nun auf die Batterien gebracht u. wie es scheint, alle nach der Landseite hin; ob nun hierüber ein Revers ausgestellt worden, aber selbige in der Folge zurückgeliefert werden oder nicht, dies wird die Zeit leren. Gestern sind merere Rconvalescenten zum Fünschen Jäger Bat. gehörend, angekommen, dahingegen aber wohl auch eben so viel von der Englischen Legion abgegangen, um über der Elbe gebracht zu werden. Zur Einrichtung des Postenlaufs von England nach den deutschen Ländern sind schon einige Vorkehrungen getroffen; daher in Zukunft diese Paketbööte hier ankommen u. auch hier abgehen werden.

Den 12. Feb. Die seit ein paar Tagen gehabte gelindere Witterung hat sich mit starken Südostwinden wieder zum Froste geneigt, die Luft aber ist dabei trübe u. dafür dürfte wohl noch mer Schnee, den wir zwar häufig genug gehabt u. auch noch haben, fallen. Laut Parolbefel, der gestern Abend bekannt gemacht u. bey den Compagnien in Circulation gesetzt worden, sollen die Einquartierten nur blos warmes Mittagessen haben, won Frühstück u. Abendbrodt wird nichts erwähnt, wiewohl es sich daraus erklären lassen kann, wenn mans will; warscheinlich wird dieses in der heutigen Zeitung gesagt, damit solches zu Jedermanns Wissenschaft kommt, u. vielleicht läßt der Magistrat noch den Preis, wenn die Leute etwa nicht gespeiset werden wie in mereren Häusern der Fall eingetreten ist, bekannt machen, damit alle Streitigkeiten vorgebeugt werden mögen. Sonst habe ich meine 6 Mann speisen lassen, allein diese Woche erhält Jeder täglich 10 Schilling, hinfolglich für 6 alle Tage 1 Mark, welches im Monat sich stark aufläuft, u. daher wäre zu wünschen, daß ein Bestimmtes festgesetzt würde zur Richtschnur für alle in loco.

Den 13. Febr. In der Fortuna ist von dem Parolebefel nichts bekanntgemacht, wohl aber daß Jeder eine Angabe u. zwar schriftlich mache, wie viele Leute bey ihm einquartiert sind; auch glaubt man, daß nächstens angezeigt werden wird, wie Viel jeder auszuzalen habe, wenn die Leute nicht gespeiset werden. Der Sage nach sollen morgen rund um der Vestung alle Bäume, Hecken, Sträucher pp bis zur 3ten Linie, umgehauen werden, ob nun die eintzeln stehende Häuser, Katen, Ruinen der abgebrannten Häuser, als Schornsteine, eintzelne Mauern damit einbegriffen sind, wird sich zeigen. Nur eine kleine Anzal der größten metallenen Canonen hat der Englische Commandant behalten, die ausgelieferten aber sind bereits gewogen u. werden für jedes Pfund notiert, um solche dereinst mit berechnen zu können, hieraus wird eine ziemlich große Summe Geldes zusammenkommen. Heute hat das 1te Bataillon des Leib-Regiments Marsch-Ordre erhalten, um von der Stör bis nach der Aue einen Cordon zu betziehen; man sagt, daß noch ein Bataillon Fühnen zur Garnison bestimmt seyn soll. Ferner wird gesagt, daß der Französische Kaiser wärend einer Audientz mit einem vornemen Oesterreicher, durch einen Flintenschuß getödtet worden sey. Von der Ankunft der annectierten Bataillone hört man nichts, schon gestern soll das 3te in Itzehoe gewesen seyn; wenn sie würklich aufgelöset werden sollten, u. sie die Waffen abliefern so kann dies doch jetzt nur in denen Festungen geschehen, nicht aber auf u. an iren Alarmplätzen, weil sie keine Behältnisse datzu haben u. die auch nicht sicher genug sind. Doch! Wo ist nun Sicherheit, die findet nicht einmal in der Festung statt.

Den 14. Febr. Der Winter schein abermals ernsthaft zu werden, bey trüber Luft aus Südosten friert es seit gestern gantz scharf, u. es ist empfindlich kalt, daher der Preis des Holtzes u. des Torfs noch immer höher steigen wird, es wäre dann, daß tägliche Zufur des letzteren Feuerungs-Materials in großer Menge käme, um diesen etwas herunter zu setzen. Die Fronarbeiter, 200 Mann, haben außerm Cremper Tor zwar gearbeitet, nemlich bey den Canonen bey Mahns Land, aber nichts beschaffen können, Sträucher sind keineswegs abgehauen, aber die Ruinen der abgebrannten Stellen haben geebnet werden sollen, welches des starken Frosts nicht hat geschehen können, desfalls sie unverrichteter Sache davon ablassen mußten. Wegen der Vieh-Seuche, vorzüglich im Schleswigschen, ist vom dasigen Obergerichte eine Verfügung, mit Bezug auf ältere Verordnungen erlassen worden. Das 3.te und 4.te Bataillon der Königin ist jetzt in Ploen u. erwartet nähere Ordre der Auflösung halber; die Compagnien sollen äußerst wenige Gemeine bey sich haben, indem die Meisten nach den Irigen gegangen u. nicht als Kriegsgefangene haben angesehen werden wollen. Man spricht von allerhand unruhigen Besorgnissen, welches aber wohl größtenteils den Maasregeln zugeschrieben wird, welches von hier aus ergriffen u. ausgeführt werden sollen, die aber hoffentlich nur aus Vorsicht unternommen, um auf jeden Fall gesichert seyn zu können.

Den 15. Februar Gestern war ich nach dem Herrenfelde, u. habe auf dem gantzen Weg keine Arbeiter gesehen, heute aber war nach den Weberkaten u. der dasigen Gegend, alwo ich auch keine Veränderungen bemerkt habe als daß die Ruinen der Brandstellen alda geebnet, keineswegs aber Bäume, Hecken pp. umgehauen worden sind. Heute sind 19 Wagen mit Heu, Stroh u. Hafer aus dem Kirchspiele Brockdorff angelangt. Bey der Parole ist heute bekannt gemacht, daß alle Entwichenen, Versprengten, Abgeschnittenen des 3.ten und 4.ten Bataillons der Königin sofort in Rendsburg sich melden u. montiert wie auch armiert werden sollen, um bey dem neuen Auxiliar-Corps zu dienen, bey Strafe, als Deserteure behandelt zu werden. Warscheinlich wird es Morgen öfentlich bekannt gemacht, daß jeder Einwoner seine einquartierten Leute nur einmal, nämlich Mittagessen, zu speisen haben, u. der dieses nicht will, dafür 4 Schilling pro Tag zu zalen schuldig seyn soll.

Den 16. Febr. Zwischen 8 u. 9 Uhr diesen Morgen ist das 1.te Bataillon der Königin ausmarschiert, in Horst, Elmshorn, Barmstedt pp verteilt, u. übermorgen rückt die in Wewelsfleth u. Brockdorff liegende Compagnie diesen nach, welche an eben dem Tage von der Jäger-Compagnie unter Commando des Capitain v. Abercron, von hier aus abgelöset werden. Gleich nach 1 Uhr rückte das 2 te Bataillon Führen hier ein, u. fürte 700 bis 800 Man Unbewafnete, aber exercierte mit, die bey den Annectierten gestanden. Statt abgegangene 5 Mann, nämlich 1 Sergeant u. 4 Gemeine, habe sofort 1 Unterofficier u. 5 vom 2.ten Bataillon wieder erhalten, so daß nun 7 Mann zur Einquartierung habe (weil einer davon hiergeblieben ist). Am vorgestrigen Sonntage ist hier in loco über den 116.ten Psalm eine Dankpredigt in allen Kirchen gehalten; eine vorläufige Anzeige hierüber ist gar nicht bekannt geworden, dahero auch wenige, vielleicht die gewöhnlichen Kirchengänger nur, etwas davon profitiert haben. Das neue Auxiliar-Corps wird größtenteils aus See- u. Jütländischen Truppen zusammengezogen, die der Sage nach, in hiesiger Gegend sich samlen u. von hier aus über der Elbe gesetzt werden sollen, um den Marsch nach Holland, andere sagen nach dem Rhein anzutreten. Heute ist es allenthalben angesagt, daß den Leuten, die nicht gespeiset werden im Quartier, täglich 4 Schilling dafür gegeben werden im Quartier, täglich 4 Schilling dafür gegeben werden solle. Infolge officieller Nachricht des Herrn General Grafen von Benningsen aus dem Hauptquartier zu Pinneberg haben die Alliierten einen großen Sieg über die Franzosen bey Brienne[136], dem Ergreifungsort des französischen Monarchen, erfochten; es sollen 12 000 Mann Gefangene gemacht u. 79 Stück Geschütz erobert worden u. die Alliierten sogleich weiter vorwärts gegangen seyn. Der Datum ist mir entfallen, allein da diese Anzeige officiell ist, so ist doch diese derjenigen, die vor 14 Tagen bekannt wurde, vorzuziehen.

Den 17. Febr. Reisende von Blankenese kommend, versichern daß Hamburg die letzte Nacht stark beschossen worden, auch dauert dies noch fort welches merere aufm Schleusenberg stehend, gehört haben (dies ist warscheinlich bey Harburg gewesen). Gegen Abend werden die Herren General v. Breuer u. v. Czernikow hier erwartet, es wird bereits Quartier für Beide bestellt, auch heißt es, daß noch einige andere Officiere kommen werden. Es soll eine eigene Commission ernannt werden, ausser der Stadt sowol als in derselben, alle Zerstörungen an Häusern, Fenstern pp zu schätzen, u. man glaubt, daß die beiden Herrn Generale u. der Maior v. Christensen den Auftrag dazu haben. Um 1 Uhr ging ich nach dem Schleuer u. sah dann, daß einige 90 Mann v. Fühnen die Ruinen der Brandstellen außerm Neuen Tor ebnen solten. Hauschild u. Bornholdt hatten Zimmer- u. Mauerleute dazu beordert, auf diesem Weg habe ich einigemal in der Ferne Canonieren hören, warscheinlich ist dieses bey Hamburg gewesen.

Den 18. Februar Gestern u. heute sind merere Feldposten, ins neue Tor gekommen, man hat aber von Hamburgs Schicksal nichts erfaren, außer der Sage nach Harburg u. Wilhelmsburg in den Händen der Alliierten seyn sollen. Heute bin ich zu Wagen nach Bielenberg, Colmar Kirche u. Colmar-Kule nebst Strohdeich gewesen, allenthalben große Klage über die Schillschen Husaren, keineswegs aber über die Schwedischen Truppen; mit den Kriegsfuren waren sie doch nicht sehr unzufrieden, alle aber froh, daß sie die unruhigen Gäste nicht gar lange gehabt hätten. Von hier übers Herrenfeld u. Bielenberg bis nach Colmar Armenhause gings immer im Außen- u. aufm Elbdeich, hernach über Colmar Kule pp zurück; vom Herzhorner Deich ist keine Landstraße bis hier her zu sehen, diese liegt so hoch wie der Herrendeich voll Schnee u. der Farweg geht auf diesem längs der Stadtstraße bis Strüven Hause, hernach auf der Landstraße, die gantz mit Eis bis nach der Brücke belegt sit, den letzten dieses Monats werden die 2 Bataillone von Fühnen den Marsch über der Elbe antreten, u. dann glaubt man, wird das 1.te Bataillon der Königin wieder einrücken, dem das 2.te, von Bornholm kommend, dann folgen wird. Der Sage nach sollen viele Blessierte von der Englischen Legion in Ütersen u. der dasigen Gegend angekommen seyn.

Den 19. Februar In Ütersen sind zwar viele Wagen mit Kranke u. Blessierte angekommen, aber schon vor mereren Tagen, hinfolglich sind diese bey der letzten Affaire in der Gegend von Hamburg nicht mitgewesen. Heute ist Quartier angesagt für merere noch zu erwartende Truppen, auch spricht man davon, daß den Leuten täglich Fleisch geliefert werden soll, wesfals vieles Schlachtvieh requiriert worden, obs aber geliefert werden kann, ist eine andere Frage. Ausser den Artilleristen arbeiten täglich 80 Mann von der Garnison in den Zeug- u. Wagenhäusern, um alles, was noch zurückgeblieben ist, zu arrangieren und die alte Ordnung wieder herzustellen. Die heutige Fortuna gibt uns unter der Rubrik Altona eine traurige Schilderung von Hamburg u. dessen Umgebungen; diese war bereits vom 28.ten, wie mag es jetzt wohl dorten seyn?

Den 20. Febr. Gestern ist unser neuer Commandant, Herr v. Krieger, Obrist beim Genie-Corps hier eingetroffen, u. Morgen geht der Vorige, Herr Graf v. Schulenburg, von hier ab, warscheinlich nach Schleswig, hernach geht er mit dem Armee-Corps nach der Holländischen Grentze. Von dem aufgelöseten annectierten 3. Bataillon treffen nach u. nach 400 Mann hier ein, nämlich solche, die zerstreut worden, um unter die anderen Truppen, die nach Holland gehen, verteilt zu werden. Die unverheirateten u. Stellvertreter werden zuerst ausgezogen. Sicheren

Nachrichten zufolge sollen die beiden Monarchen, der Russische u. der Oesterreichische Kaiser am 8. Februar mit einem starken Corps d'Armee in Paris gerückt, der Französische Kaiser aber nirgends zu finden seyn, man glaubte, er sy nach Corsica gereiset (die neueste Lübecker Zeitung bestätigt diese Nachricht). Diesen Nachmittag bin ich in Moorhusen gewesen, auch dorten füren sie große Klage; allein die Commüne Herzhorn hat über 70 000 Mark an Lieferungen pp. Kosten gehabt, u. noch jetzt müssen sie alles nach Ultzburg zur Russischen Armee liefern.

Den 21. Februar In Kiel u. den umliegenden Gegenden soll eine ansteckende Krankheit herrschend seyn, die täglich viele Menschen wegraffet; man sagt, es soll ein Lazarett Fieber seyn, auch soll die Ruhr stark dorten grassieren. In hiesiger Gegend herrschen zwar auch Krankheiten, nämlich Gallen Erbrechen u. Diarrhoen, sie sind aber doch nicht sehr bösartig; die Masern sind auch im gange, alte u. junge werden davon angegriffen, aber von Sterbefällen, die davon herrüren, hört man nichts. Noch diesen Nachmittag bim am Cremper Steindamm bey einem solchen Patienten gewesen, der an Gallen Erbrechen u. Diarrhoe elend krank liegt. Der Herr v. Krieger, jetziger Commandant, ist nur vors Erste in diese Stelle gesetzt, man glaubt nicht, daß er diesen Posten auf immer bekleiden werde; einige wollen wissen, der Herr General v. Czernikow werde diese Stelle wieder übernehmen, so bald nur erst alles arrangiert werden kann, auch sagt man, daß höchstens 2 Bataillone vom Holstein Rgt. diese von Fühnen ablösen werden.

Den 22. Febr. Gestern ist ein vornemer Russischer Officier nebst Adjutanten angekommen (warscheinlich aus der Gegend v. Hamburg her, u. zwar ins neue Tor) in welchen Aufträgen ist unbekannt. Heute ist die Jäger Compagnie zu Fühnen gehörend, von Eckernförde, u. eine Anzal Reserven mit Bagage, auch dazu u. aus Fühnen kommend, hier angelangt, dahingegen geht morgen die Jägerkompagnie dem Leib Rgt. nach u. über der Stör. Eine Anzal Artilleristen nebst vielen Train Wagen u. Pferden sind heute ebenfals, u. zwar von Rendsburg, angekommen, sämtliche Pferde sind mit den Knechten im Reithause einquartiert. Heute u. Morgen kommen 400 Mann von den aufgelöseten 3. u. 4. Bataillonen der Königin an, die unter den Anderen verteilt werden sollen. Nun liegen schon lange pro Bude 7 Mann, welche Last drückend ist, besonders da den Leuten entweder des Mittags warmes Essen oder 4 Schilling pro Mann gegeben werden mus. Fast in allen Dörfern liegen jetzt kleine Commandos, zum Cordon gehörend, um die Einwoner nötigenfals zu schützen u. beizustehen, nächstens wird eine Kriegs-Kommission unter dem Präsidio des Herrn General v. Münnich hier in loco zusammentreten, um Untersuchungen anzustellen, die Übergabe der Stadt betreffend; warscheinlich wird dann etwas von der jetzigen Menge Leute abmarschiert seyn, sonsten dürfte es wohl an Häusern zum Quartier mangeln. Heute geht zum 1.ten Mal die Englische Post von hier ab, diesmal wird sie zu Lande bei Blankenese über der Elbe nach Stade u. Cuxhafen, von dort nach Helgoland befördert; es sind viele Briefe aus Dänemark mit der letzten Post, die noch unregelmäßig ankömmt, angelangt, die dann sogleich weiter besorgt werden. Von den gleich nach der Übergabe der Stadt losgelassenen u. mit Schwedischen Pässen versehenen Sclaven sind heute Nachmittag 9 Mann eingebracht, die sich größtenteils hingebettelt hatten nach irer Heimat, aber je näher sie gekommen sind, haben die Wachten oder Patrouillen diese Pässe nicht receptieren wollen, sondern sie arretiert u. Meldung davon gegeben, da denn der Befel gekommen sie wieder hierher zu bringen. Einer derselben ist schon vorher freiwillig angelangt. Diese 9 sind aus Fühnen u. Jütland.

Den 23. Febr. Sämmtl. Herrn Officiere der beiden annectierten Bataillone sind größtenteils jetzt hier; ihr Gesuch um freies Quartier u. Unterhaltung abseiten der Stadt ist abgeschlagen worden. Der Russische General ist nebst Adjutanten heute abgereiset, nachdem er gestern unsere Artillerie in Augenschein genommen u. einen Teil derselben requiriert hat, um solche bey Hamburg zu gebrauchen; sein Gesuch ist per Estafette nach Schleswig gesandt. Das Gerücht, als ob eben genannte Stadt durch Capitulation übergeben worden, ist unbegründet gewesen. Diesen Morgen fur ich aufm Rhin nach Herzhorn u. bemerkte, daß einige 90 Matrosen den Lugger, der eintzige, der noch im Eise steckte, losgemacht u. aufs Land geschleppt hatten, um ihn im Hafen herüber zu bringen.

Den 24. Febr. Der Winter ist mit großer Strenge wiedergekommen. Diese Nacht hat es fast stärker als im Januar gefroren. Die Herren Officiere der annectierten Bataillone suchen sich bereits Wohnungen in den Distrikten, wo sie aufzuhalten sich gezwungen finden; dies erfur ich heute onweit der Colmar Kirche, alwo ich diesen Nachmittag gewesen bin. Dieser hat zugleich erklärt, daß die Commüne ihm Unterhalt aber auch Kostgeld geben müsse; daß das des Königs Wille seyn solte, glaube ich kaum, indes lies mir nichts davon merken, sondern frug nur nach dem Namen desselben, den sie aber vergessen hatten.

Den 25. Febr. Das höchstpreisliche Obergericht soll die traurige Lage der Einwoner hierselbst geschildert u. gebeten haben, die schwere Einquartiertungslast zu mildern, weil fast keiner dies lange aushalten kann, alle Leute im Hause zu haben u. zu speisen. Es ist zu hoffen, daß dies von guten Folgen seyn wird. Morgen marschieren die 400 Mann aus den annectierten Zusammengezogenen teils mit, teils one Montur u. Armatur nach Rendsburg, um dorten verteilt unter andere Bataillone zu werden. Der größte Teil der Leute ist unzufrieden über diese Anordnung, indem sie sagen, daß es als Strafe gelten soll, die andern alle auch marschieren müßten, weil fast keiner bei seinem Bataillon geblieben ist, u. die größte Unordnung geherrscht habe, welches nicht geschehen wäre, wenn sie in geschlossenem Haufen marschiert hätten, als dann wären sie auch keiner Plünderung von den Schillschen Husaren ausgesetzt gewesen. Unrecht haben sie nicht! Sie wollen sich sogar beim Printzen Friedrich rechtfertigen u. noch merere Sachen bekannt machen, die mancher gar nicht lautbar wünschen mag. Heute ist zum 1.ten mal Fleisch, Branntwein, Graupen oder Erbsen ausgeteilt worden, für Morgen auch; ob nun die täglich 4 Schilling wegfallen, dies wird wohl in der Fortuna am morgenden Tage bekannt werden, u. ob nun dies blos für das Regiment Fühnen geschehen, oder für die gesamte Garnison, dies ist unbekannt. Die Grenadier-Compagnie zu diesem ist noch in Crempe geblieben weils hier zalreich genug ist.

Den 26. Febr. Der Herr Geheime Conferenzrat u. Cantzler Freiherr v. Brockdorff ist nach Pommern gereiset, warscheinlich um im Namen des Königs Besitz davon zu nemen u. die Einwoner huldigen zu lassen. (dies ist ungegründet, indem Seine Excellenz noch in Kiel sich aufhalten.) Gestern sind in Blankenese 700 Deserteure, alles Holländer u. Hessen, aus Hamburg angekommen, die heute unter militairischer Bedeckung nach ihrer Heimat gebracht werden. Nach Aussage dieser Leute ist die Sterblichkeit, besonders unterm Militair ser gros, Essen u. Trinken im Überflus, für die Garnison nemlich, aber an Feuerung grosser Mangel, wesfals schon merere Häuser abgedeckt u. das Sparrenwerk nebst Latten als Brennholtz verbraucht wird. Die Wälle sind nach außen wie Eis, in dem sie täglich mit Wasser begossen werden; sie haben sich auf die Posteriora gesetzt u. sind so herunter gerutscht, auch glücklich weggekommen, obgleich mit Kartätschen darauf geschossen worden ist. Auch sagt man, daß die Herren Officiere der annectierten Bataillone wieder freies Quartier, vielleicht gar Diäten, haben sollen, weil alles noch erst in der Kriegs-Commission abgehört werden müsse. Die 400 Mann heißt es, die heute marschieren solten, haben Contra-Order erhalten, andere aber wollen wissen, daß sie Morgen den Marsch antreten werden. Heute u. gestern haben noch Viele exercieren müssen, merere Wagens mit Gewerkastens sind heute angekommen, die aufm Markt vorm Rathause standen; die Wagen aber ausgespannt vorm Wirtshause. Nun sind es 4 Tage daß die Kälte außerordentlich gros ist, kaum kann man beim Gehen sich dafür schützen, welches heute auf meiner Fusreise nach dem Cremper Rhin erfaren habe; die Finger waren gantz erstarrt.

Den 27. Febr. Diesen Morgen früh sind 240 Mann vom 4.ten Bataillon abmarschiert u. morgen gehen die anderen auch nach Rendsburg. Einer Bekanntmachung des Magistrats zu Folge soll ein Jeder schriftlich beim Präsidio angeben, welche Kosten er gehabt beim Bivouac-Wachten, der Schwedischen, Englischen, Russischen Einquartierung auch ob durch dem Bombardement großer Schade, sowol an Häusern Mobilien geschehen sey. Alle nach England u. von daher kommende Briefe müssen in Zukunft von hier befördert werden. (Dieses hat nur einige Wochen gedauert). Dies wird in mancher Hinsicht die Einwoner dieser Stadt aufhelfen vorzüglich wenn der Speditionshandel auch auf hier gebracht werden könnte.

Den 28. Febr. Heute sind die Leute vom 3.ten Bataillon unter 30 Mann Eskorte vom Rgt. Fühnen, ebenso wie die gestrigen, nach Rendsburg abgegangen. Nun sollen noch 40 Mann von beiden Jäger-Coompagnien (zusammen 80 Mann) einberufen werden, u. auch dahin abgehen. Bei der Borsflether Mühle begegneten mir 12 von Wewelsfleth mit Hafer beladene Wagens um nach der Festung abgeliefert zu werden. In der abgewichenen Woche war der stärkste Grad der Kälte 16

Grad, jetzt ists zu 8 bis 10, u. es ist noch kein Anschein zur Veränderung in der Luft zu bemerken. Zu Crempe sprechen die Einwoner sehr laut von der Despotie des Kriegsrats Möller zur Zeit der Invasion u. wälzen alle Schuld auf diesen woran sie jetzt so ser leiden müssen. Sie wolten von mir etwas Näheres wissen, hier aber hört man gar nichts davon, nicht einmal ist es bekannt, ob er bereits im Verhör gewesen; soviel ist sicher, daß sowol hier als in jener Stadt merere Personen abgehört worden sind. Mit der Krankheit in Crempe ist es lange so schlimm nicht als man hier gesagt hat; einige abgelebte Leute sind gestorben, die von den Folgen des Schreckens oder der Erkältung in diesem harten Winter krank geworden u. gestorben sind; von einer ansteckenden Krankheit u. vom häufigen Sterben ist dorten gar die Rede nicht.

Den 1.ten März Die zum neuen Auxiliar Corps gehörenden Regimenter u. Bataillone haben sich von den annectierten completiert, sind arrangiert u. werden wohl bald sich wieder zusammen ziehen; es heißt nun, daß sie bey Wedel oder dasiger Gegend über der Elbe gehen werden. Vorläufig erhalten die Officiere der annectierten Bataillone nebst Sergeanten u. Wachtmeisters in den bestimmten Districten, wo ihr Allarmplatz ist, freies Quartier u. Beköstigung, so wird für bestimmt gesagt; ob dies nun bis zur näheren Arrangierung der Finanzumstände dauern werde, wird die Zeit leren. Einige Sachverständige Handwerker gehen in der Stadt umher, um große Beschädigungen zu taxieren u. solche näher zu bestimmen, welche Aufsätze dann wohl weiter befördert werden sollen. In Hinsicht der verschiedenen Einquartierungen werden sonderbare Beiträge zu Wege kommen. Sobald die zur Eskorte nach Rendsburg abgegangenen Leute vom Regiment Fühnen zurück sind, werden sich diese completen 2 Bataillons wohl auf den Marsch begeben müssen, u. dann sagt man, daß das 1.te u. 2.te Bataillon der Königin hier in Garnison verbleiben werde. Der neuesten Lübecker Zeitung vom 25. Febr zu Folge sind die Hohen Alliierten mit starken Armee Corps den 12.ten in Paris eingerückt, welche wichtige Folgen sich daraus entwickeln werden wird die Zukunft zeigen.

Den 2.ten März Vorgestern Nacht ist Wilhelmsburg von den Russen mit Sturm erobert worden, diese Nachricht ist gestern Abend nach der Zurückkunft des Englischen Commandanten aus dem Russischen Hauptquartier bekannt geworden[138].
Gestern Abend ist der Vortrabb des Auxiliarkorps bereits in Itzehoe u. Kellinghusen gewesen, geht heute nach Elmshorn u. so ziehen täglich die Truppen weiter vorwärts, bis sie alle über der Elbe sind. In diesen Tagen ist das Arrestzimmer auf der Hauptwache inwendig mit Dilen verkleidet worden, obwohl der Arrestant beständig 1 Unterofficier nebst 2 Mann bey sich haben muß u. der Wachthabende Lieutnant öfters selbst sich dorten aufhält, um auf alles ein wachsames Auge zu haben. Die große Kälte minderte sich gestern schon etwas, nur der starke Südostwind machte es so bitterkalt, diesen Morgen ist beides nicht so streng u. es hat etwas geschneit, die Luft aber ist ser trübe u. warscheinlich wird Regen oder Schnee folgen, zumal da das Wetterglas ser im Sinken ist. Heute sind viele Mon-

67

tierungs- u. Armatursachen in bedeckten Wagens zu den annectierten Bataillonen Schleswig gehörend, angekommen, die sogleich verteilt worden bey den Chefs; diese Wagens sowol als die Pulvercarren sollen bey den Regiments Stäben verbleiben. Man glaubt auch, daß das 2.te Bataillon am 4.ten ausrücken werde, u. das 1. Bataillon noch eine kurze Zeit hier in loco bleibe.

Den 3.ten März Gestern hat es bei kalter Luft stark getaut, u. diese Nacht ziemlich gefroren, wiewohl es nicht ser kalt ist. In Blankenese wird vorläufig u. nur blos den jetzigen Umständen zu Folge ein Zoll- u. ein Posthaus eingerichtet, auch wird der Lugger nachgesehen, der sonsten immer nach Altona mit Briefen segeln mußte, um bey ofenem Wasser fertig segeln zu können. Angekommene Reisende aus Stade wollen wissen, daß die französische Armee in Holland große Vorteile über die Armee der Alliierten erfochten u. einige 90 Canonen erbeutet haben sollen; auch sagt man, der Printz Eckmühl habe sich zur Capitulation geneigt finden lassen, aber er wolle nicht mit dem Russischen Chef, sondern mit dem Printzen Friedrich, der das Hülfskorps der Zeit kommandierte, darüber sich vereinbaren, welches aber unter den jetzigen Umständen gar nicht denkbar ist, wiewohl vielleicht etwas Wares daran seyn kann, weil der Lauf der Feldposten u. Ordonnantz-Husaren seit einigen Tagen sehr lebhaft geworden ist. Auch sagt man, daß die Normänner[139] nicht unter Schwedischer Hoheit sich begeben wollen u. desfals den Printzen Christian zum Könige erwält haben sollen, letzterer aber von seinem Monarchen, zurückzukehren beauftragt seyn soll. die Colmeraner, alwo ich heute gewesen bin, müssen Morgen mit 45 Wagen mit 2 u. 4 Pferden bespannt, Brod, Hafer u. Heu, teils nach Pinneberg, teils nach Ahrensburg zur Russischen Armee liefern; auch waren diese in Sorgen, Russische Uhlanen im Quartier zu erhalten, die wegen des Durchmarsches unserer Truppen u. wegen des Jarmarktes in Elmshorn, einstweilen verlegt werden dürften. Nunmero wird eifrig an Wiederherstellung der Neutorsbrücke gearbeitet, daher zu erwarten steht, daß solche farbar wird, ehe die Passage übers Eis aufhört, wozu zwar jetzt noch kein Anschein ist weils am Tage tauet, Nachts aber ziemlich friert. Seit 8 Tagen sind alle Außenposten stark besetzt, wie auf 2 Mann mer wie sonsten.

Den 4. März In der abgewichenen Nacht sind merere Ordonnantzen u. Feldposten zum Cremper Tor hereingekommen nach Aussage der Einwoner in der Cremperstraße; diesen Morgen gegen 7 Uhr kam ein Husar ins neuen Tor, gegen 10 der 2.te u. gleich nach 1 Uhr der 3.te, alle desselben Weges, die ich zufällig selbst gesehen habe. Diesen Nachmittag begegnete mir ebenfals 1 Husar bey den Weberkaten, von dem ich erfur, daß er von Itzehoe käme (u. nach einer halben Stunde kam auch eine Feldpost eben des Weges, also binnen 1 Stunde 2 reitende Boten hierher). Morgen früh marschiert das 2.te Bataillon Fühnen nach Itzehoe u. der umliegenden Gegend, das 1. Bataillon desselben Rgts. bleibt einstweilen noch in loco, u. soll der Sage nach von den Bequartierten gespeiset werden, weil die Magazine ledig sind, oder seyn müssen, sonst würde die Speisung nicht wieder den Anfang nemen. 2 Russische Officiere sind hier seit vorgestern, man will wissen, wegen Schiffs Canonen, die sie requiriert haben sollen. Die Russischen Uhlanen sind nunmero schon bis Neuendorff ins Quartier gekommen, zuletzt könnten die Colmarner dann wohl nicht davon befreit bleiben. Die Grenadier Compagnie wird um 8 Uhr von Crempe eintreffen u. sobald diese hier ist, werden die andern sich aufen Marsch begeben.

den 5. März Diesen Morgen um 9 Uhr ist das 2.te Bataillon nebst der Jäger-kompagnie von Fühnen wegmarschiert, letztere wenigstens die Hälfte derselben aus dem neuen Tor u. man sagt nach Barmstedt; um 1 Uhr rückten erst die Grena-diers ein u. am Montage soll alles gleichmäßig verlegt werden, welches freilich nur 8 Tage dauert, weil diese schon bestimmte Order haben, den 14. März zu marsch-ieren. 1 Unterofficier u. 5 Mann vom 2.ten Bataillon bin ich losgeworden, so daß in 2 Tagen nur einen Mann habe, aber den 7 ten werden merere nachfolgen. In der letzten Nacht soll es bey Hamburg ser unruhig gewesen, u. gebrannt haben an mereren Stellen. Viele wolten die Nachricht haben, daß die Stadt mit Sturm er-obert worden sey, allein dies ist fast gar nicht denkbar u. es wäre auch schon Mere-res u. etwas Näheres davon bekannt geworden[140].

Die Russischen Uhlanen schwärmen schon bis nach dem Herzhorner u.u. Obendeich, haben hin u. wieder requiriert, sich aber gleich anders erklärt wenn sie nur einen unserer Leute antreffen, dann fragen sie gleich, wo der Weg da oder dor-thin geht, u. reiten fort; bey Harm Piening[141] sind 2 vorgstern in der Abenddäm-merung, haben Vieles verlangt, warscheinlich auch Speise u. Getränk erhalten, sind aber gleich fortgeritten, wie der Mann, der dorten einquartiert liegt, zu Hause gekommen ist, u. dies soll an einigen Stellen vorgefallen seyn.

Den 6. März Die gestern ausmarschierten Leute sind in der Nähe u. in weiterer Entfernung bis nach Itzehoe hin verlegt worden, in Borsfleth liegen auf jedem Hofe 4 Mann. Der Lauf der Feldposten u. der Ordonnantz-Husaren ist noch immer lebhaft, in dieser Nacht sind allein 4 Feldposten angekommen u. abgegan-gen, jede mit 2 auch 3 Siegel. Nunmero sollen alle metallenen Canonen, auf höhere Ordre den Russischen Truppen überliefert werden, um bey Hamburg mit gebraucht zu werden u. nun felts an Lafetten, ob diese von den Schweden mitge-nommen, vielleicht gar gestolen u. ins Feuer gehauen sind pp, genug, sie sind nicht vorhanden, auch kein Geld dazu, um solche verfertigen zu lassen.

den 7. März Gestern Abend beim Eintritt des Vollmonds schien die Witterung etwas milder zu werden, auch hat es die Nacht etwas geschneit, allein gefroren hatte es doch ziemlich, u. heute den gantzen Tag hat es bey Südostwind u. dunkler Luft starck gefroren, welches ich auf einer Reise nach Borsfleth u. der Stör erfaren habe. In Borsfleth-Büttel begegneten mir 2 Wagen mit 100 Tonnen Hafer u. gestern sind 7dito mit Brod u. Hafer, alle von Wewelsfleth kommend nebst den heutigen nach Pinneberg gefaren. In Borsfleth, Eltersdorff, Crempdorff u. der umliegenden Gegend sind 2 Compagnien von den vorgestern hier ausgerückten einquartiert, die Landstraßen wimmeln von diesen Leuten, die alle Brod geholt hatten.

den 8. März die algemeine Umquartierung ist unterblieben, nur hin u. wieder sind einige weg u. auf andere Stellen verlegt worden. Für diesmal habe ich keine erhalten, man sagt aber, daß am 12.ten dieses das 1. Bataillon der Königin wieder einrücken wird, alsdann werde ich sicher nicht vergessen werden. Bey ziemlich starken Nordostwind hat es die Nacht u. diesen gantzen Tag immer geschneit, der Schnee ist ganz fein u. bringt nicht viel, aber an den Ecken der Straße u. den Quergassen sammelt es sich merklich. Die Passage über der Cremper Tors Brücke ist heute aufgehoben u. ein Farweg übers Eis, bereits gestern schon, zurechtgemacht, die Auf- u. Abfart ist aber nicht die beste, weil leicht etwas zerbrochen werden kann. Diese Brücke wurde in der Geschwindigkeit in der Nacht vom 9.ten bis den 10.ten Januar von den Russischen Truppen unter Mithilfe der hiesigen Zimmerleute wieder hergestellt, allein auf der Dauer war diese Arbeit nicht, wie denn die jetzige nicht viel besser zu werden scheint, da das Holtz, obwol dick u. stark genug, aber ser blau u. mager ist, wohl nicht lange ausdauern kann. Die Jochen u. Balkenlage bey der Neutorsbrücke sind von ungleich besseren u. gesunden Holtz. Diese wird bald zum Faren dienen, mit der ersteren aber hat es wohl noch Zeit, ehe die Arbeit gantz fertig werden wird.

den 9. März Noch spät gestern Abend erhielt 2 Rekruten im Quartier. Diese Nacht hat es nicht sonderlich geschneit, gestern aber ziemlich stark, jedoch mit der Kälte in der abgewichenen Woche in keinem Vergleich zu stellen. Am 11.ten dieses versamelt sich das 1. Bataillon der Königin in Itzehoe weil es so ser weit auseinanderliegt, u. trift den folgenden Tag hier ein, da dann warscheinlich diese gleich abgelöset werden, um sich zu ihrer weiten Reise einrichten zu können. Wegen des Marsches übers Eis der Elbe ist es gut, daß bisher immer Frostwetter u. Ostwind gewesen ist, sonsten würde der Übergang mit vielen Berschwerlichkeiten verknüpft gewesen seyn.

den 10. März Es hat fast die gantze Nacht geschneiet, one daß ser viel davon zu merken ist, gefroren hat es ziemlich stark, u. der Wind ist meistens Nordost, zuweilen auch Südost, aber dennoch eben so kalt. Auf Veranlassung des Sanitäts-Collegiums sind bereits einige Verfügungen getroffen, die Verbreitung venerischer sowol als anderer ansteckenden Krankheiten auf alle Art u. Weise zu hemmen, des Endes ein Jeder ermanet wird, vernünftige Aerzte bey solchen Fällen um Rat zu fragen; Leichen sogleich tief einzuscharren, u. diejenigen, die nur oberflächlich begraben sind, tiefer einzusenken, auch das crepierte Vieh tief zu vergraben. Ferner sind bereits häufige Beschwerden eingegangen über die bey den Ausfällen unserer Truppen unternommenen Plünderungen der Landleute, bey welcher Gelegenheit wohl noch Vieles bekannt werden dürfte. In diesen Tagen sind einige abgelebte Leute gestorben, die jetzt alle übers Eis des Burggrabens gefürt werden müssen bey dem Bau der Brücke welches mit Beschwerlichkeiten verknüpft ist. Heute Morgen ist ein Pickett Cosacken, aus 1 Officier u. 10 Gemeine, angekommen. Morgen, heißt es, werden noch 32 anlangen, alles Handwerker, warscheinlich Schmiede u. Rademacher, um die Reparaturen der verlangten u. bewilligten Canonen, vorzüglich deren Lafetten, zu beschleunigen.

Ein paar Tage durch werden die Bürger warscheinlich die Wachten beziehen um alles durchräuchern und reinigen lassen zu können, wenn dies 1.te Bataillon Fühnen nebst den Grenadieren ausmarschiert ist, wesfals die andern einige Tage länger wegbleiben werden. Diesen ganzen Tag hat es beständig geschneiet, u. es ist ser gut, daß der Schnee nicht in großen Flocken, sondern gantz fein niederfält, weil die Menge desselben dann zu gros seyn würde. Die Englische Post geht jetzt regelmäßig 2 mal die Woche, manchmal gar 4 mal, mit Eisboot nach Krautsand, alwo dies u. die 4 Mann, die dazu gehören, so lange bleiben, bis der Postfürer von Stade zurückkömmt, um sogleich hierher zu faren. Die aus Hamburg Verwiesenen[142] fallen den benachbarten hin u. wieder ser zur Last; man giebt gerne u. muß es auch, denn wie leicht hätte unser Schicksal nicht trauriger werden können als es geschehen, allein so viele sind darunter, die keine Pässe von Altona haben u. diese gehen ordentlich darauf aus, um andere in Contribution zu setzen; ferner haben wir in loco leider! so viele Hilfsbedürftige, daß man zuletzt fast nichts mer geben kann. Schriftl. u. mündliche Ansprachen zur Linderung der Kranken, zur Speisung, Bekleidung u. Feuerung der Gesunden gehen öfters bey mir ein, allein wer kann alle helfen!

den 11. März Ausser dem Cosacken Officier nebst 4 Gemeinen ist noch 1 Unterofficier als Ordonnatz bey einem Russischen Maior, für erstere aber u. für 10 Mann ist nur Quartier bestelt, die als Handwerker arbeiten sollen u. des Endes Holtz u. Eisen, welches beides paslich datzu ist unter Bedeckung ersteren mitgebracht haben. Man sagt aber, daß noch merere nachfolgen werden. Große 18 pfündige eiserne Canonen werden bereits auf Lafetten liegend zusammengefaren, vielleicht sollen dazu neue Fargestelle um sie fort bringen zu können. Alle Hofbesitzer im Gros Collmarschen haben gestern 7 Uhlanen ein Jeder im Quartier erhalten u. die Ursache davon ist diese wie gesagt wird, um den Marsch der Truppen des Auxiliar-Corps keine Hindernisse im Weg zu legen, auch den Einwonern in der Gegend nicht zu ser zu belästigen. Einige wollen gar wissen, daß ein Teil dieser Leute bereits jenseits der Elbe zurückgekommen, u. um über den Zollenspieker[143] mit dem gantzen Corps nach u. nach weiter fortrücken sollen; beim Bataillon der Fünen wissen sie aber nichts davon. Alle Leichen beim Militair, nemlich der Gemeinen u. Unterofficiere, werden jetzt one Särge u. one Honneurs beerdigt; one Ausname wird jede Leiche in einen Sack gesteckt, übern Kopf zugebunden in einen bedeckten Wagen gelegt, u. 4 Mann one Montierung folgen, um solche herauszuheben u. in der Gruft zu versenken.

Dies wird den Militairstand noch mehr bey den Landleuten gehässig machen, weil selbst diejenige dessen Verwandte den Sarg bestellen können u wollen, eben wie die andern beerdigt werden sollen, allein dies kann nicht abgeändert werden. Warscheinlich werden in der Folge alle Todte one Särge begraben werden, wodurch ser viel Holtz u. Arbeitstage erspart werden wird. Es heißt auch, daß diese Säcke dazu von der Stadt requiriert werden, u. zugleich eine noch kräftige

Frau, die, als Leichenbitterinn, diese in Sack stecken u. zubinden müssen. Für heute scheint es, als ob es ernstlich anfangen wolle Tauwetter zu werden, die Luft ist ungleich milder, obwohl noch kalt, allein die Straßen sind etwas feucht u. der Schnee ser weich u. schmeltzend. Der Artillerie Park, welcher der vor Hamburg stehenden Russischen Armee überlassen worden besteht aus folgenden: 10 Canonen, 12 pfündige, dito 18 pfündige u. 2 Haubitzen, alles eiserne; Lafetten u. anderes Geräte ist alles vorrätig, an ersteren aber an Holtz u. Eisenwerk allerhand auszubessern, dahero die Russischen Handwerker. Morgen ziehen 170 Mann von der Bürgerschaft auf den Wachten, wie viele Tage dies dauern wird, ist noch unbestimmt.

den 12. März Diese Nacht hat es stark gefroren u. etwas dabei geschneit; der Winter wird wohl minstens bis zur Zeit des Aequinoctu[144] anhalten, u. warscheinlich wird auch so lange der Wind aus Osten blasen. Heute sind 70 Mann Jäger vom 1.ten Bataillon der Königin hier eingerückt, die übrigen sind im Colmarschen verlegt. (alle von Wewelsfleth kommend) der Capitän v. Abercron liegt auf Bielenberg, dahingegen sind die Uhlanen kurz vorher abmarschiert, die sich alle gut betragen haben, nur gleich bey der Ankunft nicht welches heute in beiden Orten, wo ich gewesen bin erfaren habe. Heute bin ich in diesem Jare zum 1.ten Mal über die Neutorsbrücke gefaren, die in 3 Monaten nicht zu passieren gewesen ist. Die Grenadiere zu diesem Regiment (der Königin Leib-Rgt. nämlich) gehörend, sollen nun von Wilster u. Itzehoe nach der Stör verlegt werden, warscheinlich von letzterem Ort bis nach Wewelsfleth hin.

Den 13. März Diesen Morgen um 7 Uhr ist das 1.te Bataillon von Fühnen von hier über Bramstedt nach der Elbe hin abmarschiert, um bey Zollenspieker darüber zu gehen u. Morgen Mittag trift das 1.te Bataillon der Königin hier ein, u. wird sogleich die Bürgers ablösen. Beim Arsenal wird täglich gearbeitet, um alles Complet zu haben, ausser den 12 großen eisernen Canonen, sind die Haubitzen von Metall, wie dann auch 4 große metallene Mörser den Russischen Truppen angeliehen worden, die alle in einigen Tagen reisefertig seyn sollen, um nach Hamburg abzufaren. Die gestern eingetroffenen Jägers haben die Wache bey den beiden Herrn Generals u. bey dem Arrestanten Moeller, dessen Gefängnis von innen u. außen gewaltig befestigt, die Fenster mit eisernen Stangen versehen u. außen vor der Tür noch eine Verpallisadierung von starken Latten gemacht worden, überdem darf ihm kein Messer noch Gabel gereicht werden, auch ist er seit des Arrestes nicht barbiert worden (letzteres ist ungegründet). Die Fart über den Burggraben beim Cremper Tor ist mit Furwerk so bedenklich, daß ich heute auf meiner Reise nach dem alten Deich den Wagen bey der Ravelin Wache mußte halten lassen, um so lange zu warten, bis ich zu Fuß übers Eis dahin kommen konnte. 2 der größten Canonen (24 Pfünder) von Ivenfleth liegen schon vorm Cremper Tor, u. die anderen beiden werden bey diesem Frostwetter auch wohl hergeholt werden. Die 4 kleinen haben unsere Furleute vorher schon hereingefaren, ehe die feindl. Armee so nahe an der Festung sich wagte. Diesen Morgen um halb neun

Uhr ist bey Jacob Witt[145] ein trauriger Fall gewesen; in seinem Hause in der Cremperstraße ist eine Brandgranate zur Zeit des Bombardements gefallen, die nachhero im Hause irgendwo gelegen haben mag (diese aber haben die Kinder auf der
Contrescarpe außerm Cremper Tor gefunden) u. die vielleicht als eine Canonen-
kugel gegolten hat; dessen Kinder spielen damit, u. eines derselben, ein Knabe
von 14 bis 15 Jaren[146] findet daß einige zugeschmierte Löcher darinn sind, die er
mit einem Nagel zu öffnen gedenket, dies aber will nicht glücken, nun denkt er,
die Öfnung ist zugefroren, wesfals er den Nagel heiß, vielleicht glühend gemacht
hat, nun ist er seiner Sache gewis, u. fängt damit an zu graben, die Granate ist
gefült, entzündet sich, zerplatzt, macht vielen Schaden im Hause u. blessiert den
armen Jungen so schrecklich, daß an keine Heilung zu denken steht u. ihm nichts
mer als der Tod gewünscht werden kann. Ein Glück ists noch, daß die Hoftüre
ofen gestanden, u. der Knabe just allein bey dieser Arbeit gewesen ist, sonsten
merere blessiert worden wären.

den 14. März Der Magistrat hat gestern noch in allen Häusern ansagen lassen,
alle Kugeln, Brandgranaten, Bomben pp ans Arsenal[147] abzuliefern, um unglückli-
che Fälle, wie der gestrige, vorzubeugen, u. durch den Ausrufer ist dies heute wiederholt worden. Um 9 Uhr ist die Jäger-Compagnie von Colmar kommend, einmarschiert u. hat um 11 Uhr die Wachen übernommen, ausser die am neuen Tore
nicht, welche die Bürger besetzt halten. Gegen 1 Uhr kam das 1. Bataillon in der
Stadt, wovon 3 Mann erhalten habe; wenn diese Morgen auf Wache ziehen u. die
Jäger abgelöset sind, sollen letztere gleich wegmarschieren, alle haben nur auf 1
Nacht Quartier erhalten, vielleicht sollten sie wieder nach Colmar u. Bielenberg,
weil aufm Lande allenthalben kleine Truppen liegen. In Herzhorn, alwo ich heute gewesen, ist ein Lieutnant u. 14 Mann Jäger bey der Kirche, weiter in der Entfernung
liegen merere auf den Höfen verteilt. Am Sonnabend Abends spät sind merere Laternen zerhauen worden, welches den Abmarschierten zugeschrieben wird, die
ziemlich lustig gewesen seyn sollen. Seit dem 10ten dieses Monats hat das Quartier,
entweder in Geld oder in natura, für die Herrn Officiere der annectierten Bataillone
aufgehört, weil ein Jeder sich an den bestimmten Platz aufhalten soll u. muß.

den 15. März die Jäger Compagnie, diesen Mittag von der Wache kommend, ist
um 2 Uhr wieder zurück nach Bielenberg u. Colmar, unter der Anfürung des Herrn
Capitäns u. Ritters v. Abercron, gegangen, um zu verhindern, daß keine Russischen Streifparteien über der Krückau kommen, auch ist diesem Corps jenseits der
Aue diese Weisung geworden, u. fals sie solche übertreten, die Leute zu arretieren u.
hierher zu bringen; denn so wie gestern diese Jägers auf hier gegangen, sind sofort
einige 60 Mann Uhlanen dorten wiedergekommen. Jetzt sind 2 Officiers an der
Hauptwache, der Lieutnant mus beständig gegenwärtig seyn u. der Capitän muß
nachmittags alle Posten visitieren, wozu ihm ein Pferd gegeben wird, ferner sind
noch alle letzteren Aussenposten doppelt, u. vor der Hauptwache stehen noch
beständig 2 Schildwachen, so klein wie die Garnison auch jetzt ist; (der 2.te Posten
ist des Arrestanten halber, der seine Leute betrunken gemacht hatte, um entwischen

zu können) Auf einer Fußreise nach dem Cremper Rhin habe ich bemerkt, daß die lange Brücke vom Cremper Tor diese Woche fertig werden kann, welches der vielen Passage wegen notwendig ist, besonders da die Fart übers Eis mit Umständen verknüpft ist. Beim Arsenal stehen so viele Canonen, Haubitzen, Mörser pp, daß, wenn alle diese nach Hamburg sollen, ein starker Artilleriepark davon werden wird. Man sagt, daß einige Irrungen dieserwegen entstanden u. daß vielleicht nicht 1 Stück derselben abgeliefert werden wird; die Russen wollen unsere Artilleristen dabei haben, u. das soll abgeschlagen worden seyn, nur einige sollen den Zug hinbegleiten. (dies wurde hernach näher bestimmt, so daß eine vollzälige Mannschaft mit dahin gehen solte, welches, da die Lage sich gantz geändert hatte, alles unterblieben ist, die Leute zurückgingen u. das Geschütz ausgeschift wurde.) Gestern Morgen sind 2 Compagnien von Fühnen aus Borsfleth marschiert, die so wie die dazugehörigen gerade nach Blankenese gegangen sind. Die Englische Brigg ist schon zugetakelt, so wie auch die andern Farzeuge in Cuxhafen; der Sage nach, will der Capitain derselben das Eis im Hafen durchsägen lassen, um so bald als möglich auf der Elbe zu seyn, allein diese ist so voll von Treibeis, daß jetzt kein Schiff dort laufen kann, welches am Sonnabend gesehen habe.

den 16. März Der Son des Schiffers Jacob Witt hatte sich die Brandgranate in den Außenwänden des Cremper Tors aus Schnee u. Eis herausgegraben, um in dem Hause seiner Eltern den Tod davon zu haben; 40 Stunden darauf ist er gestorben. Es verlautet, daß das Russische Hauptquartier von Pinneberg nach Ütersen verlegt werden solle, ob aus Mangel an Subsistantz, oder anderen politischen Ursachen, dies ist unbekannt. Durch eine Depesche mit 3 Siegel an den Herrn Commandanten ist unsere Stadt abermals in Belagerungszustand gesetzt, auch werden merere Leute als 1 Bataillon zum Dienst einrücken. Das Blockade-Corps bey Hamburg wird nächstens durch 8 bis 10 000 Mann größtenteils Russische Cavallerie unter Commando des Herrn Generals Tolstoi vermert werden, die leider (größtenteils) alle auf holsteinischem Boden cantonnieren u. den Landmann ganz aufreiben. Es heist zwar, das dies gantze Corps von Preussischen abgelöset werden sollen, aber obs besser seyn dürfte, u. obs gegründet sey, wer weiß dies!

den 17. März Obgleich der Wind den gantzen Tag Südwest gewesen u. stille Luft, so hats doch beständig dabey gefroren, wobey die Witterung ser kalt war, welches ich auf einer Reise nach Colmar erfaren habe. Von dorten her sollen die Landleute Morgen mit 10 bis 12 Wagen schwere Lafetten Räder, die dorten gemacht sind, u. aufen Wall bestimmt waren, herfaren, die nun warscheinlich mit dem vielen Geschütz nach Hamburg hin müssen. Der neuesten Bremer Zeitung zufolge haben die Alliierten abermals durch eine entscheidende Schlacht im Innern von Frankreich wichtige Vorteile erkämpft u. sollen nun im Stande seyn, die Friedensbedingungen die sie haben wollen, vorzuschreiben. Auch sagt man, daß das dänische Auxiliar-Corps, welches zum Sammelplatz bey Düsseldorf sich vereinigen solte, bereits Ordre zum Rückmarsch erhalten, u. sich nach Hamburg zurück begeben werde. Es sind ser Viele, die an diesen Nachrichten der Alliierten große Zweifel tragen, u. noch immer glauben, daß die französische Macht über alle diese doch noch die Oberhand behalten werden, welches bey der jetzigen Lage aller Dinge kaum zu denken steht, indessen wäre es wünschenswert, daß endlich einmal der algemeine Friede zu Stande käme, allein leider! entwickeln sich dann andere Gegenstände, die aufs neue trübe Aussichten mit sich füren, wie die Geschichte mit Norwegen bereits zeigt, denn daß diese one Unterstützung anderer Mächte solches unternommen haben solten, ist fast nicht zu vermuten.

den 18. März Geschäfte halber war ich diesen Nachmittag aufm u. am Elbdeich, da dann gesehen habe, daß, obwohl an der Planierung gearbeitet worden, doch nichts hat beschafet werden können, indem die Kessels zu tief in diesem selbst u. die Faschinen[148] hinfort allenthalben so tief hineingearbeitet u. jetzt so fest gefroren sind, daß an dieser Ebenmachung vor Ostern gar nicht zu denken seyn wird, und wenn nur keine Sturmfluten kommen, so kann auch bey besserer Jareszeit alles um so dauerhafter gemacht werden. Die Passage über der Brücke vom Cremper Tor ist nunmero auch wieder im Gange, zwar nicht so wie vorhin weil noch daran gearbeitet wird, aber man kann doch jetzt überfaren, u. dies ist mit weniger Schwierigkeit, als überm Eise verknüpft. Heute hats scharf getauet wenigstens ists aufm Lande allenthalben schmutzig zu gehen nur nicht aufm Elbdeich, alwo es 74 hin u. wieder so trocken war, daß es stäubte. In der abgewichenen Nacht soll es um Hamburg stark gebrannt haben, auch hat man öfters Canonieren gehört, wie dann in der Nacht vom 12.ten aufn 13.ten der nemliche Fall gewesen sein soll, nur mit dem Unterschied, daß das Feuer heller u. größer gewesen seyn mus, weil der gantze Horizont erleuchtet, welches merere Stunden angehalten haben soll[149].

den 19. März der gestrigen gelinden Witterung unerachtet, hat es diese Nacht so stark gefroren, daß meine Fenster mit Eisblumen belegt waren, u. noch dazu in der Stube die täglich geheizt wird. Von der Englischen Legion sind die Mannschaft wohl nicht (die gantze Englische Legion liegt in der dasigen Gegend, auch näher nach Harburg herauf.) alle mit vorwärts marschiert, weil ein Teil derselben noch in der Gegend zwischen Stade u. Buxtehude liegt, wovon heute 2 Mann hier angekommen sind, die einen Arrestanten ans Englische Kriegsschiff abgeliefert haben. Die Communikation mit Altona ist so gut wie aufgehoben; kein Bote darf weiter als Pinneberg gehen, vorhin erhielt man dort Russischer Seite einen Paß dahin, jetzt aber geschieht nichts mehr.

Den 20. März Diese Nacht hat es fast stärker wie die vorige gefroren, die Sonne in 8 Tagen sich kaum blicken lassen, u. des Tages über taut es merklich, ein Zeichen aber, daß das Erdreich almälig etwas durchwärmet wird. Heute hat die Sonne recht freundlich geschienen, vorzüglich wars um der Mittagszeit ordentlich etwas angenem, der Schnee hat sich merklich vermindert, aber die Wege werden schon da schlüpfrig, wo nicht viel Schnee gelegen hat, welches diesen Nachmittag auf der Rückseite von Colmar bemerkt habe. Ins Neuendorffsche liegen dort noch Uhla nen, also diesseits der Aue, u. sogar im Colmarschen, dessen Höfe zu erstgenannten Dorf gehören, allein die Jäger liegen in Colmar, Mohrhusen pp verteilt, u. haben sich bey Ersteren in Ansehen gesetzt, so daß sie gantz ruhig sich verhalten, wenn sie wissen, daß dänische Jäger in der Nähe sind.

Den 21. März Diesen Morgen um 9 Uhr begegneten mir aufm Wege nach Bielenberg 12 Wagen mit schweren Räder zu den Lafetten, auf jedem 8 die auf dem Wall dienen solten, u. in Colmar gemacht sind, um aber wohl eine andere Bestimmung zu erhalten. Es war ser neblicht. Um halb 1 Uhr mußte ich nach dem Grill, alwo oder vielmer unterwegs die Pferde durch Schnee u. Eis brachen, als wir über einen Graben faren mußten, so daß diese unterm Wagen lagen u. wir mit Mühe den Tieren aufhalfen, um weiter zu kommen. Da die Lenstenbrücke, die beim Einmarsch der Feinde abgebrochen worden, noch nicht wieder hergestelt ist, so mußten wir über Lesigfeldt u. dem alten Deich nach dem Steindamm herumfaren. In diesen Tagen werden alle Leute, die am 6. ten Januar mit aus der Festung marschiert, aber unterwegs sich entfernt haben, von den Officieren der Compagnie in den Districten abgehört, um alles zu Protocoll zu nemen; wären alle diese Compagnienweise beyeinander geblieben, so würden ser wenige sich absentiert haben. Man sagt, daß die Stadt Altona 1000 Ochsen auf Requisition des Printzen Eckmühl nach Hamburg liefern sollen, widrigenfals erstere in Brand geschossen werden soll. Frisches Fleisch soll vorzüglich teuer in letzterem Ort sein (1 Pfund frisches Kuhfleisch hat 24 Schilling gegolten). Andere wollen wissen, daß Eckmühl mit dem Russischen Hauptquartier in Unterhandlung stehe, u. daß der dänische Artillerie Obristleutnant Aubert bereits einmal als Parlamentair in Hamburg gewesen seyn soll. Letztgedachter Officier ist merere Jahre in Frankreich gewesen, ein sehr talentvoller Mann, u. hält sich jetzt bey dem Herrn General v. Bennigsen auf, daher glauben nun viele, daß der starke Artilleriepark nun wohl nicht von hier nach Hamburg gebracht werde. In Neuendorff ist neulich am Freitage vieler Lärm, der Russen wegen gewesen, wie wohl die Einwohner die Veranlassung dazu gegeben haben. Erstere verlangen die Kirche zum Gottesdienst, die auch bewilligt worden, wärend desselben sind die Türen verschlossen u. der niedrige Teil der Einwoner steigen auf Kisten u. sehen durch die Fenster, haben auch warscheinlich allerhand Unfug begangen, worüber diese aufgebracht worden, u. nach geendigtem Gottesdienst ist es tumultuarisch dorten hergegangen.

den 22. März Privat-Nachrichten zufolge sollen die Alliierten schon 10 Meilen jenseits Paris vorgerückt seyn; die Zeitungen, die noch immer unregelmäßig ankommen, erwänen nichts davon. Heute ists den ganzen Tag angenemer Sonnenschein bey Ostwind gewesen, u. daher hat es stark getaut wiewohl es die letzte Nacht ziemlich stark gefroren hat, welches warscheinlich der reinen Luft nach zu urteilen, auch diese Nacht der Fall seyn dürfte. Durch eine aus dem Russischen Hauptquartier abgegangene, an der Englischen Commandantschaft addressierte u. mit einem offenen Brief zur schnellen Beförderung, versehenen Estafette, die zwischen 9 u. 10 Uhr Abends angekommen, war das Gerücht ganz algemein, daß

Hamburg durch Capitulation übergeben wurde, von dänischen Truppen besetzt, u. die Besatzung als Kriegsgefangene im Holsteinischen verteilt werden würde. Warscheinlich ist dies alles one Grund, zumal da der Englische Capitän diesem wiedersprochen haben soll; wichtige Depeschen können es aber doch gewesen seyn, weil letzterer noch sogleich mit der Post ein Schreiben an der Englischen Gesandschaft in Copenhagen geschickt hat.

den 23. März Die gestern gekommene Estafette hat blos Betzug auf den zu befördernden Artillerie-Park gehabt, welches gantz zuverlässig ist. Heute abermals ein angenemer Tag, wiewohl es die Nacht scharf gefroren hatte. In Norwegen haben die Einwoner den Printzen Christian zu ihrem Regenten u. sich für unabhängig erklärt. Der Schwedische Graf Rosen hattę Besitz davon nemen wollen, statt dessen haben die Einwoner ihn als Zuschauer in der Kirche gefürt, in welcher der Printz diese Akte beschlossen hat u. ihn gebeten, dieses Seiner Majestät dem Könige von Schweden anzuzeigen. Der Schwedische Gesandte in Copenhagen soll darauf angetragen haben, dem Printzen Regenten als einen Rebellen zu erklären, welches aber wohl nicht geschehen wird. Gedachter Printz Christian hat seine Kinder u. namentlich den ältesten Printzen der Vorsorge Irer Majestät der Königin vorzüglich empfolen. Die Preussischen Truppen sollen Besitz von Schwedisch-Pommern genommen haben, u. unser Monarch hat dies u. das Fürstentum Rügen aus der Titulatur wieder wegzulassen angeordnet.

den 24. März Diese Nacht hat es nur wenig gefroren u. die Luft ist um 7 Uhr Morgens ganz trübe gleichwohl doch kalt. Ein paar Stunden etwas Sonnenschein, hernach sehr nebelicht u. kalt, welches ich auf der Reise nach Bielenberg u. Colmar verspürt habe. Der Schnee ist merklich vermindert, aber das Wasser auch um so stärker vermert worden, so daß es allenthalben auf den Landstraßen, u. mit denselben gleichförmig steht, welches warscheinlich den zugefrorenen Sielen zuzuschreiben ist. Das freie Quartier u. die Beköstigung der Herren Officieren vom 1.ten Bataillon wird warscheinlich nur bis Ostern dauern, weil sie dann das gewönliche Quartiergeld erhalten sollen, vielleicht auch regelmäßig die Gage (bis Ausgang Julii Monats wird alles bleiben, wesfals sogar eine Bekanntmachung herausgekommen ist); eigentlich sollen sie was sie jetzt fürs erste gratis erhalten, hernach bezalen, davon aber schweigen sie gantz weislich, um dies nicht zu tun.

den 25. März der Artillerie-Park soll nunmero zu Wasser transportiert werden, welches bey dem eingetretenen Tauwetter auch das beste ist weil die Geestwege wohl eben so tief werden als die in der Marsch, auch die Landleute die Pferde bald zum ackern u pflügen gebrauchen müssen. Heute hat man Versuche machen wollen, den Hafen los zu eisen, teils die Schiffe, die gesunken sind, heraus zu bringen, teils die andern auszubessern. Ein Grönländisches Schiff liegt zugetakelt, um auf den Robben- u. Walfischfang zu gehen. Auf meiner Reise nach dem Grill bin den graden Weg über der Mülenbrücke am Rhin gefaren, der Farweg näher nach dem Grill war durchgeschaufelt u. aufgehauen worden, so daß nur mit Mühe da hin zu kommen war, u. der weite Umweg erspart werden konnte. Nach Aussage einiger Schwedischer Officiere, die zum Belagerungs-Corps gehört haben, hat dieses über 2600 Mann, schreibe zweitausend Mann, verloren, teils an Todte, Blessierte u. durch Fatiguen u. Krankheiten, welches fast nicht zu glauben ist, allein wenn man die tiefen, morastigen Wege, die große Menge der feindlichen Truppen, u. die Nähe der Stadt, um welche sie patrouillierten, ferner das beständige Schießen von beiden Seiten in Erwägung zieht, so könnte es doch meistenteils gegründet seyn.

den 26. März Heute den gantzen Tag nebligte Luft, aber es taut ser scharf, auf meiner Reise nach dem alten Deich habe dies bemerkt. Alle Gespanne sind requiriert, den Artillerie-Park nach der Este u. von dorten nach Buxtehude zu transportieren. Dieser besteht aus 30 Canonen, 12 u. 18 pfündige, 4 Haubitzen u. 8 Bombenkessels, letztere 12 Stück von Metall, nebst Lafetten, Gerätschaften. (es sind nachher noch eine unweit größere Anzal requiriert u. auch im Stande gesetzt worden) Die Englische Brigg ist segelfertig, auch die Mannschaft alle an Bord, nur die Posten beim Commandanten nicht, die zwar dorten sind, aber doch in der Stadt Dienste tun.

den 27. März Gestern u. heute haben 80 Mann Fronarbeiter die Mündung des Hafens losgeeiset u. sind jetzt beschäftigt, unsere Canonenboote, die teils absichtlich, teils aber durch Grundschüsse versenkt worden, aus dem Wasser zu holen, die sogleich gezimmert, u. der Sage nach mit den Englischen Schiffen nach Hamburg sollen (Unsere Kanonenboote sind nicht mit dahin gebracht worden.) Gestern soll ein Frachtwagen mit Saltz, mit 6 Pferden bespannt, bey Blankenese, als sie mitten auf der Elbe gewesen, durchgebrochen, versunken u. nur ein Pferd gerettet seyn, ob die Leute sich geborgen haben, ist unbekannt. Die Russischen Militairs verschiedener Gattung, lernen hier den Artillerie Dienst, in welchem sie täglich geübt werden, wärend die anderen als Handwerker im Arsenal arbeiten. Heute ists ordentlicher Frühlingstag gewesen, wiewohl es des Morgens dicke nebligte Luft war. Morgen gehen einige Ewer nach Helgolandt mit 7000 Pfund Fleisch, Bier, Branntwein, Kartoffeln, erhalten gleich Rückladungen, die schon bereitliegen u. gute Fracht. Das Farzeug mit dem heut geschlachteten, nicht gesalzenem Fleisch geht auf Ordre des Herrn Capitain Marshall dahin.

den 28. März Der Printz Friedrich, Gouverneur zu Rendsburg, ist Generalfeldmarschall geworden, hat sein Hauptquartier daselbst u. das Commando über sämtliche Truppen in Schleswig u. Holstein, auch gehen alle Rapporte jetzt an ihn. Gestern ist Capitain v. Krohn mit seiner Grenadier Compagnie von Itzehoe kommend, über den alten Deich nach Neuendorff u. Colmar marschiert, um die Russen im Zaum zu halten u. die Einwoner zu schützen, welches in Crempe, alwo sie durchgegangen, erfaren habe, des Tages vorher hatten diese sich über der Aue zurückgezogen. Allenthalben steht viel Wasser auf den Landstraßen. Um Mittag kamen einige 70 Russen, one Waffen, hier an, warscheinlich zum Artilleriedienst. Heute ist auch die erste Schnigge[150] von Helgoland, u. 2 andere Farzeuge von Cuxhafen mit Zucker u. Kasten angekommen. Der Englische Capitain ist heute über der Elbe gereiset, u. von dorten weiter nach Buxtehude, um Einrichtungen dorten zu treffen.

Den 29. März Dem gestern angekommenen Parolbefel zufolge werden ser große Einschränkungen beim Militair in Seeland vorgenommen. Das Marine Regiment, das Seeländische Jäger- u. merere andere Corps sind aufgelöset, deren Leute teils verteilt, teils entlassen worden sind, dazu nun die Auflösung der annectierten Bataillone gerechnet, so werden doch außerordentliche Summen erspart, u. diese Einrichtung läßt auch erwarten, daß keine abermalige Feindseligkeiten stattfinden dürften weshalb Viele schon besorgt sind (Für Maj waren leider! schon gantz trübe Aussichten, u. daher an der Verminderung des Militairs wohl vors erste nicht zu denken ist.)

Den 30.ten März heute sind abermals 2 Wagen zu 4 Pferden mit Russischen Soldaten angekommen, die mir vorm Cremper Tor begegnet sind. Hin u. wieder werden jetzt tote Pferde sichtbar, die bisher mit Schnee bedeckt gewesen welches gestern u. heute bemerkt habe. Die Russischen Leute werden alle im bisher sogenannten Hauptquartier (das Commandantenhaus oben am Deich[151]) welches die unsrigen haben räumen müssen, verlegt daher dies nun den Namen das Russische erhalten hat. Die Verpflegung ist ser gut, jeder bekömmt täglich 2 Pfund u. nach Proportion die Zutaten, sogar auf jeden Mann bestimmte Soden Torf berechnet. (so gut ist die Verpflegung doch nicht gewesen, wiewohl ungleich besser als die der unsrigen) Am jenseitigen Elbufer wird, der Sage nach, für die Englische Marine scharf gepreßt[152], welches vielen Seeleuten dorten wohl nicht gefallen wird.

Den 31. März Der Sage nach sollen die französischen Truppen sich aus Harburg herausgezogen u. nach Hamburg begeben haben, auch soll Vorgestern ein großes Feuer[153] dort in hiesiger Gegend sichtbar gewesen seyn. Der Englische Capitain hat gestern bey seiner Zurückkunft nichts davon erwänt. Heute hat derselbe 3 Estafetten erhalten. Die Wege sind allenthalben fast nicht farbar, welches heute auf einer Reise nach der Herzhornschen Wildnis erfaren habe. Um die an den Schwedischen General v. Boie im Januar bezalten 40 000 Mark Contribution herbeizuschaffen, haben sämtliche wohlhabende Bürger sich vereinbaren müssen, die dann nun auch bezalt worden sind, aber hiernächst sollen alle Einwoner, was Standes u. Würden sie auch seyn mögen, dazu beitragen, wesfals solche auf dreierlei Art berichtigt werden soll, nemlich nach Budenzal reparriert, nach Narung-Portionen u. nach anstehenden Capitalien, so daß diese Summe in Zeit von 5 bis 6 Raten mit den Zinsenbelauf abgetragen werden soll u. muß (Ende Februar des Jares 1815 waren noch keine Anstalten dazu getroffen, wenigstens nicht bekannt geworden) Für Viele wird dies ser drückend seyn.

Den 1.ten April Die Untersuchungs-Commission unter dem Präsidio des Herrn General v. Münnich ist schon seit einiger Zeit in Tätigkeit, wenigstens sind diese Herren schon einige Tage hier gewesen. Heute hat die Englische Brigg nach Cuxhafen, auf einige oder merere Tage, je nachdem die Geschäfte häufig seyn dürften, segeln sollen, allein das viele Treibeis hats verhindert. Diesen Mittag ist der gestern angekommene Russische General nebst Suite wieder abgereiset, dahingegen einzelne Gemeine angekommen. Die Zal (jetzt 105) wird täglich größer, so daß nun die im sogenannten Russischen Hauptquartier keine mer haben wollen, auch nicht mer bergen können, daher man auf ein anderes Locale bedacht seyn muß, wozu das Comödienhaus¹⁵⁴ paslich wäre, wenn nicht merere Jare zum Hospital gebraucht worden. In Oldesloe soll ein asiatischer Fürst mit 1000 Mann, zur Russischen Armee gehörend, angekommen seyn; einige 60 Bediente u. namentlich auch 250 Hunde sollen mit dabey seyn (Dieser Fürst, vom Kaukasus kommend, hat sich lange in der Gegend aufgehalten, und zwar über 14 Tage; obgleich sein Gefolge ser gros seyn soll, so ist dennoch die Zal der Bedienten u. der Hunde ganz übertrieben worden.) Es heißt, sie werden sich gleich der Gegend Hamburg nähern, allein im ganzen Umkreise ist alles aufgezeert, die Einwoner haben ire Höfe, Katen pp verlassen u. irren warscheinlich als Betler umher.

den 2. April Die Anzal der Russen, nahe an 100, müssen mit den Canonen exerzieren u. auch nebenbei arbeiten; Schmiede, Drechsler, Zimmerleute, Reepschläger pp. sind die Handwerker. Alles was sie verfertigen, werden warscheinlich den Hamburgern großen Nachteil bringen. Die Wege werden fast nicht mer farbar bleiben, welches auf einer Reise nach dem Grill erfaren, u. gegen Abend ist ein warmer sanfter Regen gefallen, der noch anhält, wodurch das Eis zwar aufgelöset, aber die Fussteige wieder zertreten werden, die schon gut angetrocknet waren. Die Englische Brigg Shamrock ist diesen Mittag nach Cuxhafen gesegelt, one salutiert zu haben, der Grönlandsfarer aber wegen Verspätung der lateinischen Pässe nicht den guten Wind, um in See zu gehen, benutzen können.

den 3.ten April Gestern sind bereits einige Ewer mit Holtz u. Torf angekommen. Morgen werden merere erwartet, welches um so willkommener für uns ist, da der größte Teil der Prahmen u. Ewer mit beschlag belegt ist, um den Canonen-Transport zu befördern, unsere Schiffer sind aufgebracht darüber, klagen, daß sie jetzt, da sie Fracht verdienen können, stille liegen müssen u verlangen täglich ansehnliches Liegegeld.

Heute ist ein großes Colenschiff aus Newcastle u merere kleine Farzeuge, vermutlich von Helgoland, angekommen. (es ist eine kleine nach Altona bestimmt gewesene Brigg mit Rum u. Wein beladen, aber stark beschädigt, die angelangt ist; man hat anfänglich geglaubt, es wäre das an Herrn Löhmann addressierte Colen Schiff). Die Blockade der Elbe ist zwar noch nicht aufgehoben, allein es soll gantz sicher seyn, daß alle Schiffe hierher, auf der Rheede, in der Stör oder im hiesigen

Hafen liegen, aber nicht vorbey segeln dürfen; das wäre dann für Viele in der Stadt gut, um Etwas verdienen zu können.

den 4. April Gestern sind abermals 20 bis 30 Russen zu Wagen angelangt u. heute Mittag ebenfals einige zu Wagen. Die Feuerung ist bereits merklich im Preise gefallen; 100 Soden Osten Torf[155] gilt 1 Mark. Im gantzen noch teuer genug bey der gelinden Witterung; gantz sicher aber würde er nicht wohlfeiler geworden, wenn diese Zufur ausgeblieben wäre. Den 1.ten dieses sind 2 Vicecorporale bey mir einquartiert, dahingegen der Herr Capitain v. Waldmann angewiesen, von mir das Geld dafür zu empfangen, oder auch selbst einzuziehen u. zwar auf 4 Wochen; ersteres ist geschehen, wofür die Bezalung zu leisten habe. Bey meiner Zurückreise begegeneten mir 7 Russen, 1 zu Pferde u 6 Infanteristen, alle ganz marschfertig; hinfolglich gehen doch auch dann u. wann einige aus der Stadt heraus. Die Pässe für den Grönlandfarer sind angekommen, u. nun wird solcher wohl baldigst absegeln.

den 7. April Bei dem seit einigen Tagen eingetretenen Nordostwind haben wir ganz schönes Wetter, des Abends etwas nebligt, allein der Wind befreit das Land sehr von Wasser, so daß zu hoffen steht, die Landleute werden bald anfangen können, ire Ländereien zu pflügen u. zu besäen. Auf einer Wasserreise nach Herzhorn u. dem Grillweg habe die Bemerkung gemacht, daß außerordentlich vieles Wasser im Lande seyn muß, denn obgleich die Schleusen eben zugegangen waren, so war dennoch dasselbe so hoch, daß alles niedrige Land am Rhin unter Wasser stand! Der Zingelbaum[156] daselbst mit Ketten und Stangen ist weggetrieben, u. jetzt, da keine Schildwache dorten steht, kann jeder bey der Sperrzeit aus u. einfaren, welches diesen Abend geschehen, da erst nach 7 Uhr zurückgekommen bin. Der Sage nach soll die Besatzung in Hamburg einen Ausfall gemacht u. in Altona arg gewirtschaftet haben (der Ausfall auf Altona ist nur pro forma gewesen, eigentlich sind sie aufm Wege nach Ueltzen gegangen, um ein Magazin wegzunemen, welches aber durch Ankunft mererer Russen vereitelt geworden, desfals die Franzosen auch gewaltig gelitten haben sollen)[157]; auch sagt man daß ein Corps dänischer Truppen zusammengezogen u. vielleicht gegen Hamburg mitmarschieren soll.

den 8. April Ein sehr großer Train schwerer Artillerie ist von Rendsburg aus auf hier unterwegens; gestern sind bereits 11 Canonen jede mit 10 Pferden bespannt in Hohenwestedt eingetroffen, welches diesen Nachmittag in Crempdorff von einem Manne erfaren, der heute von dorten gekommen war. Ist dies wirklich gegründet, so sieht es mit dem baldigen Frieden sowohl als mit der Demolition der Festung noch sehr mislich aus.

den 9. April Gestern Abend um 7 Uhr ist die Englische Brigg nebst 9 Canonenboote von Cuxhafen kommend, auf der Rheede zu Anker gegangen; eine Stunde danach kam der Herr Lieutnant v. Sander als Courir aus dem Russischen Hauptquartier, um Capitain Marshall eigenhändig einen Brief zu übergeben oder ihm auf der Elbe nachzusuchen, in der Geschwindigkeit aß er etwas, ging in Begleitung des jungen Herfurth nach dem Hafen um der Wache die Meldung zu machen u. segelte gleich ab. Gegen 10 Uhr kam der Capitain nebst dem Lieutnant von Bord, letzterer übergab ihm seine Depeschen, die er las u. wieder zurück zum Schiff gingen nachdem noch vorher einige Befehle erteilt worden waren (Mitten in der Nacht ist abermals ein Courir an den Herrn Capitain gelangt, der gleich an Bord sich setzen lassen) Der Lieutnant bestätigte die Niederlage der Franzosen mit dem Zusatz, daß der Verlust derselben sich auf einigen Tausenden an Todten, Blessierten u. Gefangenen beliefe; er hatte keine 6 Stunden von Pinneberg auf hier zu gebracht. Die Versendung dieser Schiffe, oben in der Elbe ist doch gegründet (diesen Morgen hat der Capitain Marshall die Festung mit 21 Schüssen salutiert, die ihm alle erwidert worden sind.) Um 7 Uhr fur ich nach dem alten Deich u. von dort auf der Landscheide[158] zu Wasser nach Elskopp. Vorm Cremper Tor hielten bereits 200 Pferde mit schweren metallenen Canonen, Blockwagens, Pulverwagens u. noch andere mit Kugeln beladen, alles unter Begleitung der Artilleristen. Heute sind 190 Reconvalescenten verschiedener Regimenter, zum Auxiliarcorps gehörend, angekommen, die mit denjenigen aus hiesigen Hospitälern Entlassenen, nächstens über der Elbe gesetzt werden sollen um diesem Corps zu folgen. Auch ist noch eine Brigg u. merere armierte armierte Farzeuge auf der Rheede angelangt, die in der Nacht weiter anzusegeln gewilligt sind. Am 2. Ostertage solte Harburg von dieser Flotte beschossen werden, woran ich jedoch zweifle, weil, wenn auch der Standpunct schon bestimmt seyn solte, doch Wind u. Wetter dagegen seyn können.

den 10. April Diesen Mittag hat die gestern angelegte Brigg die Festung mit 21 Schüssen salutiert, u. eben so viele zurück erhalten. Merere Schiffe mit Ammunition, Stockraketten pp beladen, sind mitgekommen; eines derselben gehört in der Stadt zu Hause, u. hat den Ewer voll von letzterer Art, von Helgoland herkommend. Nachmittags fur zum 1.ten mal in diesem Jar längs der Stadtstraße nach Bielenberg, der Weg war größtenteils schon geegt u. ziemlich farbar, hernach gings durch das Herrenfeldt immer aufm Deich hin; der Spleth von Herzhorn hatte das benachbarte Land tief unters Wasser gesetzt; hinfolglich ist noch ser vieles auf der Geest u. im Moor. Die Englische Eskadre liegt noch mit allen Schiffen vorm Hafen, des Nebels halber konnte die Zal derselben nicht genau bemerken.

den 11. April Diesen Morgen um 7 Uhr sind die Reconvalescenten, circa 250 Mann, abmarschiert, sie gingen über der Zuchthausbrücke u. sind warscheinlich zum neuen Tor hinausgegangen. Die Marschroute ist nach Ütersen bestimmt gewesen, den 31. März sind die Alliierten nebst den 3 Monarchen in Paris eingezogen u. mit vielem Jubel empfangen, auch bereits Ludwig der 18te zum Könige von Frankreich ernannt, so lauten die Nachrichten aus Pinneberg; am selbigen Abend ist alles in der ganzen Gegend illuminiert worden. Heute morgen sind 125 erfarene Matrosen gepreßt u. auf die Englischen Canonierboote verteilt worden (Das

Pressen der Matrosen hat im ganzen Amt Steinburg stattgefunden, hinfolglich sind merere angenommen, oder die Stadt hat auch soviel nicht liefern dürfen; dem Gerücht zufolge werden sie ser gut von Seiten der Engländer bezalt werden.) Ein Teil derselben ist gestern herauf gesegelt, warscheinlich diejenigen, die zuerst gekommen sind: Es heißt auch, daß einige unserer Canonierboote noch erwartet werden, u. mit Officieren, die bereits merere Jare auf der Elbe gedient haben, besetzt werden sollen, um mit vereinten Kräften Hamburg zu befreien; noch andere wollen wissen, daß bey der jetzigen Lage in Frankreich, dem Printzen Eckmühl diese bekannt gemacht, u. in Rücksicht der Kriegsgefangenschaft solche als ganz leidlich vorgestellt u. ihm Dänemark oder Holstein zum Aufenthaltsort für ihn u. der gantzen Besatzung vorgeschlagen worden seyn soll. Ists gegründet, so geschiehts warscheinlich, um beide Städte zu retten, u. das Unglück zu verhüten. Morgen wird der Anfang zum Einschiffen des Artillerie-Parks gemacht, u. man glaubt in 8 Tagen alles eingeladen zu haben, da dann diese Schiffer unter Bedeckung zugleich absegeln sollen. Die Schiffer zu Blankenese wollen eine Stelle ausgeprickt[159] haben, alwo die Canonenboote zwischen den versenkten Schiffen durchsegeln können.

den 12. April Aus dem Bombenhof werden bereits Kugeln herausgeschafft, u. Morgen sollen erstere, 1000 Stück, große u. kleine Sorten, auf Schiebkarren an Bord gebracht werden, wozu warscheinlich Fronarbeiter genommen werden. Heute sind 200 Mann derselben beschäftigt, die Batterie bey Mahns Land zu ebnen, welches das allerbeste u. geschwindeste, auch für den Eigentümer des Landes Peter Mehlen, das wohlfeilste Mittel ist, diese beiden Morgen bald in Ordnung zu bringen, wie wohl nur wenig darauf wachsen wird, da die Erde von unten nach oben geworfen werden muß, um alles zu ebnen. Hoffentlich wird der Elbdeich, an welchem noch vieles mer auszufüllen von Fronarbeitern unter gehöriger Aufsicht in Ordnung u. haltbaren Stand gebracht werden (dies ist nachhero auf Kosten der Marsch von Tagelönern geschehen)

den 13. Apr. Gestern Nachmittag u. gegen Abend hat man eine anhaltende Canonade gehört u. algemein wurde gesagt, daß Harburg beschossen wurde in Vereinigung mit den Englischen Canonenbooten; heute nachmittag sagt man, daß gedachtes Schloß diese Nacht durch Capitulation übergegangen seyn soll. Das nähere derselben wird wohl bekannt.

den 14. Apr. Bey dem anhaltenden Ostwind u. der schönen Witterung ist dennoch das Land noch voll Wasser; gestern auf der Reise nach Herzhorn u. Grill waren die Schleusen offen, u. auf der Rückreise alles Land aufs neue unter Wasser, so ser strömte es von der Geest herunter. Nicht das Wasser der Splethe, welches nach dem Rhin fließt, sondern dasjenige, was sich bey Poggendeich[160] samlet, fließt nach Bielenberg daher das viele Wasser in der dasigen Gegend. Ein aus der Oste angekommener Schiffer bringt die Nachricht mit, daß die Englische Flotte unter Schulau läge u. daß das Schießen von der Englischen Legion geschehen sey,

u. dies Armee Corps viele Not vom Wasser hätten, weil so viel Schnee geschmolzen u. die Oberelbe so voller Wasser sey, daß an mereren Stellen die Deiche u. Dämme durchgebrochen wären. Von der Übergabe Harburgs wußte er gar nichts. Am alten Deich habe ich heute die erste Schwalbe gesehen u. vor einigen Tagen den ersten Storch aufm Schleuer.

den 15. Apr. diesen Nachmittag gegen 2 Uhr hörte ich in Colmar, daß es donnerte u. als gegen Abend von Mohrhusen zurück fur, waren viele Gewitterwolken am Horizont. Ser warm ists für die Jareszeit einige Tage gewesen, der Himmel gebe nur nach den rechten Ausbruch desselben anhaltend gute Witterung, damit der Landbau nicht zu oft gestört werden möge.

den 16. Apr. Gestern sind auf ein Zeitlang die Sitzungen der Commission wegen Übergabe der Festung geendiget u. heute sind die Herrn Obristen v. Fries u. Obristlieutn. Lafenty bis auf weiteres abgereiset. Dahingegen tritt heute eine neue Commission zusammen unter dem Praesidio Seiner Excellenz des Herrn Generallieutnant v. Münnich, bestehend aus Herrn Obergerichtsrat v. Schirach u. dem Herrn Justitzrath Seidel u. dem Herrn Auditeur Clauswitz, um die Sache des Kriegsrat Moeller zu untersuchen u. aufzuklären (letzterer ist nicht mit in dieser Untersuchungs Sache. Der Präses u. der Actuar sind geblieben, Assessores sind geworden der Herr Obrist v. Fries u. Jäger Maior von Ohlrogg.) Heute reiset unser bisheriger Commandant, der Herr Jäger Obrist v. Krüger nach Rendsburg zurück, der Herr Obristlieutnant v. Römling, Chef des 1.ten Bataillons ist ad interim an seiner Stelle gesetzt worden. Die Elbdeiche in der Nähe der Stadt haben ausserordentlich gelitten, teils durch Aufwerfung der Batterien, teils aber auch durch Casemattierung[161] nach der Landseite hin, welches nun erst recht sichtbar wird. Auf einer Wasserreise nach Reinfeldt u. meist nach dem alten Deich hin, bemerkte ich, daß die Lentzenbrücke noch nicht belegt worden ist, die Interessentenschaft derselben sind uneins, ob eine Far- oder Fußbrücke neu gebaut werden soll.
In dem Hause des Weetgrub[162] am Cremper Rhin sind 3 Menschen durch eine Kugel getödtet, 2 sind gleich, u. der 3.te nach Amputation des Armes merere Wochen nachher. Letzterer hatte sich vom Steindamm dorthin geflüchtet.

den 17. Apr. Ein gestern Abend spät aus dem Hauptquartier der alliierten Mächte zu Paris, über Helgoland angekommener Russischer Courir, mit Depeschen an den Herrn Grafen v. Bennigsen zu Pinneberg hat an unsern Commandanten erzält, daß der französische Kaiser Napoleon seine Regierungs-Geschäfte gänzlich niedergelegt hätte, u. in der Folge seinen Aufenthalt auf der (Insel) Elba zu nemen geäußert haben sollen, übrigens sey die algemeine Stimmung gäntzlich gegen ihn. Einige Canonierboote der Englischen Flotte sollen bereits den versenkten Schiffen vorbey gesegelt seyn, die anderen aber noch diesseits Schulau bey den Briggs sich aufhalten; bis dahin, aber nicht höher hinauf, können die Ewers pp segeln u. Handel treiben.

den 18. Apr. Das seit einigen Tagen bemerkte Gewitter ist gestern gegen 10 Uhr Abends zum Durchbruch gekommen, es war ziemlich stark, hielt 1½ Stunden an u. war mit fruchtbaren, nicht zu starken Regen begleitet; es kam aus Südwesten, u. nachher war die Luft rein u. selbe gar nicht kalt, daher auf gutes Wetter gehofft werden konnte, welches auch der Fall ist, indem jetzt, halb 7 Uhr morgens der Horizont gantz heiter ist.

Heute ist der neue Gouverneur unserer Westindischen Inseln (der Herr General Oxholm), der gestern angekommen war, mit einem unserer Kriegsfarzeuge nebst seinem Gefolge u. Gepäck nach Cuxhafen gebracht, um von dorten zu seiner Bestimmung abzusegeln. Almälig erhält unsere Monarchie dann seine Besitzungen wieder zurück. Reisende von Altona kommend sagen daß sich die Englischen Canonenboote bey Schregenhoff, gerade über Slavhof, liegen u. die französischen Außenwerke stark beschiessen; ferner, daß der dasige Oberpräsident erst kürzlich eine lange Unteredung mit Eckmühl gehabt, aber nichts ausrichten können, daß letzterer scharf gegen Altona verfaren würde, wenn den Requisitionen keine Genüge geleistet würden.

den 19. April Diesen Mittag sind abermals 4 schwere metallene Canonen nebst Zubehör, ferner 60 Wagen mit Kugeln, Granaten pp. in allem 500 Pferde, von Rendsburg angelangt u. aufm Schloßplatz abgeladen worden, welches auf meiner Rückseite durch Crempe von den dorten eingekerten Furleuten daselbst erfaren habe.

den 20. April mit diesem Artillerie Train ist auch ein Lieutnant u. circa 60 Canoniers angekommen, die mit solchen nach Hamburg befördert werden sollen. Nachrichten aus Altona zufolge dürften sich die Lage der Dinge dorten bald ser günstig zeigen u. dieser ganze Artillerie-Train wohl wieder ausgeschifft werden, um gäntzlich hier zu bleiben. Von Pinneberg aus ist angezeigt, daß abermals durch einen Courir aus Paris den Printzen Eckmühl der Befel geworden seyn soll, die Stadt Hamburg zu räumen. Daß der Kaiser Napoleon resigniert hat, nach Zeitungsnachrichten dethronisiert seyn soll, ist jetzt algemein bekannt, die Folgen derselben werden sich demnächst zeigen.

den 21. April Einem officiellen Schreiben an der hiesigen Commandantschaft zu Folge ist diese Stadt nicht mer im Belagerungszustand, welches in vieler Hinsicht als gut zu betrachten ist (Einige Tage darauf wurde solches in der hiesigen Fortuna öfentlich bekannt gemacht) Alle Hindernisse in Hinsicht der freien Handlung, Schiffart u. Gewerbe sind jetzt aufgehoben, welchen Einfluß dies haben wird, u. ob etwas Handel u. Tätigkeit in Geschäften stattfinden dürfte, hoffen u. wünschen alle Einwoner, vorzüglich die Kaufmannschaft. Gestern sind in Itzehoe Briefe von Hausvätern in Altona an deren Frauen gelangt, in welchen angezeigt worden, daß die Tore Hamburgs jedem Civilisten offen stünden u. demonerachtet ist gestern den ganzen Tag das Canonieren gehört, ja gestern Abend gegen 10 Uhr jeder Blitz bemerkt worden. Entweder haben die Altonaer die Hoffnung geäußert, daß es bald so weit kommen könne, u. dieserhalb sich undeutlich ausgedrückt, oder die Sache ist gantz ungegründet. Die Canonade dahingegen nicht, denn diese haben viele gehört.

den 22. April Gestern haben die Einwoner um der Stadt, deren Häuser zerstört worden sind, die Erlaubnis erhalten, aufs neue bauen zu dürfen, von den Resourzen dazu ist nichts erwänt worden (Einige erhalten aus den Privatbrandgilden die nämliche Summe, mit welcher sie angeschrieben stehen. alle sind aber nicht in diesen, u. Viele stehen nur gantz geringe, gar nicht hoch notiert.) Das Einschiffen des Artillerie-Parks ist gestern ebenfals contramandiert[163] worden bis auf weiteren Bescheid. Der Nordwestwind hat die Luft außerordentlich abgekühlt, welches im gantzen ser erträglich seyn muß, da die Hitze der Jareszeit nach zu gros war; aber die Menge des Wassers mert sich ser, weil die Schleusen nicht die bestimmte Zeit offen bleiben u. ausserordentlich viel Binnenwasser sich beständig sammlet. Alle Batterien vorm Cremper u. Neutor sind nun durch Fronarbeiter geebnet, welches gestern u. heute bemerkt, auch diesen Abend auf der Rückreise von Bielenberg gesehen habe, daß aufm Herrendeich schon gepflügt wurde.

den 23. April Gestern abend nach 7 Uhr mußte noch nach Colmar Hoff; onweit des Herrendeichs begegnete mir ein Russischer Officier zu Wagen nebst 2 Cosacken zu Pferde, die hierher solten. Von dem Knecht des zurückgehenden Wagens erfur ich auf der Rückreise, daß viel Geld auf diesem gewesen seyn soll. Mit Einschiffung der Artillerie nach Hamburg soll ser geeilet werden. Die Nachrichten von dorten her lauten verschieden. Eckmühl will seine Besitzungen in Polen u. Deutschland gesichert wissen u. geschieht dies nicht, mit beiden Städten sich in die Luft sprengen. Das Sicherste für uns ist dieses, daß die Ratification des Friedenscontractes zwischen unserem u. dem Englischen Hofe eingegangen ist. Gestern will man fast den gantzen Tag den Donner der Canonen von Harburg her gehört haben.

den 24. Apr. Der West Nord West Wind weht so kühle, daß man auf der Reise sich würklich gantz warm anziehen muß; auf einer Wasserreise nach Mittelfeldt, dem Grill u. nach dem Cremper Rhin gleich nach der Schließung der Schleusen war der Pfal, auf welchem der Zingelbaum sich dreht, sichtbar, aber auf der Rückreise wieder sicher 2 Fuß unter Wasser. Diesen Morgen erfur ich am Cremper Rhin, daß ein Teil des Russischen Hauptquartiers nach Elmshorn verlegt werden solle, u. diesen Nachmittag bey Colmar Hoff das Gegenteil. Der Knecht vom Hofe war dorten gewesen u. hatte viele Russen, zu Fuß u. zu Pferde zum Abmarsch bereit stehen sehen. Ein Officier mit 2 Cosacken begegnete mich auf dem Hinwege beim Herrendeich. Heute hat die Jäger- u. Grenadier Compagnie vom Leib Regiment der Königin Marschordre erhalten.

den 25. Apr. Es ist ein Lazarett für 700 Kranken in Elmshorn eingerichtet, wesfals die Gesunden gestern abmarschiert sind. Eckmühl will so wenig von Unterhandlungen als den großem Umänderungen in Frankreich etwas wissen, dahero der Befel gekommen, den eingeschifften Artillerie-Train sowol als die noch einzuschiffenden Kugeln pp aufs Schleunigste die Elbe herauf nach der Este zu schicken um merere Gewalt anwenden zu können. Der Cronprinz von Schweden hat jetzt nur seine Landsleute unter Commando, die andern Truppen sowol als die bey ihm gewesenen fremden Herren der Aliierten sind alle abgereiset. Man legt ihm zu Last, sich in hiesiger Gegend so lange aufgehalten zu haben, anstatt er hätte schneller vorwärts ziehen sollen, um mit den andern Truppen desto kraftvoller zu würken.

den 26. Apr. das Russische Hauptquartier ist nach Altona verlegt worden, desfals Husaren, Grenadiere u. Jäger sich in der Nähe aufhalten sollen; andere aber wollen wissen, daß dasselbe nach Nienstedten bestimmt seyn soll. Die Englischen Kanonenboote sind so weit heraufgekommen, daß sie Harburg beschießen können, alwo es gestern Morgen scharf hergegangen seyn soll, nach Aussage Reisender von Altona kommend.

den 27. Apr. Von 1 Uhr gestern Mittag an hat es unaufhörlich geschneit u. geregnet, wobey der Wind scharf aus Nordosten blies, so daß gestern Abend nach 10 Uhr etwas dabey fror, welches auf einer Wasserreise nach dem Herzhorner Rhin bemerkt habe, von welcher gegen 11 Uhr zurückkam. Auch in der Nacht muß es noch geschneit haben, wovon alle Dächer die Beweise liefern, so daß, da die Sonne wenigstens über eine Stunde geschienen, dieser noch nicht verschwunden ist. Gestern sind abermals 24 Russen angelangt, vermutlich um die Artillerie Exercise zu erlernen.

den 28. Apr. die Englische Brigg Shamrock liegt bei Neumühlen, die Kanonenboote höher herauf, wovon eines gesunken u. eines aufm Strand geraten ist, auch sind merere Blessierte auf der Flotille, ein Zeichen, daß die Besatzung in Harburg sich gut gewehrt hat. Der Beistand der Russen ist aber nicht gewesen wie die Abrede, sonsten der Verlust der Engländer nicht so gros geworden seyn würde. Capitain Marshall hat gestern an Herfurths Son geschrieben, zwischen Hamburg u. Altona ist unter den Einwonern viel Verkehr unter freiem Himmel; bis zum 10.ten May soll ein Waffenstillstand gemacht seyn. Die Ewaldschen Jäger unter Commando des Herrn Oberst Warner haben sich in Bramstedt zusammengezogen u. erwarten Befel, nach Hamburg zu gehen, welches in Crempe von einem Ordonnantzen dorthen erfaren habe.

den 29. Apr. Gestern Abend sind 9 unserer Canonierboote von Fehmarn kommend im Hafen gelegt; man sagt, sie sollen mit nach Hamburg. (diese werden abgetakelt, alle Utensilien ins Magazin gebracht u. die Leute dann entlassen, wenigstens der größte Teil derselben.) Heute werden auch eine Anzal Artilleristen von Rendsburg erwartet. Die Schiffe mit dem Artillerie Train haben Ordre erhalten, annoch hier zu bleiben; bey dem Nordostwind friert es jede Nacht, indessen verliert sich doch die große Menge Wassers, welches auf einer Wasserreise nach

Mittelfeldt bemerkt habe. Der Pfahl des Zingelbaumes war 1½ Fuß außerhalb des selben sichtbar. Einige 20 Wagen mit Kugeln sind auch von Rendsburg angelangt.

den 30. Apr. Seit gestern Mittag 12 Uhr ist ein Waffenstillstand mit dem Belagerungs-Corps u. Eckmühl geschlossen, seitdem weht die weiße Flagge dorten, u. das Russische Hauptquartier ist nach Altona verlegt worden, dahingegen das dänische Hospital von dorten die Nacht hier angekommen. Alle Cornpreise werden niedriger, welches heute nachmittag in Elskopp von einem Müller gehört habe.

den 1. May diesen Morgen haben 4 Canonierboote durch die Brücke[164] nach dem Fischersteg hin gelegt, ein Zeichen, daß sie vors erste nicht gebraucht werden sollen. Um Mittag aus sind abermals 100 Bauerwagen mit Kugeln, Granaten pp angekommen (der größte Teil derselben nebst einigem Geschütz werden den 3.ten erwartet, weil warscheinlich Hindernisse eingetreten seyn können) eine gleiche Anzal Artilleristen sind ebenfals angelangt. Diesen Nachmittag war die große Schleuse zum erstenmal gesperrt, ein Beweis, daß das Wasser in der Hintermarsch nicht mer so stark ist u. warscheinlich beladene Ewer nicht vorwärts kommen können, welches auf einer Wasserfart nach Herzhorn bemerkt habe. In dieser Nacht hat das 1. Bataillon Marschordre erhalten, auch sollen die annectierten, das 3.te u. 4.te Bataillon sich hier in loco versamlen, des Endes eine Menge Unterofficieren ausgeschickt worden, um die Officiere sowol als die Gemeine einzurufen. Zu welchem Zweck, u. ob etwa Feinseligkeiten zu fürchten stehen, mögen die Götter wissen! Die Mitglieder des höchstpreislichen Obergerichts sollen gestern Abend noch versamlet gewesen seyn.

den 2. May die Billetteure machen schon Anstalt 2 bis drittenhalb 1000 Mann einzuquartieren, wesfals sie in den Districten Nachfrage halten.

den 3. May Auf meiner gestrigen Zurückreise vom Cremper Moor gegen 6 Uhr muste ich ½ Stunde in Crempe verweilen, in welcher Zeit 2 dänische Couriere, beide Officiere, einer nach dem anderen angekommen waren, um in der größten Eile sich von hier aus über der Elbe setzen lassen; der erste namens Schultz solte nach Namur, u. der 2.te, Graf Seidel, Carlsberg, nach Utrecht. Auch wurden einige Artillerie-Officiere durchgereiset, die mit dem Train von hier aus nach Hamburg bestimmt waren; ob nun dieser noch nach dem Ort seiner ersten Bestimmung abgehen werde, wird die Zeit leren.

den 4. May der gestern erwartete Artillerie Transport hat unterwegs den Befel erhalten, nach Rendsburg zurück zu keren, auch soll die Ordre gekommen seyn, den großen Artillerie-Park nebst allem Zubehör hier wieder auszuschiffen. Einige wollen wissen, daß die Engländer solches in Empfang nehmen u. Morgen erwartet würden. Einige Transport-Schiffe mit Englischer Cavallerie pp. sollen gestern hier vorbeygesegelt seyn. Die Leute der annectierten Bataillone sind gestern u. heute angekommen, u. haben auch heute erst die Billette erhalten, bis jetzt, 7 Uhr abends, habe noch keine im Quartier bekommen. In der heutigen Fortuna ist bekannt gemacht, wie man sich wegen der Einquartierung zu benemen habe, u. dies ist auch notwendig, dunkel ist auch diese in etwas, aber bey der Parole soll dies näher erörtert worden seyn.

den 5. May Briefe mit der gestrigen Post bestätigen die Nachricht, daß die Schiffe, die von England nach hier gehen solten, nunmero nach Hamburg beordert wären, auch sind schon einige kleinere Farzeuge, die nach hier bestimmt waren, nach Altona von den hierselbst anjetzt sich aufhaltenden Spediteurs gesandt worden; die Hofnung derer Kaufleute etwas bey dem Englischen Handel profitieren zu können, ist größtenteils vereitelt. Gestern Abend spät habe 3 Mann vom 3.ten Bataillon im Quartier erhalten, jetzt habe also in Allem 10 Mann. Die von Fehmarn gekommenen Canonierfarzeuge haben gestern Befel erhalten, eiligst wieder aufzutakeln, u. sind auch schon vom Fischersteg fort, welches auf der Rückreise von Herzhorn zu Waser bemerkt habe. Einige wollen wissen, daß sie nach Rendsburg, andere nach Copenhagen sollen, u. noch andere, daß sie hier auf der Rheede iren Platz einnemen werden. Die Gerüchte sind überhaupt so mannigfaltig, u. der politische Horizont so umwölkt, daß die Aussichten ser traurig sind.

den 6. May die Compagnie Chefs der annectierten Bataillone haben alle in iren Listen stehenden Mannschaften mitgebracht, wesfals die ausgedienten den folgenden Tag entlassen werden, u. daher das Gerücht entstanden, daß alle nach irer Heimat zurückgeschickt wären. Heute ist die Witterung, der Jareszeit nach, außerordentlich kalt; der Wind ist kül, schon merere Tage fast immer Nordost, aber so kalt wie heute ist es lange nicht gewesen. Die Zurüstung der Canonierfarzeuge ist diesen Mittag kontremandiert worden, auch soll an der Commandantschaft die Anzeige gemacht seyn, daß alles gütlich werde ausgemacht werden. Warscheinlich hat der größte Teil der Einberufenen weder Waffen noch Kleidung, daher diese Leute zur Demolierung derer Schantzen aufm Elbdeich zu brauchen wären, um diese wiederum zu ebnen, zu stampfen u. im haltbaren Stande zu setzen.

Den 7. Maj Die Englische Post geht schon seit einiger Zeit wieder über Blankenese, Stade, Cuxhafen nach Helgoland, hinfolglich werden keine Paketboote aus England hier ankommen u. abgehen. Von gestern Mittag bis diesen Mittag ist man mit Abtakelung der Canonenboote beschäftigt gewesen, nun ist abermals die Ordre gekommen, solche auszurüsten. Diesen Morgen war der politische Horizont ganz hell u. klar, u. aufm Abend gibts trübe Aussichten. Die Reserven u. sonstige Exercierte der annectierten werden doch noch entlassen. Ein kleines Commando derselben löset Morgen die Grenadiere in Itzehoe ab; damit diese volzälig in Neuendorff sind, die noch keinen Befel erwarten weiter nach Hamburg hinauf zu marschieren. Capitain v. Lüber mit seinen Leuten habe (gestern abend) in der Ferne gesehen, auf meiner Rücktour nach dem alten Deich hin.

89

den 8. Maj auf Kosten der gantzen Marsch wird jetzt am neuen Deich alles geebnet u. gehörig dossiert, auch warscheinlich mit Grassoden belegt, wobey einige 40 Arbeitsleute angestelt sind, welches heute auf der Reise nach Ivenfleth bemerkt habe. Warscheinlich wird der Elbdeich außerm neuen Tor ebenfals gemacht u. ausgebessert werden, wozu zwar nicht so viele Kosten erforderlich seyn werden, wiewohl die Casematten nach der Landseite hin den Deich ser geschwächt haben müssen. Es heist, daß die 1.te Compagnie des 3.ten Bataillons nach Colmar verlegt werden soll; ob die Leute auch alle Armatur u. Montierung haben, dies wird sich zeigen.

den 9. Maj Aus Süderauer Dorf begegneten mir eine Menge lediger Wagens aus der Wilster Marsch, die von Elmshorn kamen, wohin sie Fourage pp. gefaren hatten; u. auf der Rückreise merere Leute, die Urlaub erhalten, auf wie lange! habe nicht nachgefragt.

den 10. Maj Alle Arten von Lebensmitteln strömen in großer Menge nach Altona hin, daß diese dorten wohlfeiler anjetzt sind wie in hiesiger Gegend. Obwohl die Einwoner Hamburgs einigen Verkehr mit den Nachbarn haben, so soll doch noch allenthalben strenge Aufsicht herrschen, u. man glaubt, daß die französiche Truppen noch einige Wochen bleiben werden, um erst alles anzuordnen, welches auch nicht anders seyn kann; der General Allemand wird solche zurückfüren, weil der Sage nach! Eckmühl schon abgereiset seyn soll. Gestern Abend ist ein großer Transport Franzosen zum ehemaligen Polnischen Lancier Regiment gehörend, welches bey der Retraite[165] im Gedränge mit nach Rendsburg gekommen, hernach aber nach Jütland marschieren mußte, in Elmshorn unter Eskorte angelangt u. ist heute nach Hamburg begleitet worden. Das ganze Regiment, größtenteils geborene Polen, ist jetzt aufgelöset u. erwartet nähere Ordre. (Der größte Teil ist in dänische Dienste gegangen, vorzüglich beim Uhlanen Corps). In Mittelfeldt sprach ich jemanden, der sie hat einmarschieren sehen.

d. 11. Maj Alle ausgeschiffte u. nach dem Schlos Platz fürs erste hingebrachte Artillerie pp. soll nunmero plötzlich eingeschifft u. nach Rendsburg gebracht werden. Auch soll in der Nacht eine 3 gesiegelte Ordre am Ingenier Corps gekommen seyn, die Festung aufs schleunigste in Defensions-Zustand wieder zu sezzen. Alle in Ladung befangene Schiffe haben löschen u. Canonen einnemen müssen, womit schon früh der Anfang gemacht worden. Wenn nun aber alle Artillerie oder der größte Teil doch wenigstens fort ist, was helfen dann die Defensionsanstalten? worauf mir erwiedert wird, diese sollen hin u. Andere her von Rendsburg. Hofentlich ist dies blinder Lärm u. alles wird vielleicht noch mit der Feder ausgeglichen. Diesen Mittag sind 110 Artilleristen nach Rendsburg zurückmarschiert, die andern folgen bald nach. Aufm Abend 10 Uhr waren noch 100 Fron-Arbeiter kommandiert, um bey Laternen die gantze Nacht zu arbeiten.

den 12. Maj das 1.te Bataillon hat die Vorfrage erhalten, ob sie alles komplet hätten u. marschfertig wären, auch soll an die annectierten die nämliche Ordre ergangen seyn. Einige wollen wissen, daß aus beiden Bataillonen jetzt eins geformt, u. jedes Regiment 3 für beständig stark seyn soll. Von Hamburg aus ist nicht Eckmühl sondern Hogendorp[166] abgereiset. Auf alle Schiffe ist Beschlag gelegt, u. alles Geschütz nebst Zubehör, alles Schießpulver wird eingeschifft, wozu die Borsflether Gemeine 24 Pferde liefern mußte. In den Straßen, wodurch diese Fart durchgeht, stehen allenthalben Schildwachen u. in den Häusern derselben darf kein Feuer gemacht werden. Alle Canonierschiffe von Femarn sollen zur Convoi dienen. In Borsfleth erfur ich, daß unsere Husaren allenthalben patrouillieren u. daß die feindlichen Vorposten schon in Bramstedt seyn sollen (welches sicher one Grund ist, weil alsdann doch alles gleich hätte gemeldet werden müssen) Längst dem neuen Deich fur ich zurück u. bemerkte, daß dieser nach der Aussenseite u. oben gäntzlich planiert, aber die Landseite noch nicht, in welcher noch allenthalben die Casematten u. die Fussteige zu sehen waren.

den 13. Maj 2 große Ewers mit Pulver, die erst spät gestern mit der Ladung fertig wurden, haben sogleich auf der Rheede legen müssen; mit Einschiffung des Geschützes ist die gantze Nacht fortgefaren, wozu die Cremper Marsch frische Pferde liefern mußte, weil die hiesigen 24 Stück Artillerie-Pferde nicht alleine damit fertig werden konnten. In Allem sind 100 Farzeuge, Ewers, Prahmen, Färschiffe pp. zum Transport aller Artillerie Sachen erfordert, u. mit dem Einschiffen wird Tag u. Nacht fortgefaren, des Nachts bey Fackel u. Pechkräntzen Schein, das Pulver aber wird bei Tage hingefaren u. eingeladen; heute werden abermals 90 2 Schiffe damit befrachtet seyn. Jeden Tag müssen die Landleute frische Pferde liefern, u. es geht mit dem Embarquieren so eiligst vorwärts, daß man desfals allerhand Bemerkungen zu machen Gelegenheit hat. Der Feldposten-Lauf u. derer Ordonnantzen ist ser stark. Der Herr General v. Breuer hat auf Ansuchen seine Dienste u. der Herr Obrist v. Cronhelm das Regiment der Königin wieder erhalten. Ein gestern aus Hamburg gereiseter Kaufmann hat mir als sicher erzält, daß Eckmühl ausser Tätigkeit gesetzt, u. one Umstände cassiert worden sey, weil er, als die weiße Flagge zum 1.ten Mal aufgesteckt, solche habe abschießen lassen, welches Bennigsen[167] ser übel aufgenommen, u. sofort per Courier nach Paris gemeldet haben soll, worauf dann diese Resolution erfolgt seyn soll. Einige wollen wissen, daß Eckmühl merere Güter in Holstein habe ankaufen lassen.

In Frankreich sollen viele innerliche Gärungen seyn, auch 3 verschiedene Parteien, nemlich für die Kaiserin, für die Bourbons u. für den König von Rom; selbst in Hamburg sind die Neigungen geteilt, die eine Hälfte soll es mit dem französischen Kaiser, die andere aber mit den Alliierten halten. Zum dauerhaften Frieden sind dies leider! noch gar keine guten Aussichten. Gegen Abend ist der Capitain Fries noch beim Jäger Corps vom Auxiliar Korps kommend, als Courier hier durch nach dem Printzen Friedrich gereiset; seitdem heißt es daß das Truppen Korps am 26.ten dieses am jenseitigen Elbufer seyn u. herüber-geschift werden würde. Ein Englisches Kanonierboot von Altona kommend ist auch im Hafen gelegt.

den 14. Maj Alle 12 Stunden werden 200 Mann abgelöset, nemlich von Abends um 10 Uhr bis Morgens um 10, u. so auch am Tage, in den Zwischenzeiten wird nur 1 Stunde geruhet, übrigens geht das Einladen, Karrenschieben mit Bomben, Granaten, Kugeln pp pünktlich fort, bis alles eingeschifft ist, wozu 120 Schiffe requiriert sind. Die Pulverschiffe haben circa 700 Tonnen geladen, die nun auf der Elbe liegen, u. nicht mit den andern absegeln sollen, welches der Gefar halber auch notwendig ist. In Kurzem muß u. wird sich Vieles aufhellen, was jetzt noch im Dunkeln liegt. In Copenhagen siehts ebenfals unruhig aus, einige Große sind daselbst arretiert, u. der dortige Volkshaufe ist ser in Bewegung. Die Gesandten der Russischen, Oesterreichischen, Preussischen u. Englischen Höfe sind mit besonderen Aufträgen nach Copenhagen gesandt, deren Geschäfte gar nicht bekannt sind oder seyn solten, aber man mutmaßt doch mancherley, welches niederzuschreiben fürs erste nicht ratsam zu seyn scheint. — Alles, es sey auch geringfügig, wird aufgeladen u. nach den Schiffen gefaren. Ser viele Kasten mit Gewerkugeln pp. Schaufeln, Wischers, Stangen pp wird auf die Wagen gelegt u. am Hafen gebracht! Nichts bleibt hier als das wenige metallene Geschütz, welches für die Engländer auf Blöcke hingelegt wird, sogar die Canonen vor der Hauptwache sind diesen Mittag embarquiert.

d. 15. Maj In der Nacht haben die annectierten Bataillone Marsch-Ordre erhalten, das 3.te geht Morgen früh u. das 4.te übermorgen ab, man glaubt nach Rendsburg. Diesen Vormittag ist noch immer Pulver gefaren worden, einige schwere eiserne Canonen auf Schleifen sind meinem Hause vorgebracht, welches auch mit leichterer Mühe u. Arbeit geschehen kann, für Menschen u. Pferde, wenns nur beständig schlüpfrig auf den Straßen wäre.

den 16. Maj In dieser Nacht, nemlich von 11 bis 3 Uhr, — so lange sind die Tore geschlossen, — sind außer den Feldposten u. Ordonnantzen 3 Estafetten zum Cremper Tor hereingekommen. Alle Schiffe auf der Aue haben in der Nacht Befel erhalten, an Ort u. Stelle auszuladen u. sich nach Fühnen zu begeben, welches ein Altonaer Kaufmann mir auf der Rückreise in Crempe erzälet hat; ferner werden alle Schiffe auf der Elbe angehalten, mit der Weisung, sofort nach der Eider zu segeln, wie denn auch alle im Hafen liegende noch nicht mit Geschütz befrachtete, aber doch darauf wartende, sowol als die anderen den Befel erhalten, gleichfals nach der Eider zu ire Richtung zu nemen. Warscheinlich alle zum Truppen Transport. Auch heißt es, daß alles Königliche Eigentum, selbst aus den Hospitälern, dasjenige ausgenommen, was der Stadt gehört, mit nach Rendsburg geschifft werden soll, ferner wird gesagt, daß das 1.te Bataillon nächstens ebenfals abmarschieren, u. dahingegen 1 Bataillon von der Englischen Legion aus dem Bremischen kommend, einrücken werde. Alle Schiffe oben an der Elbe sind mit Beschlag belegt, um das Auxiliarkorps über- zu setzen, die Cavallerie über Blankenese u. die Infanterie von Freyburg auf hier. Das Einrücken fremder Truppen kann wohl bezweifelt werden. Eckmühl ist nicht kassiert, sondern in St. Georg arretiert, u. seine Sachen unter Siegel gelegt, es heißt, man habe 7 Millionen baares Geld bey ihm vorgefunden. Der Capitain Fries, von Rendsburg kommend, ist heute wieder zum Auxiliar Corps zurückgegangen. Ein Englischer Courier ist diesen Abend, über der Elbe kommend u. ein kleines Farzeug von der Englischen Flotille, angelangt.

Den 17. Maj Viele Farzeuge mit Geschütz pp. sind fort, vielleicht schon in der Eider; ob nun die Frauen u. Kinder zu den abmarschierten 3.ten u. 4.ten Bataillon gehörend, mit den andern Schiffen nach Rendsburg gebracht werden sollen, wie erst anfangs geheißen hat, wird sich zeigen. Eine Art von Betäubung herrscht fast algemein, über Erwartung der Dinge, die da kommen werden. Es ist jetzt nicht so geräuschvoll auf den Gassen, seitdem das schwere Geschütz pp. alle an Bord gebracht worden, auch die 2 Bataillone abmarschiert sind, überdem auch nicht so viele Pferde nebst Knechte vom Lande sich hier aufhalten müssen. Ein Farzeug wird heute mit gefüllten Bomben u. Granaten beladen. Ein Gerücht war diesen Morgen, daß das weitere Einschiffen u. Absegeln von den Engländern untersagt worden sey; allein dies rürt daher, weil der größte u. schwerste Teil größtenteils eingeschifft ist; ein anderes Gerücht ist dies, daß die Engländer die hier liegenden Kriegsfarzeuge in Besitz nemen, u. die schadhaften ausbessern lassen wollen; dies könnte wohl gegründet seyn. Die Russen, deren Anzal wohl nicht bestimmt anzugeben ist, weil öfters einige weggehen u. andere wieder eintreffen, haben bereits ein oder 2 königliche Gebäude, die leer geworden sind, benutzt u. die Sachen, die sie teils zur Artillerie selbst gemacht, teils aber für baares Geld angeschaft haben, dorthin bringen zu lassen, warscheinlich, um merere Posten zur Bewachung zu ersparen.

den 18. Maj Einige 60 Schiffe sind bereits beladen u. größtenteils abgesegelt, jetzt felt es an ledigen Schiffen, dahero die Arbeiten nur langsam von statten gehen, u. daher die gantz ungewonte Stille auf den Straßen, wiewohl es am Hafen doch etwas lebhafter als in der Stadt selbst ist. Am 20.ten sollen die ersten Truppen am jenseitigen Elbufer seyn, wesfals der Aeltermann der Färschiffe die Weisung erhalten, dann bereit zu seyn, um nach Freiburg oder Stade zu segeln. In der heutigen Fortuna ist bekannt gemacht, daß abseiten der Commandantschaft keine beunruhigende Nachrichten eingegangen wären; in Rendsburg selbst u. bis diesseits Jevenstedt werden aber Fortifications Werke aller Art angelegt. Eckmühl ist in St. Georg unter Surveillance[168] gesetzt, hinfolglich nicht als Arrestant zu betrachten, welches mir diesen Abend einige meiner Verwandte[169], heute von Hamburg kommend, erzält haben (diese glaubten ganz sicher, beim Abzuge der Franzosen keine Truppen zur Besatzung zu erhalten, allenfals 1 Bataillon Hanseaten, allein ich versicherte sie, daß einige 1000 Mann Russen oder Preussen bey sie einkeren u. vors erste bleiben würden, wenigstens so lange, bis erst alles besser arrangiert seyn könne. Die Zeit naht bald heran, u. es wird sich zeigen, was dann geschehen wird.)

den 19. Maj Dem Gerüchte zufolge werden nunmero alle Truppen des Auxiliarcorps bey Schulau debarquiert u. gehen gleich tiefer im Lande, um den andern

Platz zu machen. Vors erste wird das 1.te Bataillon hier in loco bleiben, das 2.te ist jetzt in Bordesholm. Der Englische Lieutnant ist noch hier, auch ist ihm Quartier angewiesen u. man sagt, daß die ganze Flotille von Hamburg sich auf hiesiger Rheede lagern werde. In der Stadt sowol als aufm Lande wird hin u. wieder Brod, für Rechnung der Lieferanten, gebacken, welches nach Pinneberg transportiert wird; dies wurde mir in Lesigfeldt u. Herzhorn erzälet.

den 20. Maj Vorgestern ist zum 1.ten Mal der Hamburger Correspondent[170] deutsch herausgegeben, u. am 1. Pfingsttage wird die vorige Obrigkeit feierlichst eingesetzt, auch alle Waisenkinder vom Lande mit großer Feierlichkeit nach dem Waisenhause gefürt, überhaupt viele Solemnitäten volzogen werden.

Gestern u. heute sind alle Ammunitionshäuser auf den Wällen ledig gemacht, aufgepackt u. weggefaren, u. so lange an einen Ort gebracht worden, bis Alles zugleich eingeschift werden kann. Die kleinen Überreste von Kugeln pp. auf den Wällen sind auch alle zusammen gesucht, um zum Einschiffen parat liegen zu können. Die gestern Abend spät angekommenen 8 Fourier Schützen lassen vermuten, daß heute 1 Bataillon, u. zwar um 10 oder 11 Uhr anlangen werde, weil dann die Wasserzeit paßt; ob solche nun weiter gehen oder einstweilen hier bleiben, ist unbekannt, auch nicht, ob Quartier angesagt werden wird. Unsere Canonenboote von Fehmarn (nebst mereren andern Farzeugen, in Allem einige 40), haben diesen Vormittag, von der Schwinge kommend, 2 Bataillone u. 1 Grenadierkompagnie vom Regiment Schleswig debarquiert u. sind gleich wieder nach Stade gesegelt (− In Twielenfleth u. bey Brunshausen wird alles einbarquiert) Diese 9 Compagnien erwarten diesen Abend den Rest nebst andern Sachen u. werden Morgen nach Horst pp. gehen, um in u. bey Neustadt einquartiert zu werden. 4 Mann davon habe im Quartier. Auf dem Hofe am Grill, alwo diesen Nachmittag gewesen, muste sofort ein Wagen geliefert werden, um nach Horst zu faren; auch begegneten mir 2 Trups Fourier Schützen, die dahin solten. Diese Mittag sind die Russen abmarschiert, ausser 1 Officier u. 3 Uhlanen. Man sagt, daß das Hauptquartier derselben von Altona nach Pinneberg verlegt worden sey, u. daß sie alles für bares Geld kaufen u. das was bereits angeschaft, auch alles bezalen werden.

den 21. Maj Gestern Abend ist die Bagage nebst Brod- u. andere Wagens zu dem Regiment Schleswig angelangt; diesen Morgen sind alle 9 Compagnien ausgerückt u. auf die Dörfer bis nach Horst verlegt, wohin diesen Nachmittag die Bagage gefolgt ist. Aufm Abend wird das Regiment Fühnen erwartet, ob diese nun auch eine Nacht bleiben oder gleich weiter sollen, ist ungewis, wenigstens ist Quartier im Colmarschen pp. vom Hauptquartier Horst angesagt, welches diesen Nachmittag dorten bey der Kirche erfaren habe.

den 22. Maj Diesen Vormittag ist das Regiment Fühnen debarquiert, welches Morgen früh den Marsch nach Ahrensböck antreten wird. Aufm Nachmittag wird sämtliche Bagage erwartet. Alle Palisadierungen in der Stadt sowol als außerhalb, neue u. alte, werden sämtlich ausgehoben u. nach dem Hafen gefaren, um wenn

94

merere Schiffe kommen, eingeladen u. nach Rendsburg gebracht zu werden. Eine
große Anzal derselben sind noch in Requisition gesetzt. Heute habe ich 5 Hautboisten[171] vom 1.ten Bataillon Fühnen erhalten.

den 23. Maj Gestern Nachmittag ist die Bagage nebst einige 60 Pferden ausgeschift u. letztere, wie vorhin, nach dem Reithause gebracht worden. Diesen Morgen sind alle 9 Kompagnien ausgerückt u. in der Nähe aufm Lande verteilt worden; in Lesigfeldt u. Herzhorn liegt 1 Compagnie, die diesen Nachmittag dorten
gesehen u. einige auch gesprochen habe. Die Fourier-Schützen des 3.ten Bataillons Jütschen Regiments sind diesen Vormittag angekommen, u. Morgen gegen
Mittag werden diese 9 Compagnien nebst einigen 100 Pferden erwartet. Der Wind
weht beständig aus Osten, sehr scharf, u. trocknet das Land außserordentlich aus,
daher auch nichts ordentlich fortwachsen kann. Aufen Abend spät wird abermals
ein Schiff mit gefülten Bomben, Granaten pp. die zwischen Lunten gelegt werden,
segelfertig seyn, um sogleich auslegen zu können.

den 24. Maj Der Wind scheint südlich zu seyn, obwohl kalt dabei, aber es regnet ganz angenem; schon um 4 Uhr fing es an, welches den Feldfrüchten große
Erfrischung geben wird. Um Mittag aus kamen die ersten u. um 3 Uhr die letzten
Compagnien des 3. Bataillons Jütschen Regiments alle eintzeln an; die letzteren
waren die Jägers. Die Pferde u. Bagage solen gegen 9 Uhr debarquiert werden. Für
heute abermal 9 Mann, 1 Unterofficier, 1 Zimmermann u. 7 Tambours erhalten;
um die Leute zu erwärmen, auch ire Kleidungsstücke zu trocknen, habe ziemlich
einheitzen lassen, denn sie waren alle ganz erstarret. Die Cremper u. Wilster
Marsch haben einige 100 Tonnen Roggen heute liefern müssen, erstere hat allein
127 Tonnen hergefaren, oder vielmer herfaren lassen. Am frischen Fleisch soll es
auch bald mangeln. Die Hospitäler werden almälig geräumet u. gereinigt, um den
Eigentümern abgeliefert zu werden. Das Regimentshospital nebst den zur Garnison gehörenden Kranken, bleiben, alles andere, selbst die Reconvalescenten, werden nach Rendsburg geschift. Außer diesem in Holstein sich jetzt zusammenzie-
henden Truppenkorps wird ein 2 tes an der Eider aufgestellt, das 3te u. 4te aber
sich bis nach Fühnen hin ausdehnen.

den 25. Maj das 3te Jütsche Regiment wird um 7 Uhr ausmarschieren u. sich
über Hohenfelde, Hörnerkirchen nach Ploen begeben. Auf den gestrigen, circa 8
Stunden angehaltenen Regen, ist es heute schönes, wiewohl kaltes Wetter,
wodurch das Land recht erfrischt worden, welches gestern bemerkte, als von dorten zurück kerte. Die sämtliche Bagage des heute abgegangenen Regiments ist erst
um 9 Uhr heute angelangt, um 11 Uhr ans Land gesetzt u. hat um 3 Uhr fortge-
sollt, um diesem folgen zu können. Den ganzen Tag sind gefülte Bomben nebst
Lunten eingeladen worden, auch sind 200 Tonnen Hafer gegen Abend angelangt,
die nach Aussage derer Furleute über Hohenwestedt gekommen sind. Die Fourier
Schützen des Regiments Holstein sind schon frühzeitig, nemlich um 4 Uhr ange-

langt; der Sage nach sollen Morgen unsere Leute kommen, warscheinlich also alle 10 Compagnien.

den 26. Maj Der Englische Lieutnant ist noch immer beschäftiget, unsere Kriegsfarzeuge, vorzüglich die große Brigg, reparieren zu lassen, nur ganz notdürftig, u. läßt das Geschütz, welches hier erobert worden, einladen, um nach Stade bringen zu lassen. Ob nun diese Reparatur u. dies Einladen auf Kosten der Stadt geschieht, ist unbekannt; Alles Ballast-Eisen ist herausgeworfen, u. das Geschütz dient nun als solches, um es nicht zu überladen. Zwischen 1 u 3 Uhr sind die Schiffe mit 9 Compagnien des Regiments Holstein angekommen (nach 5 Uhr kamen die Letztern erst am Lande). Ein gegen 11 Uhr entstandenes schweres Gewitter mit starkem Regen u. vorzüglich mit sehr vielem großen Hagel begleitet, hatte sie wohl etwas aufgehalten. Beim Debarquement schlug ein Boot, das überladen war, um, 2 sind ertrunken, die andern gerettet u. nach dem Hospital gebracht, die Gewere aber warscheinlich verloren. Der Hagel lag hin u. wieder 9 bis 10 Zoll hoch auf den Straßen, u. hat an den Feld- u. Baumfrüchten sicher großen Schaden verursacht. Morgen gegen 8 Uhr rücken diese Leute fort u. beziehen ihr Cantonnements-Quartier in u. um Bornhöved. Die zuletzt gekommene war die Leibcompagnie[172], von welcher 5 Mann erhalten habe. Mit der Bagage, die erst nach 7 Uhr landen konnte, kamen auch Leute, deren Schiff verschlagen war, auch der Wasserzeit halber nicht einlaufen durften, denen schon Lebens Mittel nach der Elbe gesandt werden solten. An der Mündung des Hafens ist ebenfals ein Boot umgeschlagen, deren Mannschaft gerettet wurden; ersteres Malheur fiel onweit der Zuchthausbrücke vor. Das schwere Gewitter hat 2 mal, one zu zünden, eingeschlagen; in einem Geschützboot unter Lieutnant Zornigs Kommando, ist der große Mast in der gantzen Länge gespalten u. zerschmettert worden, wobei noch das größte Glück gewesen ist, daß solcher nicht gezündet hat, denn in diesem Fall wäre die gantze Flotte verloren, weil alle Canonen- u. Geschützboote dicht an einander lagen, u. Jeder einige Centner Pulver hatte; vielleicht auch gar die mit gefülten Bomben beladenen Schiffe in der Nähe gelegen haben können; der andre Schlag hat den Schornstein im Hause des Catholischen Predigers[173] umgestürzt, auch one gezündet zu haben. (Der 3.te Schlag ist im Hause des Küsters König[174] in der namenlosen Straße gefallen, der auch nicht gezündet hat). Die Vorsehung hat auch diesmal für uns gesorgt u. diese Gefar gnädiglich von uns gewendet.

den 27. Maj Seit 3 Tagen hat der Herr Oberst von Cronhelm das Commando des Regiments der Königin, als Chef, angetreten, u. ist auch zugleich Commandant der Stadt geworden. Gegen acht Uhr sind die 9 Compagnien abmarschiert, u. haben fast die nemliche Ordre in Beziehung derer Quartiere; eine derselben ist überm Cremper Rhin nach der Mühle[175] hin durch den Grill nach Herzhorn verlegt, welches noch spät aufen Abend dorten erfaren haben u. so sind sie allenthalben verteilt. Diesen Nachmittag erfur ich in Crempe von den Fourierschützen, daß die Rekruten des 2.ten Bataillons, von Copenhagen kommend heute Abend in Itzehoe u. Morgen Mittag in loco eintreffen würden. Die hier eingetroffenen Retourschiffe sind mit Einladen, Tag u. Nacht beschäftigt, daß die Leute fast beständig im Dienst, nemlich auf der Wache, oder zur Fronarbeit, im Gange seyn müssen.

den 28. Maj Um 11 Uhr sind circa 100 Mann zum 2.ten Bataillon gehörend, angekommen, u. um 3 Uhr das 1.te Bataillon Ewaldscher Jäger, 5 Compagnien stark, gegen 8 Uhr aber die Pferde u. Bagage, welches der Wasserzeit nicht anders seyn konnte, da diese Schiffe nach 5 Uhr jenseits Bielenberg, alwo ich just war gesehen werden konnten. So ist dann nun dies gantze Auxiliar-Corps am diesseitigen Elbufer, um die Cantonierungsquartiere zu beziehen, u. zu wünschen wäre es, wenn sie hier einstweilen ruhig stehen bleiben könnten, um die Streitigkeiten derweilen mit der Feder abzumachen u. auszugleichen.

den 29. Maj Um 7 Uhr sind diese nebst der Altonaer Grenadier Compagnie zum neuen Tor hinaus meinem Hause vorbey marschiert, um aufm Wege nach Horst hin, allenthalben in der Marsch u. aufm Moor das Nachtquartier zu beziehen; eine Anzal Reconvalescenten mererer Regimenter machten den Beschlus, 2 Compagnien, die im Süderauer Dorf u. der dasigen Gegend die Nacht über seyn solten, sind warscheinlich zum Cremper Tor hinausgegangen. Bey dem Herrn Obristlieutnant von Lange sah ich die Marschroute, vermöge dieser werden sie allenthalben weitläufig verteilt werden, u. haben Morgen Mühe, sich zu samlen, um nach Kellinghusen zu kommen. Ser schöne Music hatten sie, sicher einige 20 Blasinstrumente, one die Halbmondbläser[176]. Auf dem ganzen Rückmarsch vom Rhein haben diese Leute in geschlossenen Gliedern, allenthalben mit Husaren u. Jägers umgeben, marschiern müssen, um für den Schweden auf ihrer Huth zu seyn u. sich nicht überrempeln zu lassen. Der Herr General, Graf von Schulenburg, der gestern mit seinen Adjutanten auch angekommen ist, wird warscheinlich heute noch nicht abreisen; wenigstens ist nichts davon bekannt geworden. Obgleich es Festtag ist, wird doch den ganzen Tag gefaren, wenigstens durch diese Strasse viele Wagen mit Lunten, die warscheinlich dazu dienen sollen, als Unter- u. Zwischenlager bey den gefülten Bomben pp. gebraucht zu werden.

Gestern Morgen ist der Englische Lieutnant mit der großen Brigg u. 6 bis 7 Canonen u. Schiesbööte, in welchem alles schöne metallene Geschütz u. Mörser, Canonen pp. geschifft worden, nach Stade abgegangen, alwo alle Schiffe hin bugsiert sind, weil sie nicht im Stande waren, zu segeln, nur zur Not konnten sie sich über Wasser halten; die können aber alle zum Dienst gebraucht werden, wenn sie gehörig gezimmert werden. Jetzt da die Zugänge der Stadt von den Barrieren u. Pallisadierungen entblößt worden u. ein Jeder gerade zu gehen kann, wo sonst niemand zu kommen pflegte, sieht man Viele, vorzüglich Kinder pp. dorten gehen, welches an beiden Rhinen diesen Abend bemerkt habe, als vom Cremper zurückfur.

den 30. Maj. Mit den Hansestädten ist es wohl noch nicht ganz in Richtigkeit; Bremen ist von den Engländern, Lübeck von den Schweden besetzt, Hamburg dürfte wohl Morgen Russische Besetzung erhalten. So lauten Zeitungs- u. Privatnachrichten. Die Proclamation des Schwedischen Cronprinzen am seinem Armeecorps läßt nichts Gutes u. Erfreuliches für uns Holsteiner erwarten. Gott gebe, daß die Aussichten bald erwünschter werden mögen! Der gestrige Lübecker Zeitung zufolge ist Eckmühl bereits von Hamburg abgereiset, auch merere Abteilungen Französischer Truppen. Die Holländer sind nach dem Holsteinischen abgegangen, warscheinlich bey Schulau über der Elbe. Die Kranken sollen alle zu Wasser fortgeschaft werden, allein die Schiffer wollen nicht, wenigstens keine Venerische[177] einnemen, deren Zal ser gros ist, wofür sie ansehnliche Frachten zu zalen versprechen. Heute ist der Herr General Graf v. Schulenburg mit seinem Gefolge abgereiset, auch hat das einladen den ganzen Tag seinen Fortgang gehabt, u. aufen Mittag haben 4 oder 6 Schiffe mit Brand-Materialien unter Segel gehen sollen, wenigstens sind die dazu Commandierte an Bord gegangen, der Wind aber ist Nordost u. weht ziemlich stark, dahero dies wohl nicht füglich angehen können.

den 31. Maj In der Stör u. auch hier im Hafen liegt ein Transportschiff mit französichen Reconvalescenten, wovon dann u. wann einige umherschleichen, jedoch in Begleitung von gesunden aber one Waffen. Die 6 Schiffe mit den gefülten Bomben, Granaten pp. sind auch noch hier und müssen bequemeren Wind sowohl als günstigern abwarten denn so lange dieser so scharf aus Nordwest weht, können sie nicht absegeln. Die Passage für Fusgänger von der letzten Brücke[178] ausserm neuen Tor über die Aussenwerke nach Pinneberg u. der Graupenmühle[180] nach der Stadt ist durch einen Posten auf der Dammstelle[181], wo die erste Barriere gestanden, aufgehoben; ferner ist die letzte Zugbrücke repariert, die nun, statt der mittersten, aufgezogen wird, um nächtliche Überfälle zu verhüten, welches diesen Morgen bey meiner Zurückkunft ins neue Tor, auch diesen Abend aufm Rhin bemerkt habe, daß die Promenaden rechts und links nicht mer verstattet werden.

den 1. Jun. der Wind ist noch aus Nordwest, daher sämtliche Schiffe noch nicht abgesegelt sind. Heute wird ein Farzeug mit Seegeltuch beladen, es scheint, als ob es Zelten sind. Diesen Morgen ist ein kleines Corps Reconvalescenten vom jenseitigen Elbufer angelangt, die warscheinlich so lange hier bleiben, bis merere hinzukommen, um dann zu den Regimentern abzugehen. Morgen gehen die Recruten, zum 2.ten Bataillon gehörend, nach Bordesholm ab. Man sagt heute, daß die Russen sich tiefer im Lande hereinzögen u. daß die Schweden wieder ausgeschifft würden. Aber was wird jetzt nicht alles gesagt u. gesprochen.

den 2. Jun. Zur Unterhaltung der Russischen Armee, die sich im Lande weiter ausbreiten dürfte, sind Contracte für Lebensmitteln, Fourage pp. auf 4 Wochen abgeschlossen, wesfals hier in loco sowohl als aufm Lande Anstalten dazu getroffen werden. In Süderau erfur ich diesen Nachmittag von einem Mann, der eben von Horst kam, daß auch dort dafür gesorgt werde. Das Hauptquartier der Russen soll zurück nach Pinneberg verlegt worden seyn, u. die Stadt Altona soll von dieser gäntzlich befreit bleiben, weil sie der Sage nach 500 000 Mark dafür entrichtet haben sollen. In Hamburg sollen 4 bis 5000 Mann Russen geblieben seyn, die andern aber sich zurückgezogen haben.

den 3. Jun. der Mangel an Schiffen ist hier sehr merkbar, dahero auch in verschiedenen Artikeln der Lebensbedürfnisse eine Teuerung entstanden ist. Schiffe aus See kommend, die Leichterschiffe haben wollten, können solche vor dem Hafen liegend nicht erhalten, u. müssen auf deren Ankunft warten. Heute sagt man werden die Russen in Itzehoe rücken u. sich almälig verbreiten, diese Stadt aber, wollen Viele wissen, werde von deren Einquartierung befreit bleiben. Die Demolierung[182] der Stadt soll nun ganz sicher beschlossen seyn. Ob nun alles rasiert u. geebnet werden soll, oder nur die Außenwerke, u. der große Burggraben bleiben werde, wie er jetzt ist, wird die Zeit leren. Wird auch dieser zugedämmt, um künftig die Brückenkosten zu ersparen, so leidet warscheinlich die Stadt u. deren Bewoner Mangel an Wasser, die Pumpe aufm Markt ist dann unbrauchbar u. die Elbdeiche, die sich an den Festungswerken schließen, werden nicht haltbar bleiben, auch viele andere Unbequemlichkeiten würden für die Einwoner entstehen, wenn alles um die Stadt geebnet werden sollte. Doch dafür wird das höchstpreisliche Obergericht sowol als andere Sachverständige gehörige Sorge tragen u. sich das Wohl der Einwoner väterlich annemen.

den 4. Jun. Es ist eine eigene Kommission versamlet gewesen, um der Demolition wegen zu deliberieren[183]. Reisende aus Hamburg, über Ütersen kommend, versichern algemein, daß die Russische Armee sich wieder nach dem Rhein begeben u. nicht ins Holsteinische rücken würde. Den Zeitungen zufolge u. namentlich den Altonaischen, sind in Frankreich sowol als in Spanien noch unruhige Auftritte gewesen, die keine friedliche Aussichten erwarten lassen. Heute sind merere Wagen mit Faren beschäftigt gewesen, um die zurückgekommenen Schiffe von der Eider mit Sachen allerhand Art zu befrachten.

den 5. Jun. In der gestrigen Kommission sind gewesen: der Herr Ingenieur Maior v. Christensen, der Herr Obergerichtsrat Busch u. der Herr Justizrat Seidel. Zu Ende des Septembers soll alles abgebrochen u. geebnet seyn. Es sollen Vorschläge eingegeben werden, wie es in Hinsicht der Elbdeiche sowol als in Hinsicht der Erhaltung des frischen Wassers, der Reinigung der Stadt des Abflusses halber am Zweckmäßigsten eingerichtet werden müsse. Auch sagt man, daß der Stadt alles Land als Eigentum anheim fallen werde, wenn diese die Bestreitung derer Kosten aufbringen könne, einige andere wollen wissen, es soll ein jedes Haus nach Budenzal[184] die Arbeiter dazu hergeben. Am besten dürfte es seyn, wenn alles auf Kosten der Stadt unter der Direktion eines Sachverständigen ins Werk gerichtet, u. nachhero die gewonnenen Ländereien oder die Miete derselben zur Abtragung der großen Schuldenlasten angewandt werden könnten. Wenn alles bewegliche Eigentum Seiner Majestät des Königs von hier weg nach Rendsburg geschifft werden soll, so müssen noch sehr viele Schiffe herbey geschafft werden, oder der ganze Sommer dürfte darüber hingehen, ehe alles fortgebracht seyn wird. Ser viele Schiffe, die eine Reise nach der Eider gemacht haben, kommen gar nicht wieder, sondern sind außerhalb Landes gesegelt um Geld zu verdienen, u. leben zu können. Und hier ist es nocht ungewis, wann die Frachten bezalt werden.

den 6. Jun. das Einrücken der Russischen Armee tiefer im Lande ist bis zum 12.ten dieses ausgesetzt worden, welches in Crempe von einem Kaufmann aus Itzehoe erfaren habe; vorläufig aber ist doch die Exerzierschule des Cavallerie Regiments von dorten nach Wilster verlegt worden, welches von keiner guten Vorbedeutung zu seyn scheint. Alda sah ich auch einige 70 bis 80 Ochsen, die von der Weide kamen u. der Russischen Armee zu gefürt werden solten; die Cremper- u. Wilstermarsch liefert diese, entweder gegen baare Bezalung aufen Herbst oder auch gegen Ablieferung in natura nach vorher geschehener Capitulation. Diesen Vormittag ist die Commission wegen Demolierung der Stadt mit Zuziehung des Magistrats aufm Rathause versamelt gewesen u. am morgenden Tage wird das Collegium der Bürger desfals zusammentreten u. Beratschlagungen anstellen.

den 7. Jun. Nunmero werden warscheinlich sämtl. französiche Hospital-Schiffe, 21 oder 22 an der Zal, größtenteils Fracht- u. Lastschiffe, in See gegangen seyn; ire Bestimmung ist nach Dünkirchen. Die Schiffer erhalten alda gute Fracht, in Hamburg bey der Retourkunft zalbar, das nötigste zur Reise haben sie sofort erhalten. Für die Russischen Truppen ist auf den 12 ten dieses Monats Quartier allenthalben aufm Lande bestelt; jenseits Herzhorn erfur diesen Nachmittag, daß in Leggerdorf für 200 Mann Bestellung gemacht worden, hinfolglich muß die Anzal doch nicht viel unter 50 000 seyn, da sie so dicht u. zalreich in einem Dorfe kantonierem solten. Sowol Vor- als Nachmittags haben die Deliberatorien wegen der Stadt fortgedauert, one einen bestimten Entschlus gefaßt zu haben, auf Morgen aber soll doch alles entschieden werden. Der Zeitraum bis zum 15. September ist eigentlich zu kurz, um alles planiert zu haben, denn wiewohl viele Hände auch viel arbeiten können, so ist doch dieses kaum glaublich, weil Tore, Brücken pp abgebrochen, neue Dämme gemacht, vielleicht gar auch verschiedene Wasserbehälter, um der Stadt frisches Wasser zu sichern, u. wie viele Materialien, an Schaufeln, Karren pp. gehören nicht dazu, die alle erst angeschaft werden müssen, weil die vorigen schon nach der Eider transportiert sind, hierzu die große Summe Geldes, die dazu erforderlich, gerechnet, der Mangel desselben, so wie auch der Arbeiter, denn die Bürger u. Handwerker können wenig dabey tun, weil sie mit der Schaufel nicht umzugehen wissen, auch ihrn gewönlichen Tagelon pp. dabey einbüssen, um doch leben zu wollen — alles dieses läst erwarten, daß es abseiten der Stadt nicht angenommen werden wird, u. wenn sie auch circa 90 Morgen Land dabey gewönne, so kommen doch andere Stadtlasten dazu, als die Unterhaltung der Zuchthausbrücke u. des Brückenhauses, die in der Folge auf Kosten der Stadt unterhalten werden sollen; alles dieses, reiflich erwogen, wozu auch dies noch gerechnet werden kann, daß dies gewonnene Land erst gerüppt u. abgegraben,

100

merere Jare mit Mist reichlich gedüngt werden muß, weil alles unfruchtbare rohe Erde ist, in den ersten Jaren also keinen Nutzen gewärt, wird wohl das Resultat dahin ausfallen, daß die Stadt solches von sich ablehnen wird. Warscheinlich wird Morgen alles entschieden werden.

den 8. Jun. Bey den Landleuten ist der heutige Tag — Medardus — merkwürdig, weil die Witterung nach irer Meinung an diesem Tage sich 40 Tage einigermaßen gleich bleibt; das Wetter ist jetzt um 7 Uhr Morgens ganz heiter u. schön, obs den ganzen Tag so bleiben wird, dies werde doch bemerken. Die Grenadiers u. die Jägers, die in der Nähe kantoniert haben, sind einberufen u. werden Morgen erwartet, um den Landleuten beim Norderdeich mit zu helfen; vielleicht aber sollen sie auch Militairdienste tun, um andere u. merere bey der Deicharbeit zu haben. Einige Ausgediente beim 2 ten Bataillon sind heute von Bordesholm angekommen, um vielleicht abzuliefern u. nach der Heimat entlassen zu werden. Für Rechnung der Stadt wird nunmero die Demolition unternommen, sobald solches von Copenhagen zurückkömmt. Die Landleute müssen das Geräte, als Schaufeln, Karren, Brechstangen pp. dazu liefern u. warscheinlich eine große Menge Fronarbeiter, die auf Urlaub herkommen, u. täglich ein gewisses an Tagelon von der Stadt erhalten, die Erdarbeiten pp. damit solches alles am letzten September beendet seyn möge, woran ich jedoch ser zu zweifeln Neigung habe. (Die Landleute haben zwar die Gerätschaften pp. geliefert u. solange an den Elbdeich gearbeitet wurde, ist der Deichgräfe Meinert gegenwärtig gewesen, hernach aber nicht. Die Arbeiter erhalten täglich 8 Bankschilling u. fast eben so viel Lönung nach Silbergeld, also circa 5 Schilling. Die Gelder sollen in Actien zu 500 Mark pro Stück, u. zwar 200, herbei geschaft werden, als so viel dies nicht einmal kosten soll, um hernach das Weitere darüber zu bestimmen. In diesen Tagen werden die letzten Schiffe mit Königlichen Sachen beladen u. sodann gleich absegeln. Der größte Teil derer Artilleristen ist schon fort u. die andern gehen dann mit, nur wenige alte dürften warscheinlich hier bleiben. Das Auxiliar-Corps ist beschäftigt, sich über der Eider zurückzuziehen, ob sie den Russen Platz machen, oder eine anderweitige Bestimmung haben sollen, wird die Zeit leren.

den 9. Jun. Alles was in den Linien des Demolitionsbereichs im Wege steht, muß abgebrochen werden, daher die holsteinische Bastions Wache die erste ist u. so auch die dicke Mauer bey Ober- u. Unter Stormarn, weil dorten der Königsdeich zuerst nebst der Mündung des Hafens in Ordnung gebracht werden soll. Die Russen ziehen sich almälig tiefer im Lande hinein. Auf Steinburg, alwo ich diesen Nachmittag gewesen, waren bereits 700 bis 800 Mann vorbeymarschiert, die Artillerie solte auf Horst bleiben, die Pferde aber nebst den Leuten in der Nachbarschaft verteilt werden. Diese ersteren waren alle auf Itzehoe gegangen, die letzteren aber, die auf Marx Dohrn Hofe[186], qua Billetier, waren, für welche ich kurz vorhero über Grevenkopp u. Crempe zurückgefaren war, solten sowol dorten als in Elskopp, Borsfleth, Crempe verbleiben. Allenthalben hieß es, daß sie nach Kiel gingen, um embarquiert zu werden, daß schon viele einen andern Weg dahin genommen u. eingeschift wären, diese aber einstweilen 9 Tage bleiben solten. Vom Feld Hospital des Auxiliarkorps sind diesen Abend eine Anzal vom jenseitigen Elbufer angekommen, wovon 1 Mann auf 1 Tag zur Bespeisung u. Bequartierung erhalten habe.

den 10. Jun. Auf jedem Hofe, nemlich einer einzelnen Hufe, kommen 10 Mann zu liegen, dahero es wohl sicher ist, daß das Russische Armee-Korps ser zalreich in hiesiger Gegend seyn muß.

den 11. Jun. Um 1 Uhr muste ich gestern nach Elmshorn, aufm Langenhals waren die Einwoner schon die Russen erwarten u. eben jenseits Neuendorff kam ein ganzes Infanterie Regiment nach der Nummer an den Mützen, das 9 te, mit voller Musik; der Weg war nur schmal und daher, weil auch der Schlagbaum just offen war, lies ich auf der Weide faren. Der Zug dauerte ser lange, gleich nach dem Regiment kamen eine Menge Bauern-Wagen mit Kranken, hernach in einzelnen Zügen merere Trupps von 40 bis 50 Mann, so dann eine Anzal Ammunitions- u. bedeckten Wagen, auch eine Karosse mit Damen, u. den Beschluß machten einzelne Fusgänger. Eine große Menge Spielleute, die an den mit Schnüren besetzen Röcken zu bemerken waren, gingen voran u. machten recht gute Musik. In Elmshorn war es ser lebhaft, obgleich sie die Uhlanen, die nach Neuenbrook marschiert waren, des Morgens los geworden; das Faren, Reiten pp. dauerte die kurze Zeit über, als ich gegenwärtig war, beständig fort. Auch heute war Quartier für 2000 Mann nebst 3 Generalen angesagt, die, wie sie glaubten, einstweilen dorten bleiben würden. Dies Regiment hatte dorten keinen guten Ruf mitgebracht, indem sie in Seth viele Wäsche gemauset haben solten, auch bey Elmshorn ein gantzes Stück Leinen aus der Bleiche gestolen war, welches just ausgerufen wurde, u. gantz sicher auch diesen Leuten zugeschrieben wird, wiewohl sie vielleicht ganz unschuldig hieran seyn können. Alle diese Leute sind weitläufig verteilt worden, u. doch auf jeder Hufe 6 Mann, dahingegen die Katen u. andere Häuser keine erhalten haben. In Klein Colmar sind auf Peter Lange[187] Hofe auf Bielenberg diese Nacht 150 Mann gewesen, die nicht gehörig angewiesen worden sind, u. nachher nicht weiter gewolt haben, hinfolglich gespeiset werden musten, u. nachher in der Scheunen das Nachtlager gehalten haben; warscheinlich werden diese sofort umquartiert werden. Diesen Nachmittag habe ich merere Officiere mit 2 Damen in der Stadt spazieren gesehen, u. ich glaube, es sind diese vom 9.ten Regiment, welche in der Nähe ausserm neuen Tor kantonieren. Ausserm Cremper Tor u. Deich-Tor liegen nur wenige Russische Truppen. Vom Embarkieren der Russen in Kiel hört man gar nichts, u. algemein wird behauptet, daß dies Gerücht ungegründet ist; eine andere Nachricht aber, daß den Hamburgern verboten worden, aussen vor der Stadt sich anzubauen, ist sicher, indem schon Contracte mit Bauverständigen hier in loco geschlossen, wieder aufgekündigt worden sind. Ferner sagt man, daß das Russische Corps sich nächstens wieder nach dem Rhein bewegen werde, aber was wird jetzt nicht alles gesagt, was den andern Tag wiederrufen wird.

den 12. Jun. die Nachtfröste hören noch gar nicht auf, die Morgen- u. Abendluft ist ser kalt, u. fast jede Nacht friert oder reift es, aufm Moor solls am schlimmsten seyn, so daß die Leute kaum den Torf auseinander setzen können. Heute sind sehr viele Russische Officiere, größtenteils zu Pferde nebst Uhlanen oder Cosacken zur Begleitung, hier gewesen, die teils durchgereiset, teils in loco umher geritten sind u. sich dann wieder entfernt haben.

den 13. Jun. In der Gegend beim Colmar Armenhaus hat es gestern schon blutige Schlägereien zwischen den Einwonern u. den Einquartierten gegeben. In der Nacht soll die Anzeige gekommen seyn, den General Staab hier in loco auf- u. anzunemen; das Nähere wird sich bald zeigen. In der Commüne Herzhorn ist gestern ein Artillerie Park nebst circa 290 Mann u. 80 Pferden einquartiert worden; ersterer ist auf Heidenreichs Hofe[188] bey der Lesigfelder Schleuse auf einer abgelegenen Weide aufgefürt worden. Auf heute war in der Herzhornschen Wildnis für 250 bis 300 Mann Quartier angesagt, welches diesen Nachmittag aufm Grill u. in Herzhorn gehört habe. Hier in loco werden jetzt alte u. neue Pallisaden ausgehoben u. eingeschift; die ganz alten u. anderes altes Holtz soll nächstens gegen bare Bezalung auf dem Arsenal Hofe verkauft werden. Auf meiner heutigen kleinen Reise habe viele Russische Soldaten gesehen, die allenthalben sich einen Spaziergang machen. Unsere Soldaten dürfen nicht aus der Stadt gehen, es wäre denn auf einen Pas, um Streitigkeiten vorzubeugen. Der letzte Transport Reconvalescenten vom Auxiliar Corps ist diesen Nachmittag vom jenseitigen Elbufer angekommen, u. geht Morgenfrüh gleich nach dem Ort ihrer Bestimmung ab. Für den Russischen General Staab nebst Suite ist in 90 Häusern Quartier angesagt, u. man weiß gar nicht ob die Anzal nebst Gefolge gros ist oder nicht.

den 14. Jun. Nach öfteren Beratschlagungen abseiten der Stadt mit einigen zusammengetretenen Mitgliedern zur Schlos- u. Garnisonsgemeine gehörend ists denn endlich dahin gediehen, daß sämtliche Einwoner derselben keinen Anteil zu der Demolition derselben nemen wollen, weil die Bedingungen zu schwer zu erfüllen, der Kredit ganz gesunken, hinfolglich kein Geld aufzubringen möglich ist u. der davon zu erwartende dürftige Nutzen des urbarwerdenden Landes mit der enormen Ausgabe nicht in Vergleichung gestelt werden kann. Die gänzliche Demolition der Festungswerke, die Ablieferung aller guten Materialien, als Steine, Eisen, Holtz pp., die Übername der Zuchthausgebäude nebst dem darbey gehörenden Hause, ferner alle Hafenvorsetzungen, deren Distanz ser gros ist, u. sonsten zur Festung gehört haben, dies sind die jetzigen u. künftigen Ausgaben, u. die erwartenden Einnamen sind nach genauster Berechnung 103 Morgen Landes, die noch gar viele Bearbeitung erfordern, ehe u. bevor sie Nutzen schafen können. In Lesigfeldt, Süderau, in Elskopp, alwo ich diesen Nachmittag allenthalben gewesen bin, sind die Einwoner mit den Einquartierten zufrieden. Es felet an ärztlicher Hülfe bey den Leuten; warscheinlich wollen sich die Officiere den Compagnie Chirurgen nicht anvertrauen, u. der Regimentschirurg ist noch beim Staabe in Pinneberg, daher von hier aus Hülfe gesucht worden, die sie auch erhalten haben.

(Jedes Regiment, es sey Infanterie oder Cavallerie, hat seine Ärzte, nur die Cosacken Pulcks nicht; diese sind es, die erst Hülfe gesucht u. erhalten haben, größtenteils gratis, weil sie froh waren, die Arzneien bezalen zu können) Mit der Sprache u. um sich verständlich zu machen, ist es etwas schwer, ich hatte bey den beiden Officieren einen Regiments-Tambour, ein geborener Holländer, zum Dolmetscher, u. bin recht gut damit fort gekommen.

den 15. Jun. Der heutige Tag — Vitus — ist bey den Landleuten eben so merkwürdig, als Medardus. Von diesem bis heute sind 7 Tage, ist immer helle Luft, Mittags warm, die Nächte aber ser kalt gewesen, so daß es gereift oder gefroren hat; ich fürchte aber, daß der Wind anhaltend aus Süden u. Westen sich steigern werde, u. daher viel Regen erwartet werden kann. Der Horizont ist bewölkt, die Sonne scheint nicht so helle wie sonsten, aber der Barometer steht hoch u. desfals könnte es sich wohl nachts ganz aufklären u. aufhellen, vorzüglich gegen 10 Uhr. Von der Ankunft des Russischen Generalstaabs ist noch nichts Näheres bekannt geworden; bey mir ist ebenfals für einen Officier Quartier angesagt, allein da im Bau begriffen bin, die Ecke des Hauses ganz niedergebrochen ist, bin ich nicht im Stande, Jemanden einzunemen, u. habe solches der Obrigkeit angezeigt. Ob nun ganz frey kommen oder diesen anderswo einquartieren muß auf meine Kosten, dies wird sich in der Folge zeigen.

den 16. Jun. Gestern abend schien die Luft Gewitterwolcken zu haben, es hat aber weder geregnet noch geblitzt. Gegen Eintrit des Solstitiums[189] wird die Witterung wohl milder u. feuchter werden. Die Mannschaft der 4 Musketier-Compagnien sind zum Dienst der Festung in Hinsicht der Arbeiten größtenteils bestimmt, die Grenadiere u. Jäger aber zum Wachtdienst ganz allein. Fürs erste werden täglich 200 Mann zur Fronarbeit angesetzt bis alle Materialien, als Karren, Schaufeln, Schlicksporen pp. abgeliefert worden, die die Landschaft dazu liefern mus. Diesseits des Hafens, beim Norderdeich, wird der Anfang gemacht, um diesen mit den Festungswerken bey Oberstormarn gehörig zu verbinden. Die Billetiers haben heute Morgen die Anzeige gemacht, daß der Russische Generalstaab nicht auf hier kommen, sondern nach Kiel verlegt werden würde. Ein sanfter, einiger Stunden anhaltender Regen hat das Land recht erquickt. In Blankenese sollen merere Häuser durch Unvorsichtigkeit aufgebrannt seyn.

den 17. Jun. Heute wird dem Herrn General v. Bennigsen in Altona auf Königliche Kosten eine große Fete gegeben, wozu ser Viele von hier aus mit eingeladen worden sind. Auf der Elbe sind gestern 2 kleine Farzeuge durch den Wirbelwind umgeworfen worden, Nachlässigkeit der Schiffer ist wohl Hauptursache dazu gewesen.

den 18. Jun. Gestern gegen 9 Uhr kam ich von Süderau nach Crempe, um einen Krankenbesuch zu machen, wärend dem war ein Auflauf entstanden, indem 9 bis 10 Russische Officiere mit 2 Carriolen u. 2 Reitpferden unterwegens Händel mit

Elert Ott gehabt, ihn arretiert u. in einem der Carriolen nach der Stadt u. sogleich nach dem Quartier des Herrn Generals gebracht hatten. Ein Unterofficier u. 4 Mann wurden von der Wache gleich dahin beordert. Sämtliche Officiere kamen beinahe alle in dem Teichmannschen Hause, alwo der Herr General, der just abwesend war, logiert, u. es waren heftige Zänkereien. Der Platz-Commandant nam den Arrestanten mit nach dem Justiz, die Wache blieb wo sie war, einige Officiere aber gingen mit dahin, u. als die Leute sich etwas zerstreut hatten, fur ich zwischen der Menge langsam zurück. Den Officiere, die alle erhitzt u. betrunken zu seyn schienen, wird zur Last gelegt, daß sie diesen Furmann, der im schwartzen Bären[190] etwas abgeladen hatte, zwingen wolten, Platz zu machen, da der Steindamm u. der Nebenweg noch breit genug war, allein die Unverständlichkeit beider Parteien hat wohl vorzüglich zu der Schlägerey, die Veranlassung gegeben. Eine Kohlforcke u. eine Wagenrunge waren mit dorther gebracht worden. Heute scheint der Regen anhaltend werden zu wollen, es soll schon in der Nacht geregnet haben, u. es regnet noch stark fort.

den 19. Jun. Gestern Mittag hellte das Wetter sich auf, u. der Regen ist recht erfrischend gewesen, welches des Nachmittags auf der Landstraße bemerkt habe. Der am 16. Aug. bemelte Wirbelwind hat mereren Schaden auf der Elbe verursacht; 1 Farzeug mit vielen Passagieren von Dithmarschen nach Belum[191] ist umgeschlagen, u. die Menschen sollen alle ertrunken seyn. Das 3.te u. 4.te Bataillon der Königin hat Befel erhalten, von Rendsburg nach Tönning zu marschieren, einige wollen glauben, daß sie von dorten auf hier zu Wasser kommen würden, um die Russische Linie nicht zu durchbrechen, u. daß sie alsdann hier entlassen u. nach den verschiedenen Districten zu den Irigen kommen können, andere aber, daß sie zu den Demolierungsarbeiten mit gebraucht werden sollen.

den 20. Jun. Diesen Morgen ist mit 450 Mann bey Oberstormarn u. Holstein der Anfang der Demolierung gemacht worden. Wenns aber den Tag über so stark regnen wird als heute in der Frühe, so dürfte nicht viel gearbeitet werden können. (Um 10 Uhr heiterte das Wetter auf u. die Luft war klar, obgleich wolkicht. Der Nordwestwind hatte alles unter Wasser gesetzt.) Die Brigg Femern u. 4 Kanonenboote werden heute in Hamburg für Englische Rechnung verkauft werden, welches aus den Zeitungen ersehen habe. Das 3.te Bataillon ist in Friedrichstadt u. das 4.te in Tönning, alwo sie bis zur völligen Einschiffung der Russischen Truppen bleiben werden. Merere tausend Pferde, heist es, sollen bey der Russischen Armee verkauft werden; sind diese billig im Preise, so können unsere Landleute noch einigermaßen den Verlust der Pferde sich ersetzen, one große Kosten zu haben. Ohngefär 8000 Stück sind teils vom Feinde genommen, teils aber durch harte Arbeit u. Mangel an Pflege, crepiert; ob nun dies für beide Herzogtümer oder blos für Holstein berechnet ist, weiß ich nicht zu bestimmen, warscheinlich aber wohl für beide. In der Blomeschen Wildnis sind die Uhlanen abmarschiert, wohin? u. ob andere wiederkommen, wusten die Gevollmächtigten nicht (sie sind nicht alle abmarschiert) aus der Gegend des neuen Tors sind auch viele fort, aber lange nicht alle.

den 21. Jun. Unser bisheriges kleines Wachtschiff hat gestern im Hafen gelegt, die Flagge gestrichen u. soll abgetakelt werden; ob ein anderes an dessen Stelle kommt, ist ungewis. Das 2.te Bataillon der Königin hat Befel erhalten, von Flensburg zurück nach Jevenstedt zu marschieren, u. man glaubt, daß am Ende dieses Monats jedes Korps in sein Standquartier rücken, u. verschiedene Leute beurlauben werde. Die Uhlanen sind aus der Blomeschen Wildnis nach Hamburg geritten, mit der Anzeige, daß sie um 4 Tage zurückkommen würden. In Herzhorn haben die Einwoner auch etwas Erleichterung erhalten, indem ongefer 100 Mann nach Kamerlandt verlegt worden sind.

den 22. Jun. Gestern sind einige Englische Kanonier Boote, von Hamburg kommend, hier vorbey nach Cuxhafen gesegelt. Am jenseitigen Elbufer versamlen sich almälig 10 000 Mann Russische Kavallerie, die warscheinlich auf der Elbe oder der Weser eingeschift werden, welches zurück gekommene Reisende vom Belumer Markt erzälet, u. ich dieses gestern irgendwo auf dem Lande erfaren habe. Merere Russische Officiere sollen Nachricht haben, daß es zwischen den Normännern u. Schweden schon zu blutigen Gefechten gekommen u. letztere 2000 Mann dabey eingebüßt haben sollen. Der Regen ist zwar so sehr häufig nicht gefallen, u. demongeachtet sind die Wege mit einer Karriole nicht zum besten zu befaren, welches diesen Morgen auf der Reise nach Bielenberg bemerkt habe.

den 23. Jun. Gestern Abend spät wurden noch eine Anzal dänischer Matrosen (100 an der Zal) aus Englischer Kriegsgefangenschaft kommend, debarkiert u. einquartiert, wovon ich einen Mann erhalten auf 2 Tage, um für alles zu sorgen. Eigentlich haben diese mit 2 anderen Briggs nach der Eider sollen, diese aber sind verschlagen, die andern haben 140 u. 170, in allem 310 Mann von Sherness gebracht. Im Herzhornschen u. Lesigfeldt, alwo diesen Nachmittag gewesen bin, sind sie mit ihrem Militair sehr unzufrieden; die Ursache ist folgende, Streitigkeiten derselben mit den Einwonern werden militairisch, u. zwar mit Prügel ad posteriora, bestraft, u. fast immer hat der Russe Recht erhalten, daher die Leute un so zügelloser werden. Es sind alles Artilleristen, die dorten kantonieren, ihre metallenen Kanonen spiegelblank, die Wagen sowol als die Pferde in der besten Ordnung. Mit Vergnügen werden sie den Abmarsch entgegen sehen, so ser misvergnügt sind die Einwoner jetzt, u. warscheinlich entstehen jetzt noch merere Streitigkeiten zwischen beiden Parteien.

den 24. Jun. Alle Königlichen Kriegsfarzeuge haben die Flagge gestrichen, abgetakelt u. ihre Leute entlassen. Von mereren Regimentern sind bereits Teile beurlaubt, das 3.te u. 4.te Bataillon der Königin hat, wiewohl es mit in den Kordon liegt, doch schon pro Kompagnie 40 Mann nach der Heimat gesandt, nur das 1.te Bataillon ganz wenige, weil alle im Dienst u. bey der Grabarbeit angesetzt sind. In der Blomeschen Wildnis erfur ich diesen Nachmittag auf mereren Stellen, daß sie größtenteils mit iren Einquartierten zufrieden sind, hinfolglich liegt wohl vieles an der Begegnung, wenn diese Leute zänkisch werden. Mit den Matrosen

106

Transport dauerte es bis Nachmittag, ehe die Wagens, einige 40, abfaren konnten; der größte Teil derselben war 10 Jar in Englischer Kriegsgefangenschaft gewesen, nun hernach 8 Tage auf der See, u. jetzt, da sie am festen Lande waren, hatten sie mer getrunken, als sie solten, u. mußten allenthalben aufgesucht werden, damit sie mit den Transport weiter befördert werden konnten.

den 25. Jun. Gestern Abend gegen 10 Uhr brachten die Landleute einen Russischen Unterofficier (nebst einem Gemeinen in Civil Kleidung, als Arrestanten, die Hände aufm Rücken gebunden, anhero u. lieferten sie an der Neutors Wache ab, die sie gleich nach der Hauptwache fürten. One betrunken gewesen zu seyn, soll er den Krugwirt Strüven zu erstechen gedrohet, u. auch versucht haben. Heute ist es bey Nortwestwind u. regnigten Wetter so kalt, daß man gerne eine warme Stube bewonen könnte.

den 26. Jun. Bey West u. auch Süd Wind hat es von gestern Mittag bis um 12 Uhr beständig geregnet, hinfolglich 24 Stunden, u. gestürmt, u. noch jetzt ist das Wetter ser kalt. Die beiden Russischen Arrestanten sind gestern abgeholt worden nach vorher geschehener summarischer Abhörung bey dem Herrn Justizrat Seidel, qua Justitiarius[192]. Vorgestern sind abermals einige Reconvalescenten, von allen Waffen-Arten, vom jenseitigen Elbufer angekommen. Für den nächsten Monat Juli werden schon jetzt Lieferungs Kontracte zum Unterhalt der Russischen Armee geschlossen; ein Zeichen, daß solche noch eine Zeitlang hier hausen werden.

den 27. Jun. Diesen Morgen war ich am Cremper Rhin u. erfur dorten, daß an beiden Rhinen noch keine Russen lägen; aufm Nachmittag aber erfur ich in Crempdorff, daß sie heute Einquartierung erwarteten, die auch bald darauf, als in Crempe angelangt war, erfolgte, nemlich 1 Schwadron Uhlanen, circa 200 Pferde, die eins hinter dem andern durch diese Stadt mit Musick, zogen, um in Crempdorff, Borsfleth u. der Blomeschen Wildnis einquartiert zu werden. Die Einwoner wolten wissen, daß die nämlichen es waren, die vor 9 Tagen nach Besdorff marschiert sind, alda erfur auch, daß pro Monat Julii die Lieferungs-Kontracte bereits abgeschlossen seyn solten; zugleich auch, daß die Streitgkeit mit Ott unterdrückt sey, weil die Schuld auf Seiten der Russischen Officiere gewesen sey, u. sie also an beiden Teilen ire Schläge erhalten, one scharfe Untersuchung desfals angestelt zu haben, oder auch zu wollen.

den 28. Jun. In Elskopp sind gestern zur nemlichen Zeit, als die in Crempe gekommen, eine große Anzal Uhlanen eingerückt, die sich bis an Herzhorn verteilt haben, so daß diese Leute in der Nähe um der Stadt ser gedrängt liegen. In der Gegend im Colmarschen liegen Fusvölker auch in Menge, sie fallen den Einwonern aber nicht so beschwerlich, weil sie, im ganzen genommen, bescheidener u. genügsamer sind, als die Cavalleristen (dies ist das Regiment Mingrelien) *den 29. Jun.* Aufen Abend von halb 9 bis 12 Uhr ein ser starkes Gewitter hernach mit starkem Regen begleitet, der fast die ganze Nacht fort gedauert hat.

den 1. Jul. Gestern bin von 8 Uhr bis Abends 8 Uhr auf einer Reise nach Seth gewesen, die Wege waren bis Neuendorff ausserordentlich tief u. spurigt. In Elmshorn mußte Extrapost nemen, um nach Seth zu kommen, wofür an Gebüren, u. Furlohn 1 Mark 22 Schilling, Litzenbruder[193] 4 Schilling mithin in Allem 1 Mark u. 26 Schilling zalen muste. In Elmshorn liegen 3000 Mann im Quartier, worunter sich die Grenadier ser, ires Anzuges sowol als irer Haltung, auszeichneten; um diese Gegend umher sind die Russen ebenfals in grosser Anzal. Das Gerücht, vom Einrücken der Preußen in Hamburg u. Ausrücken der Russen aus dieser Stadt, u. namentlich im Holsteinischen herein, soll von der Russischen Generalität entstanden seyn, hinfolglich könnte wohl Etwas Wares daran seyn. Das ganze Russische Armee Korps ist überhaupt mit der Aufnahme in Hamburg unzufrieden gewesen, u. wird es nunmero noch übeler deuten, daß das Hanseatische Korps so freundschaftlichst aufgenommen worden ist, wovon die Zeitungen schon vorher die Anzeige gemacht haben. One Exzesse ist es sicher gestern auch nicht abgegangen, wenn man bedenkt, wie viele Leute als Gemeine bey diesem Korps dienen, die nicht aus Patriotismus, sondern aus Not dazu gezwungen worden sind. Jenseits Elmshorn zwischen der Wind- u. der Wassermühle war der Sammelplatz der bedeckten sowol als der Ammunitionswagen, bey welchem eine eigene Wache war. Sämtliche Räder waren mit Stroh zusammengedreht, bewickelt, um für die abwechselnde Witterung gesichert zu seyn, welches Nachahmung verdient, weil Regen, Sonnenschein sehr auf Holtz würkt, wenns lange in der freien Luft steht, one gebraucht zu werden.

den 2. Jul. Auf einer Wasserreise nach der Herzhorner Kirche bemerkte ich aufm Rhin viele See-Möven, dahero bey dem Nordwestwind wohl stürmische Witterung zu erwarten steht. Am Herzhorner Deich standen eine Menge Artilleriepferde zum Striegeln u. zur Musterung an Linien, die zwischen eichenen Pfälen u. zwischen Zäunungen befestigt waren. Die Woche 2 mal wird mit den Kanonen exerciert, u. alle Abend nach dem 2.ten Kanonenschuß wird Gebet gehalten, welches halbe 9 Uhr ist. 70 Mann sind von dorten nach Grönland verlegt worden; um den geringen Mann etwas zu erleichtern. Die Laurwigsche Wildnis ist von der Einquartierung befreit geblieben, muß aber viele Furen, teils 2, teils 4 spännige, leisten. Nach der Meinung des Obristen Norbeck marschieren sie am 10.ten ab, um eingeschifft zu werden; hier aber sagt man, daß sie bis an der Eider verurteilt werden sollen, um bey Hamburg Erleichterung zu verschaffen.

den 3. Jul. Vorgestern sind einige 70 Reconvalescenten vom jenseitigen Elbufer angekommen; ob dies nun die letzten seyn werden, ist ungewis.

den 4. Jul. Allenthalben üben die Russen sich in den Waffen. Die Handwerker machen Montierung, Schuhe, Lederzeug pp. und noch andere verfertigen scharfe

Patronen, deren jeder Mann 60 mit auf den Marsch haben soll. Auf jedem Hof, alwo ein Capitain einquartiert ist, findet man allenthalben solche Tätigkeit, welches gestern noch aufm Schleuer gesehen habe.

den 5. Jul. Die Russen beschönigen ihren Diensteifer, Arbeiten pp. damit, daß alles ganz komplet seyn müsse, dahero sogleich das mangelnde ersetzt würde, allein diesmal ist es wohl nicht der Fall, schon merere Wochen sind sie in der Nähe, u. ganz untätig gewesen, jetzt aber, da es heißt, sie sollen zu Wasser nach Hause geschifft werden, rüsten sie sich, obgleich sie in freundschaftlichem Lande sich aufhalten.

den 6. Jul. Auf einer Wasserreise nach einem Landmann, jenseits Lentzenbrücke, onweit des alten Deichs, erfur ich gestern Vormittag, daß 4000 Russische Pferde auf Gräsung nach Dithmarschen geschickt werden solten, gestern Nachmittag hörte ich in Elskopp u. Süderau das nämliche, hernach aber erzälte mich der Landmann Suse[194], daß es hätte geschehen sollen, aber unterblieben sey, weil nicht hinlänglich Wasser vorhanden gewesen; ferner auch, daß der bey ihm aufm Hofe im Quartier sich befindende Maior gesagt habe, Ende dieses Monats würden sie aufbrechen u. nach Cracau[195] marschieren. Allenthalben werden jetzt scharfe Patronen gemacht, u. fleißig exerciert. Aufm bunten Hofe[196] wurden von einigen 40 Mann Manövers mit den Säbeln gemacht, teils einzeln, teils haufenweise gegeneinander; sie klirrten so stark damit, daß mein Pferd scheu davon wurde, u. nur mit Mühe gehalten werden konnte.

den 7. Jul. In Copenhagen ist eine Ausgleichungs Commission für die Herzogtümer Schleswig u. Holstein ernannt, bestehend aus einem Mitgliede des Finanz Collegii, einem Mitgliede der Rentekammer u. einem dritten aus dem Obergerichte der Herzogtümer, in welchem die Kommission sich versamlet hat, um ausmitteln zu können, auf welche Art u. Weise die Einwoner einigermaßen entschädigt werden könnten (4 Mitglieder sind in dieser Kommission u. für Holstein ist der Herr Obergerichtsrat Stiefel dazu ernannt worden). Ein schweres u. verwickeltes Geschäft!

den 8. Jul. Seit mereren Tagen schon liegen 5 Schiffe mit französische Militair Kranken vor der Stör, die wiedriger Winde halber nicht in See nach Dünkirchen nämlich stechen können. Auf jedem Schiff sollen über 100 seyn, auf einem 160; diese armen Leute haben in aller Hinsicht wenig Pflege, u. merere sollen schon gestorben u. ins Wasser versenkt seyn, worüber die Wewelsflether Klage gefürt haben, wesfals im Aussendeich eine Stelle angewiesen worden, in welcher sie eingescharrt werden. Die veranlassenden Ursache ist, daß diese Leute nicht gehörig mit Ballast eingenäht u. dem Wasser übergeben werden, daher solche hernach am Strande getrieben sind. Die Schiffer haben die Verpflegung übernommen u. die Reise auf 3 Wochen berechnet, daher nun schon an allen Lebensmitteln, warscheinlich auch an Arzneien, gewisser Mangel seyn soll. Dazu haben wir seit

3 Tagen Gewitterluft, die Tage sind heiß, die Nächte ser küle; welche unreine Luft muß nicht in diesen Hospital-Schiffen entstehen! Heute wird warscheinlich der Bericht nebst den Untersuchungs Akten, den Kriegsrat Möller betreffend, nach Copenhagen gesandt werden (die Herren Obergerichts Rat Etatsrat Levsen u. v. Schirach werden die Abhörungen fortsetzen, vorzüglich in Rücksicht seiner beiden Bedienungen als Zoll-Verwalter u. als Landschreiber in der Cremper Marsch). Nun wird dann auch die Abhörung wegen Übergabe dieser Stadt wohl nächstens den Anfang wieder nemen.

den 9. Jul. Gestern ist vom Höchstpreislichen Obergericht der Befel ergangen, die Russischen Truppen im ganzen Herzogtum, jedoch nicht der südlichen Gegend, zu verlegen, damit die Distrikte, alwo sie sich jetzt aufgehalten, erleichtert werden mögen, welches auch ser notwendig ist, da sie jetzt zu dicht neben einander liegen. Zu Colmar, zu Crempe, alwo ich gestern an mereren Stellen gewesen bin, hat jeder einzelne Hof 13 bis 14 Mann, welches eine große Last für die Eigentümer ist, vorzüglich jetzt, da die Heu Ernte heranahet, u. die Leute auf der großen Diele, wie das Vieh, liegen, diesen Platz auch nötig haben, des vielen Putzens pp. halber, weil sie täglich im Außendeich exercieren u. fleißig im Schießen sich üben. Dazu kömmt nun noch dieses, daß sie gerne Taback rauchen, u. bey müßiger Zeit immer mit der Pfeife umher wandern. Das 16.te Regiment liegt in der Gegend, welches an der Nr. auf dem Schulterband bemerkt wird, die Nr. der Compagnie aber steht an der Mütze. Obzwar ser scharfe Disziplin bey den Leute eingefürt ist, sie daher unter strenger Aufsicht gehalten werden, so fallen dennoch Excesse vor, die gleich scharf bestraft werden. Jede Compangie hat 150 bis 160 Mann, u. wenn nicht irre, 12 bey jedem Regiment. Diesen Mittag zwischen 1 u.2 Uhr hatten wir ein schweres Gewitter, daß zwar nur 1½ Stunden anhielt, aber an 3 Stellen gezündet haben soll. Kurz vorher kam ein Transport Reconvalescenten vom jenseitigen Elbufer an, 15 Mann an der Zal, von allen Waffengattungen.

den 10. Jul. Am Steindamm bey Medorff Kate[197] sind 2 Bäume von dem gestrigen Gewitter zerschmettert, u. am alten Deich ist die Scheune des Otto Sass[198] aufgebrannt; das Haus zwar gerettet aber stark beschädigt, u. in Neuendorff oder in der dasigen Gegend hat es ebenfals gezündet.

Am Vormittag habe Sass selbst gesprochen, der mir gesagt, daß Wagens, Eggen, Pflüge pp. hätten gerettet werden können, wenn seine 5 Uhlanen tätig gewesen waren, allein diese haben die Pferde ins Korn gejagt u. hernach die Montierung pp. in Sicherheit gebracht, one sich um etwas weiter zu bemühen. Schon früh am Morgen war einer aus Neuendorff bey mir, der mir versicherte, daß dorten u. näher nach der Aue so wenig geregnet als Gewitter bemerkt worden sey, hernach aber erfur ich, daß in Neuenbrock Feuer gewesen seyn soll. Diesen Morgen sind eine Menge unserer Matrosen, einige 60 wenigstens, von der Englischen Flotte entlassen, hier im Hafen angelangt. Diese Leute musten mit derselben nach Hamburg hinauf, u. sollen, wie es heist, von der hiesigen Kommandantschaft ire

Gage, monatlich 8 Mark, in Empfang nemen, also, die Engländer brauchen unsere Seeleute, u. der dänische Hof muß sie bezalen.

den 11. Jul. Gestern Abend muste noch nach Lesigfeld, u. kam erst um 8 Uhr zurück; auf der Tranbrennerey war viel Gewül, welches auf der Hin- u. Zurückreise bemerkte, u. hernach erfur ich, daß es mit den Russen zu Streitigkeiten gekommen sey, u. einige derselben arretiert seyn sollen. Wiewohl es vorgestern hin u. wieder stark geregnet hat wärend des Gewitters, u. auch die Nacht durch, so ist doch das Land recht dadurch erfrischt u. das Wachstum an allen Früchten pp. lebhafter geworden.

den 12. Jul. Bey der ausserordentlich heißen Witterung war es gestern auf dem Rhin doch erträglich, in Rücksicht der Hitze, welches auf einer Reise nach Herzhorn erfaren habe. Bey meiner Zurücktour von dorten kamen 70 Artilleristen mit 2 metallenen Kanonen a 6 Pfd. von Hamburg wieder zurück, die zum Exercieren dahin beordert waren. In dieser Nacht ist durch einen starken Nordwestwind die Luft dermaßen abgekühlt worden, daß man Winterkleidung anziehen muß. In der Nähe ist das Gewitter nicht zum Ausbruch gekommen, aber in weiter Entfernung, warscheinlich, weil es ser luftig u. kalt geworden ist. Diese plötzliche Veränderung hat warscheinlich nachteilige Folgen in Hinsicht auf den Gesundheitszustand.

den 13. Jul. Gestern Nachmittag sind 17 Reconvalescenten vom jenseitigen Elbufer angekommen, die warscheinlich diesen Morgen weiter gehen werden. Erst gestern ist der Bericht nebst den Acten, den Kriegsrat Möller betreffend, nach Copenhagen geschickt worden; von daher ist an den nämlichen Tage abschläglicher Bescheid, die Demolierung der Festungs-Werke, in betreff der zu gewinnenden Ländereien, angekommen.

den 14. Jul. In der Ausgleichungs Kommission für Holstein ist der Obergerichtsrat Busch zum Mitgliede ernannt, welcher bereits am 17 ten huius nach Schleswig desfals reisen wird. Obgleich die Russen hier vieles einkaufen, nemlich Feder, Papier, Farbwaren, Messing u. Eisen, auch Tuch u. Leinen, kein Gemeiner one Pas sich aus seinem Cantonnierungsort entfernen darf, so hört man doch hin u. wieder von kleinen Diebereien, die diese ausüben, wenn sie etwas lebhaft werden können. Einige sind zwar in flagranti ertapt, u. haben sich eine große Portion Schläge dadurch zugezogen, allein es schein, als ob sie das Stelen so gewont sind, daß sie alles unter den Kopotröcken mt nemen müssen, was tragbar ist.

den 15. Jul. das schnelle Faren u. Reiten der Russischen Truppen hat schon zu verschiedenen kleinen Unannemlichkeiten Gelegenheit gegeben, die hernach zu größeren die Veranlassung werden kann, indessen sind doch keine erheblichen Unglücksfälle vorgefallen, u. es scheint, als ob sie sich auch von den Patrouillen u. der Mannschaft an den Wachten beleren lassen.

111

den 16. Jul. Nachrichten aus Altona zufolge sind in der dortigen Gegend noch 6000 Russische Völker hinzu gekommen, die wie die andern verteilt werden sollen, alle insgesamt werden aber nächstens das Holsteinische gänzlich verlassen; dahin gegen wieder andere wissen wollen, daß preußische Truppen das Herzogtum besetzen werden.

den 17. Jul. Unser kleines Wachtschiff mit 38 Mann besetzt, liegt noch immer in der Mündung des Hafens, nicht auf der Rhede, aus welchen Gründen, ist unbekannt; vielleicht wollen die Engländer dies nicht erlauben, so lange als diese Flotte sich auf der Elbe aufhalten wird. In der Gegend der Stör hat schon lange eine kleine Englische Brigg gelegen, die andern sind noch nicht alle von Hamburg herunter; eins derer Kanonenboote, das vor einiger Zeit in der Gegend jenseits Colmar verunglückt ist, liegt noch im Grund, obwohl viele Mühe daran gewandt worden, es heraufzubringen.

den 18. Jul. die Russischen Truppen sollen würklich die 2.te Marschordre haben, u. gleich nach der 3.ten werden sie abmarschieren, dahingegen wird das Tauentziensche Korps Preußen, 40 000 Mann stark, wieder einrücken, um das Herzogtum zu decken u. zu schützen. Aus welchem Grunde das geschehen soll, ist bis jetzt noch im Dunkeln, so wie dasjenige, was auf dem Kongres in Wien verhandelt u. abgehandelt werden wird, noch ein Geheimnis ist. Es heist, daß alle Civil- u. Militair-Beamte in der Folge die Gage in Sieben zu 3 Schilling den Monat haben sollen, u. daß der bisherige Abzug vergütet werden wird. Zu wünschen wäre es, u. daß die Witwen mit darunter begriffen seyn mögen, denn diese haben am meisten dabey gelitten. Der vor ongefär 3 Monaten von hier gegangene Grönlandsfarer[199] ist gestern Abend um 7 Uhr mit einer guten Ladung zurückgekommen. 100 Quaredelen[200] Robbenspeck hat er angegeben, u. 2500 Stück Satlers, alte Robben etc., 200 Tonnen u. noch darüber wird es an Trahn liefern, daher dies eine recht gute Reise gewesen ist, vorzüglich für die sogenannten Officiers, die jetzt doch nichts verdienen konnten; auch dient diese zur Aufmunterung, kommenden Früling auf Ausrüstung Mererer bedacht zu seyn.

den 19. Jul. In Elskopp, Süderau, Crempe pp., alwo ich gestern Nachmittag gewesen, sind sie allenthalben mit der Einquartierung zufrieden, u. die Herren Officiere wollen von erhaltener Marsch-Ordre nichts wissen, keiner äußert auch etwas davon, hinfolglich ist der Abmarsch wohl noch ungewis, so viel wie auch Andere, die sichere Nachricht haben wolten, davon gesprochen haben. Gestern Abend ist die Englische Flottille, 3 Briggs und 10 Kanonenboote von Hamburg kommend, auf der Rhede der Stadt vor Ancker gegangen. Auf wie lange Zeit, wird sich zeigen.

Diesen Morgen hat diese eine Partie Kugeln, die sie von hier aufgenommen hatten, wieder abgeliefert. Unser vormaliges Wachtschiff Fehmarn, welches die Engländer in Hamburg nicht verkaufen können, soll nun mit nach England, es liegt an der Spitze diese Flotille, u. die anderen, alle in einer Linie, welches ganz hübsch vom Walle aus zu sehen ist. Ein hiesiges Schiff, daß schon zum 2.ten mal von Norwegen auf hier segeln wolte, ist dieses Mal von den Schweden genomen u. in einem der dasigen Häfen gebracht worden. In Lesigfeldt u. Herzhorn, alwo ich diesen Nachmittag gewesen, wusten die Herren Officiere noch nichts von der Marschordre. Die Einwoner sind mit den Leuten zufrieden, das macht, sie lernen sich kennen, u. betragen sich gut gegeneinander. In Colmar aber liegen sie zu sehr gehäuft, ein jeder eintzelne Hof hat jetzt 18 Mann, welches Viele nicht lange aushalten können.

den 20. Jul. Von den im Frühling zum Dienste Englands gepreßten Seeleuten, die gegen Hamburg fechten sollten, sind von 103 Mann nur wenige zurückgekommen, die hier in der Stadt einquartiert u. verpflegt werden, weil sie den Sold noch nicht erhalten haben. Diese Leute, 17 an der Zal, wie es heist, waren gestern ganz aufrürisch, sie verlangten von den Befelshaber Captain Marshall ir Geld, suchten ihn in seinem vormaligen Quartier auf, u. waren ser unruhig. Gegen Abend ging diese Flottille von der Rheede ab, warscheinlich nicht weit, weil die Wasserzeit größtenteils verlaufen war, u. die armen Matrosen, die sehnlichst darauf hoften, haben den Sold nicht bekommen!

den 21. Jul. Gestern Mittag sind 8 bis 10 Wagen mit Montierungs-Sachen, von Rendsburg angekommen, auch einige Unterofficiere nebst Gemeine vom Regiment Fühnen aus Friedericia. Einer derselben hat einen Arrestanten gebracht, der das Landes verwiesen worden u. über der Elbe gesetzt werden soll, die andern sollen Sachen abholen, die sie diesen Winter zurück gelassen haben. Der Kongress in Wien ist bis zum 1.ten October ausgesetzt, daher die Russischen Truppen wohl noch länger hier im Lande bleiben werden; man spricht davon, daß neben den Russen auch Preussische einrücken u. das Land besetzen werden.

den 22. Jul. Sämtlichen Beamten von Civil u. Militairstande ist die Versicherung gegeben worden, ire Gagen in der Folge in Silbergeld, nicht nach Reichsbankgeld, auszuzalen, welches zwar nicht öffentlich bekannt gemacht, aber doch officiell angezeigt worden seyn soll. Vom Mititairstande hat fast Jeder, 6 bis 7 Mark Sold zu gut, die Gemeinen aber vom vorigen Jare noch die Untermontierungs u. Belönungsgelder nicht einmal erhalten. Wie viele mögen derweilen im Felde oder in den Hospitälern gestorben seyn! In der vorgestrigen Nacht sind 1 Lieutnant u. 14 Mann Reconvalescenten angelangt, die heute früh weiter befördert werden. Warscheinlich sind dies die letzten gewesen. Man sagt, daß zur Beförderung der Demolition 1000 Wagen mit 2 Pferden im ganzen Herzogtum ausgeschrieben werden sollen, aber wie wird der Landmann fertig, der nun Pferde u. Leute hergeben soll, viel Volck im Quartier hat, die nichts tun, u. die Ernte herannahet, wenigstens die des Heus!

den 27. Jul. Morgen als am 7.ten Sonntag Trinitat wird in allen Kirchen eine Leichenpredigt auf den Tod des höchstseligen Königs Christian den Siebenden[200],

u. der Beisetzung in der Kirche zu Rothschild, gehalten werden, bisher ist die Leiche noch immer in der Kirche zu Rendsburg, unter gehöriger Wache, aufgebart gewesen. An eben diesem Tage wird am jenseitigen Elbufer, im Bremischen, Hannöverschen pp. ein algemeines Dank- u. Friedensfest gefeiert werden. Im kommenden Monat August werden Ire Majestät Friedrich der Sechste, sich krönen lassen, worüber das Nähere dann wohl bekannt werden wird. In Horst haben die Mitglieder der Militair Session, zur Rekrutierung der Regimenter, auf Befel eines Russischen Generals auseinander gehen müssen, ein gleiches ist auch in Trittau geschehen; die Oberbeamte haben solches dem höchstpreislichen Obergericht sofort angezeigt. Den Taagsmännern in Neuendorff u. Colmar ist der Befel geworden, keine Taage-Register zu machen u. ein zu geben, diese haben den Justitiaren die Anzeige davon gemacht. Ferner haben die Einwoner des platten Landes die Weisung erhalten, Plätze herzugeben oder anzuweisen, auf welchen Ställe von leichtem Holtz, Busch, Stroh pp. gebaut werden können, um die Pferde aus Häusern u. Scheunen zu entfernen u. den Einwonern Platz zu verschaffen. Alle diese Anstalten u. Verordnungen lassen vermuten, daß die Russischen Truppen fürs erste nicht weggehen werden. (die Dislocation sämtlicher hier im Lande befindlichen Russischen Truppen, zur Russisch Polnischen Armee gehörend, liegt in Abschrift hierbey. In der Berichterstattung an Seine Königliche Majestät sind alle vorherigen Verlegungen ausführlich angegeben).

den 24. Jul. Hin u. wieder auf dem Lande werden diese Einquartierten ganz unruhig; nemen von den besten Stuben Besitz, u. drohen den Wirten, sie aus den Häusern zu jagen, wenn ire Forderungen nicht sofort bewilligt werden, allein ich glaube, daß sie dann betrunken sind.

den 25. Jul. die Russischen Truppen fangen an, sich zur weiteren Verbreitung im Lande in Bewegung zu setzen; dem Gerücht nach, sollen alle auf Urlaub nach der Heimat Entlassenen den Befel von den höchst Kommandierenden (der Russen) in dem Dorfe, wo sie sich aufhalten, erhalten haben, sich nicht zu unterstehen, nach dem Reservekorps oder Regiment abzugehen, wenn sie etwa einberufen werden solten. Aus welchen Gründen! ist leicht einzusehen, allein da jetzt 39000 Mann Russen im Holsteinischen sind, so haben letztere doch auf jeden Fall das Übergewicht. Eine andere Nachricht ist diese, daß noch merere Russen u. Preußen zur Besetzung einrücken würden, um in Allem 70000 Mann stark zu seyn, welches aber höchstwarscheinlich ungegründet seyn wird.

den 26. Jul. In Elskopp begegnete mir gestern Nachmittag eine halbe Schwadron Uhlanen, die vom Exercieren kamen, in Süderauerdorff aber u. Steinburg, alwo sie auch exerciert hatten, war der größte Teil derselben schon wieder in der Aue, um sich abzukülen. Hier sowol als in Grevenkopp u. Crempe waren Befele ausgegeben, daß keiner der Landsoldaten sich entfernen viel weniger noch sich zum Regiment begeben solle, wenn Ordre desfals kommen solte. Dies giebt zu verschiedenen Mutmassungen Gelegenheit.

den 27. Jul. die Compagnie Chefs der annectierten Bataillone beim Regiment der Königin haben Ordre sich nach den Districten zu begeben, die Waffen aber in Rendsburg abzuliefern, ausgenommen diejenigen Herrn Officiere, die als Platzkommandanten in verschiedenen kleinen Örtern angesetzt sind. Die Jäger Kompagnie hat heute Ordre zum Marsch erhalten, um übermorgen sich zwischen Kiel und Rendsburg u. namentlich in Emkendorff in Cantonierung zu begeben. Am alten Deich, Ivenfleth, Borsfleth pp, alwo ich heute an mereren Stellen gewesen bin, sind sie mit der Einquartierung zufrieden; auf den Höfen liegen 9 auch 10 Mann. Kleine Mausereien aber fallen öfters vor, die, wenn solche entdeckt werden, schwer bestraft werden.

den 28. Jul. Gestern ist der Herr Obrist von Fries[202] u. der Herr Maior von Ohlrogge angelangt, um in der Kommission wegen Übergabe der Festung als Mitglieder zu seyn. Mit Ersterem fur den langen Steindamm entlang, ein Wagen aufm Beiweg, um etwas zusammen zu plaudern. Es ist fast algemein eine dumpfe Stimmung im ganzen Lande, wegen der fremden Truppen sowol als verschiedener anderer Anordnungen. Rendsburg ist inundiert[203], es heist, der Gesundheit der Einwoner halber, weil contagiose[204] Krankheit dort herrschen sollen. Die Jägerkompagnie hat gestern Abend Kontreordre erhalten, u. bleibt also einsweilen noch hier in der Stadt. Der Feldpostengang ist gestern ungewönlich häufig gewesen, wie das Gerücht sagt, hinfolglich sind warscheinlich wichtige Sachen in Unterhandlung.

den 29. Jul. Auf dem Wege nach der Cremper Heide, jenseits Neuenbrock, begegneten mir diesen Nachmittag einige 60 Wagen mit Proviant, Fourage pp. für die Russischen Armee in der Cremper Marsch; eine solche Fuhre wird alle 3 Tage vorgenommen, welches für die Bauern eine große Last ist. Jetzt heist es, wollen diese ire Lebensmittel selbst anschaffen, wenigstens ist den Monat August noch keine Citation[205] geschehen.

den 30. Jul. das kleine Gewitter gestern Abend, mit etwas sanften Regen, hat die Luft ser abgekült, u. das Erdreich recht erfrischt. In der Nacht ist am höchstpreislichen Obergericht ein Schreiben mit 3 Siegeln von Altona gekommen. Dies hat bezug auf ein in der Nordsee umher treibendes Schiff von Schmirna[206], an welchem eine pestartige Krankheit herrschen soll. Diese armen Leute haben einigemal versucht, irgendwo zu landen, sind aber abgewiesen worden. Ans Land dürfen sie nun wohl nicht kommen, aber Hülfe müssen sie doch haben, u. desfals unter Sicherheit u. Pflege gebracht werden. In der Zeitung ist heute auch davon Erwänung geschehen.

den 31. Jul. Das Königliche Obergericht hat befele ausfertigen lassen, wie man sich zu verhalten hat, wenn dies Schiff sich sehen lassen solte; nach der Quarantain Anstalt auf Helgoland soll es verwiesen werden. Die hiesige Quarantain Commission hat solches in der Fortuna bekannt machen lassen u. fordert einen

Jeden, der dieses Schiff zuerst ansichig werden solte, auf, sofort Anzeige zu geben.

den 1. Aug. Die Russische Artillerie in Herzhorn hat gestern Abend ein Feuerwerk daselbst abbrennen lassen, wozu viele Personen von hier aus hin gewesen seyn sollen. Vor circa 3 Wochen gaben die Herren Officiere den dasigen Einwonern ein ähnliches Schauspiel; sie sollen nur zu nachlässig dabey verfaren, nicht sorgfältig genug, um Feuers Gefar zu behüten. Beim hiesigen Obergericht sind von den Beamten auf dem Lande Beschwerden über dem Russischen Militair eingegangen, nemlich daß sie alles selbst anordnen, den Verfügungen derer Beamten keine Folge leisten pp. Auch klagen die Landleute, daß die Gemeinen alles unreife Obst, Erbsen, Zwiebeln pp. stelen u. roh verzeren, überhaupt nicht mer unter ganz strenger Disziplin stehen sollen. Diesen Morgen haben die Uhlanen zu Pferde manöveriert, u. aufm Abend habe diese zu Fuß mit ihren Picken in der Gegend von Crempe exercieren sehen. In Dithmarschen werden Magazine angelegt, der Sage nach für Preussische Truppen. In Rendsburg ist es voll von Militair; alle Stück Kutscher[207] sind noch im Dienst, auch ist rund umher alles inundiert, aber nicht krankheitshalber. Dies wird nur vorgegeben.

den 2. Aug. Man sagt algemein, daß die Ablieferung derer Waffen, Montierung pp. der annectierten Bataillone der Königin in Rendsburg deswegen geschehen sey, weil die Russen diese ebensowenig über u. durch die Linie passieren lassen wollen, als erst kürzlich die Jäger-Kompagnie, die desselben Abends Gegenbefele desfals erhalten habe. (dies verhält sich ganz anders. Waffen u. Montierung sind in Tönning u. Friedrichstadt geblieben, alwo von jedem Bataillon 24 Mann zum Dienst sind, die Frauen dieser 2 Bataillone aber sind nach Rendsburg gebracht worden.) Einzelne Officiere werden allenthalben durchgelassen, aber keine mit Waffen pp. versehehne größeren Haufen.

den 3. Aug. Sämtliche Russische Truppen um der Stadt, in der Nähe u. in der Entfernung haben Marschorder, einige u. namentlich die Kavallerie gehen nach Dithmarschen, die anderen nach der Gegend von Kiel. Dies sind Nachrichten, die von den Landleuten aus verschiedenen Gegenden gestern erfaren habe. In der Nacht ist Marschordre für unsere bisher in der Stadt gewesene Militairpersonen angelangt; sie gehen morgen früh über Wewelsfleth durch die Wilstermarsch nach Burg zum Nachtquartier, dann nach Hohenwestedt, um hernach über Rendsburg in der Gegend von Schleswig in Cantonierung zu rücken. Es heißt, daß Morgen auch schon Russische Truppen ankommen werden. Um 2 Uhr haben 80 Bürger die Wachen übernommen u. die Posten ablösen sollen.

den 4. Aug. Um 10 Uhr Morgens. In dieser Nacht um 2 Uhr haben die unsrigen aufbrechen sollen, u. zwar zuerst die Jäger, ein Stunde darauf die Grenadiere, hernach alle $^1/_2$ Stunde 1 Kompagnie Infanterie, um bey der Stör nicht zu lange aufgehalten zu werden. Der Kriegsrat Möller ist qua Arrestant unter starker

Bedeckung mit abgefürt worden. Die Untersuchungskommission wegen Übergabe der Stadt hat aufs neue 2 Tage gedauert u. ist gestern einstweilen geschlossen
worden. Der Präses u. die Mitglieder derselben erwarten nähere Ordre, so wie
auch unser bisheriger Kommandant, der Herr Obrist von Cronhelm[208]. Alles
Militair ist fort — außer die Kranken — 2 Mann pro Kompagnie beim Depot sind
geblieben. Die Sclaven sind unter Escorte auch mitgegangen (diese sind alle noch
hier in der Stadt) Die Königlichen Magazine sind gestern ausgeleert worden, Vieles ist warscheinlich nicht mer darinn vorhanden gewesen. Die Arbeiten an den
Festungswerken haben plötzlich aufhören müssen. Bey Holstein u. Stormarn ist
der neue Elb- u. Hafendeich einigermaßen fertig, u. bey Schleswig war seit 2 Tagen
der Anfang zur Demolierung gemacht worden. Ob sich die Erde so ser lagern
wird, daß bey entstehenden Sturmfluten dieser neue Deich Wiederstand leisten
kann, wird die Zeit leeren! Die Vorsehung beware uns, daß wir keinen starken
Sturm aus Nordwest erleben mögen in diesem Herbst, um diesem neuen Deich
erst merere Befestigung u. Haltung geben zu können. Auf meiner Reise nach der
Stör hörte ich an mereren Stellen allerhand sonderbare Gerüchte, den Ausmarsch
unserer über Wewelsfleth, Burg nach dem Kanal hin betreffend, unter anderem
auch, daß diesen Morgen um 4 Uhr der Kriegsrat Moeller im Außendeich bei
Wewelsfleth onweit der Stöpe seine Frau dorten getroffen u. eine ganz kurze
Unterredung gehabt haben sollen. So wie auf dem Lande Gerüchte mancherley
Art dieses Abmarsches wegen erzälet werden, eben solche Anmerkungen hört
man auch hier in loco. Das Wichtigste davon ist dieses, daß die Engländer nächstens eine ansehnliche Anzal Kanonen, Mörser, Ammunition pp. anhero bringen
würden, ebenso auch die Russen, um die Festungswerke auszubessern u. zu
besetzen, auch sich dann darin fest zu setzen.

den 5. Aug. Gestern sind einige Russische Generale aus Elmshorn zum Besuch
hier gewesen. Die Artillerie in Herzhorn bricht Morgen auf u. rückt nach Krum-
mendeich, alle andere in dieser Gegend gehen Morgen gleichfals weiter. Die
Untersuchungskommission wegen Übergabe der Stadt hat heute Morgen ire Sitzung wieder angefangen u. der Capitain v. Krebs[209], der desfals gestern abend von
Rendsburg gekommen, ist heute abgehört worden. Der Herr Obrist v. Cronhelm
hat Ordre erhalten, seinem Regiment zu folgen, wesfals der Ingeniör Major von
Christensen dessen Stelle als Kommandant erhalten hat, aber wohl nicht lange,
weil selbiger, seiner vielen Geschäfte halber, solche nicht behalten will. Heute wird
nun allenthalben erzält, daß keine Russische Besatzung hereinkommen werde,
wohl aber eine Englische, weil der Englische Hof darauf bestehen soll, diese Stadt
im Depot zu haben; so gar heist es, die Russischen Stabsoffiziere sollen gestern
öffentlich erklärt haben, daß von Seiten Englands diese Stadt unbesetzt bleiben
würde. Nach dem was in diesen Tagen hier in loco vorgefallen ist, läßt sich dies
nicht wohl erklären.

den 6. Aug. Auf dem Schleuer ins Herrenfeldt, alwo ich gestern gewesen bin,
waren die Einwoner in Sorgen wegen der neuen Einquartierung, alle wünschten

die jetzigen zu behalten, wenn sie nur Erleichterung der großen Anzal halber erhielten. Einem Schreiben des Herrn Obristlieutnant d'Aubert, Kommandanten in Altona zufolge, sind bey der Dislocation der Russischen Truppen die Einwoner dieser Stadt gänzlich davon befreit, so lautet dies Schreiben an den Herrn Obristen von Cronhelm. Ferner sagt man, daß jeder Hofbesitzer, oder eine volle Hufe, 2 Kavalleristen oder 4 Infanteristen im Quartier erhalten, womit gewis eins jeder, da doch dies nicht anders seyn kann, zufrieden seyn wird.

den 7. Aug. Alle in unserer Nachbarschaft gewesene Russische Truppen sind gestern Morgen wegmarschiert, u. bis jetzt noch keine wieder eingerückt, außer in Neuendorff, so haben mir heute Morgen merere aus verschiedenen Kommünen erzält.

den 8. Aug. In der Wilster Marsch u. in Dithmarschen sind viele Russische Truppen, größtenteils Kavallerie, eingerückt. Die guten Einwoner klagten alle samt u. sonders. Eigentlich haben sie auch wohl zu starke Einquartierung erhalten, da jedem Hof größtenteils bis 8 Mann Reuters zu gelegt worden sind, welches sie nicht lange abhalten können. In Brunsbüttel, alwo die Nacht gewesen, war auf der Kirchspielvogtei noch spät aufm Abend alle beschäftiget, die algemeinen Klagen, so gut wie möglich, zu erleichtern. Um halb 7 Uhr diesen Morgen zog die Wachtparade, einige 40 Mann, nach dem Markt, machte merere Manövers mit dem Säbel, verschiedene Schwenkungen, Märsche pp., alles nach der Musick, die von 12 Spielleuten bewerkstellicht wurde, lösete beide Wachten ab pp, u. nachher ritt der Herr Obriste mit einigen Officieren den Weg nach Kattrepel hin. Große Unzufriedenheit scheint an beiden Seiten zu herrschen, u. warscheinlich gaben auch beide Parteien Veranlassung dazu. Eben so war es auch in der Wilster-Marsch, welches in St. Margarethen u. Brockdorff bey den Herren Geistlichen gehört habe. In Wewelsfleth waren sie bis jetzt davon befreit geblieben, hatten auch noch keine Weisung dazu, womit sie sehr zufrieden waren. Allenthalben stehen die Feldfrüchte ganz erwünscht, Gärste war schon in Dithmarschen gemäht; der Himmel gebe gute Witterung zum Einärndten, damit alles wohlbehalten unter Dächer gebracht werden könne, u. der Landmann seine Mühe ordentlich vergolten werden möge.

den 9. Aug. Gestern Morgen ist der Herr Obrist v. Cronhelm abgereist, u. der Herr Ingenieur Maior v. Christensen hat einstweilen die Stelle als Kommandant übernommen. Der vielen Diebereien halber sind heute einige Posten wieder besetzt worden, vorzüglich in den Aussenwerken. Fenstern, Türen, ja gar ein eiserner Ofen ist in einer von den Aussenwachten gestolen worden. Morgen wird die ganze umliegende Gegen mit Russischen Truppen besetzt, wenn sie nur nicht in zu zalreichen Haufen kommen, daß sie den Landmann in der jetzigen Erndte-Zeit zu sehr belästigen, so müssen sie sichs gefallen lassen.

den 10. Aug. Gestern Abend ist die Ordre gekommen, daß die Wachten nun mit weniger Mannschaft besetzt, die Aussenwachten aber weggebrochen u. das

Brauchbare derselben, so wie alles andere Königliche Eigentum nach Rendsburg geschickt werden solle. Der Herr Maior v. Venndt ist zum Kommandanten der Stadt ernannt worden. Die in der Nähe umher eingerückten Truppen sollen großtenteils Baschkiren seyn. Auch soll die Nachricht angelangt seyn, beim Einrücken fremder Truppen — welcher! — die Wachthäuser, andere Königliche Gebäude pp. auf deren Verlangen sofort zu überlassen.

den 11. Aug. Zur Beschleunigung der Demolition werden merere 100 Fronarbeiter erwartet, die dann zwar mit den Arbeiten fortfaren aber doch sicher nicht auf Michaelis[210] damit fertig werden können, welches anfänglich bestimmt wurde. Des Nachts gehen zuweilen Patrouillen vor den Toren, die nun nicht mer geschlossen werden, um das Stelen zu verhindern.

den 12. Aug. In der Blomeschen Wildnis, Crempdorff, Crempe u. jenseits, alwo ich gestern an mereren Stellen gewesen, liegen auf jedem Hofe 2 Donische Kosacken, in der Stadt selbst 60 bis 70 Mann, u. allenthalben herrscht Ordnung u. Zufriedenheit. An allen Königlichen Gebäuden sollen die nötigsten Reparaturen vorgenommen, des Endes alles nachgesehen werden.

den 13. Aug. Morgen Mittag wird das 1te Bataillon nebst den Grenadieren zurück erwartet, um teils einige Wachten zu besetzen, teils auch als Fronarbeiter zu dienen. Das Stelen in den Aussenwerken nimmt so überhand, daß nun sogar ein Teil des eisernen Geländers an der 2ten Brücke[211] außerm neuen Tor gestolen worden ist. Und da jetzt des Nachts in den Wachthäusern einer von Pickeurs[212] Achtung geben muß in jedem Hause, diese Nacht die Bohlen im neuen Tor gestolen werden solten, der Pickeur also auf dem Geräusch herbey kömmt, so ist zuerst mit einer durchdringenden Pfeife Lärm gemacht, hernach aber ein scharfer Schuß auf ihn geschossen, der zwar nicht getroffen hat, u. die Diebe sind in der dunkeln Nacht nach dem Elbdeich, seiner Meinung nach gelaufen. In Lesigfeldt, Herzhorn, Mittelfeldt, alwo auf mereren Stellen diesen Nachmittag gewesen bin, haben sie wenig Einquartierung, in Herzhornschen Wildnis aber, alwo sie noch keine bisher gehabt, sind 9 bis 10 Mann auf jedem Hof gelegt worden, alles Donische Kosacken.

den 14. Aug. Bald nach 1 Uhr sind unsere Freunde, das 1.te Bataillon nebst der Grenadier Kompagnie, in der Stadt mit voller Musick u. den Ammunitions- u. Brodwagens, eingerückt, u. nachdem die Fanen abgeliefert worden, ist ein Jeder in sein Quartier gegangen, um sich durch Speise u. Trank zu erfrischen. Jetzt sollen die Gemeine Lönung u. Brod, wie vorhin, haben, aber so wenig von Einwonern gespeiset, als daß sie Rations u. Portions erhalten. Die Herren Officiere sind gleich in ire Wonung gezogen, aber nur auf 5 Tage, in welcher Zeit sie sich für ir eigenes Geld ein Zimmer mieten können, wesfals sie das persönliche Quartier Geld wieder erhalten sollen. Warscheinlich wird die Bürgerwache, an der Hauptwache u. am Stockhaus übermorgen, als am Dienstage, abgelöst werden, als dann werden die Arbeiten der Demolition auch wieder angefangen werden. Heute sind ser viele Officiere u. Cosacken in der Stadt, Viele darunter haben so reichlich getrunken, daß sie ziemlich taumelnd einher gehen. Merere Gemeine von den unsrigen sind in eben diesen Taumel, u. singen in den Straßen auf u. ab, kommen beide Parteien sich zu nahe, so wird spät aufm Abend noch in Schlägerey ausarten.

den 15. Aug. Geschäfte riefen mich diesen Vormittag nach der Krückau, dicht bey der grossen Färe, nach einen Rurkranken, der diese in Elmshorn, alwo sie ser stark grassieren soll, one irgend eine Ursache angeben zu können, erhalten hat. Dies- u. jenseits der Aue liegen Infanterie u. Cavallerie ziemlich zalreich auf den Höfen, eben so in Neuendorff u. Colmar; in letzterer Commüne 8 Mann Reuters auf jedem Hof. Bey der Hörn an der Aue ist gestern ein Russe beim Baden ertrunken, seine Cammeraden haben gleich untergetaucht, ihn aber nicht retten können, obwol sie alle ser gut schwimmen.

den 16. Aug. Für eine Schwadron Uhlanen, von Dithmarschen kommend, ist gestern Quartier gemacht worden. Die Gemeine mit den Pferden sollen im Reithause, die Officieren in der Stadt einquartiert werden. Man glaubt noch, daß sie iren Weg über Wilster pp nach Hamburg nemen werden. Vorgeschlagen ist dieses. Der Herr Capitain v. Lobedanz ist von der Kommandantschaft nach Wilster an den Herrn höchstkommandierenden General daselbst mit Aufträgen über diese Marschroute gesandt worden, daher die Einrichtung getroffen, daß, da alle 8 Tage eine Schwadron aus Dithmarschen nach Hamburg zum Dienst des Herrn General v. Benningsen marschieren muß, der nächste Weg anjetzt zur Sommerzeit, über Wilster sey, u. in der Folge bey den Ablösungen allemal die nämliche Marschroute genommen werde. Anstalten dazu sind unverzüglich gemacht, allein auch diese redressiert[213] werden.

den 17. Aug. Die Uhlanen Schwadron ist doch bey Wewelsfleth (gestern) über der Stör gegangen, u. hat sich in Eltersdorf u, Crempdorff das Nachtquartier genommen, alwo jeder Hof 16 bis 18 Mann, ausser denen andern, diesen Abend u. Morgens, darauf speisen müssen, welches gestern Nachmittag in Elskopp u. Süderau erfaren. Gestern Vormittag sind die Wachten in der Stadt von den Grenadieren besetzt worden, jedoch nur mit weniger Mannschaft. Einige 70 Mann ziehen täglich auf Wache, des Nachts ein paar Nachtposten, u. einige Patrouillen, des Stelens halber; bey den Fronarbeitern werden diese Posten von den Arbeitern selbst besetzt.

den 18. Aug. Einem aus Hamburg kommenden Gerücht zufolge soll der Russische u. der Schwedische Hof sich veruneiniget haben, wesfals die Truppen des ersteren täglich die Ordre zum Marsch erwarten; ferner sagt man jetzt das Gegenteil von dem, was in den Zeitungen gestanden, nämlich in diesen soll gesagt worden seyn, daß die Schweden große Fortschritte in Norwegen machten, u. viele Vorteile erfochten haben solten, welches alles ungegründet gefunden worden.

den 19. Aug. Unter den Russischen Truppen in unserer Nähe, vielleicht im ganzen Herzogtum, hat heute eine gleichförmigere Umquartierung statt gefunden, einige Districkte hatten wenig oder fast gar keine Leute, andere aber gedrängt voll; zur algemeinen Zufriedenheit ist diese wohl nicht ausgefallen, welches diesen Nachmittag aufm Schleuer u. Herrenfeld gehört habe. An einigen Stellen sollen die Kosacken ganz despotisch verfaren, Wirte u. Knechte ganz übel behandeln, daß ziemlich schwer bestraft wird, wenn Klagen deshalb eingehen.

den 20. Aug. die Klagen über den täglichen Unfug, den die Russen hin u. wieder ausüben, werden immer größer; sie stelen Haafer, Obst u. Gemüse aller Arten! attakieren Fußgänger u. andere Reisende am hellen Tage, auf etwas einsamen Plätzen, berauben selbige, vorzüglich Geld u. Geldeswert, u. der sich nicht gutwillig dazu entschließen will, dem geben sie Kantschu[214]. Obwohl im einzelnen Falle scharf bestraft worden sind, so ist doch noch öfter der Fall, daß die Täter nicht entdeckt worden sind.

den 21. Aug. Heute früh ist der Überrest der hiesigen Sclaven, die diesen Winter von den feindlichen Truppen mit einem Paß entlassen, hernach aber aufgefangen u. eingebracht worden sind, 8 Mann, unter Eskorte nach Rendsburg transportiert. Die Kommandierte, 1 Unterofficier u. 7 Mann, werden den Kriegsrat Moeller mit zurückbringen, um auf der Hauptwache hier so lange zu sitzen, bis das Urteil ein anderes über ihm bestimmt haben wird.

den 22. Aug. Mit der Demolitions-Arbeit scheint es nicht mer so eifrig zu seyn, als vorhin. Bey Holstein u. Stormarn ist alles demoliert, der neue Deich ist fertig, u. die Ecke des Elbdeiches, wo vorhin Königliche Wachten gewesen, ist ebenfals planiert u. dient als Schirmdeich. Jetzt werden die Brustweren u. Bastionen demoliert, alles andere, heißt es, soll einstweilen, wie es denn seyn wird, nämlich ein bloßer breiter Wall one alle Verschanzung.

den 23. Aug. In dieser Gegend sind die Russischen Truppen ziemlich gleichmäßig verteilt worden, welches gestern auf Steinburg, Süderauerdorff, Grevenkopp pp. gehört habe, die Einwoner sind auch mit deren Betragen zufrieden, nur wissen sie, der öftern Festtage halber, nicht, was sie solchen zu essen geben sollen, da sie in dieser Zeit keine Fleischspeisen genießen, u. die Fische ziemlich selten sind. Auf den Fischfang sind sie ser fleißig u. üben viele Geduld, denn sie können Stundenlang sich dabey aufhalten, welches man an die Burggräben, Wettern pp. sieht, alwo sie mit den Apparat, nämlich Angeln, Netzen pp. sich gelagert haben u. ser aufmerksam auf Alles sind, um einen reichlichen Fang machen zu können. Aufm Grill, Herzhorner Mittelfeld pp., alwo diesen Nachmittag gewesen bin, hatten sie allenthalben die Nachricht, daß die Russen den 10.ten nächsten Monats abmarschieren würden, welches sie auf Rantzau[215] von ihren Oberbeamten erfaren haben.

den 24. Aug. Mereren Briefen aus Copenhagen zufolge, die gestern angekommen sind, soll Norwegen an Schweden übergangen seyn, u. der Printz Regent
seiner Stelle niedergelegt haben. Vor nicht gar langer Zeit wurden die Zeitungs
Nachrichten, die von Schwedischer Seite herrürten, als unwahr erkläret, ebenfals
von Copenhagen u. nun lauten sie wieder anders. Gestern Abend spät ist der
Kriegsrat Moeller mit dem vor 3 Tagen von hier gegangenen Kommando u. 1
Lieutnant vom Regiment Oldenburg, als Arrestant zurückgekommen, u. hat sein
altes Quartier wieder in Besitz genommen. Von nächtlichen Diebereyen hört man
ser öfters, noch kürzlich ist das Tau zum überziehen der Fähre beim Deichtor
gestolen worden, so daß in mereren Stunden keine Leute übergesetzt werden
konnten, alle nach dem Cremper Tor umgehen musten.

den 25. Aug. Der Printz Christian in Norwegen hat vorher resigniert u. ist abgereist, ehe die Capitulation zu stande gekommen, laut Nachrichten aus Copenhagen. Die Untersuchungsakten nebst Bericht pp., den Kriegsrat Moeller betreffend, sind am Königlichen Obergericht gesandt worden, daher von diesem
höchstpreislichen Gerichte die fernere Behandlung u. Beendigung besorgt werden
wird. Übrigens ist derselbe eben wie vorhin, sorgfältig bewacht, u. täglich zieht
deshalb 1 Unterofficier u. 9 Mann mer auf der Wache, wovon 2 im Zimmer, u. 1
draußen vor selbigem aufm Posten stehen; bey der Ablösung oder bey Oefnung
der Türe muß der Unterofficier jedes mal gegenwärtig seyn.

den 26. Aug. Mit der Feldpost ist gestern Nachmittag die Ordre gekommen, die
Abwerfung der Brustwehren auf den Wällen zu beschleunigen, alles andere liegen
zu lassen; sodann die längst ausgedienten, u. die am längsten im Dienst gewesene
Leute zu entlassen, u. pro Kompagnie nur eine bestimmte Anzal zum Militair-
dienst zu behalten. Im Süderauerdorf u. bey der Kirche waren sie Morgen Vormittag eine Schwadron Uhlanen, von Hamburg kommend u. nach dem Standquartier Brunsbüttel bestimmt, erwarten; der Rittmeister derselben, den ich in
Süderau gesprochen, glaubte, daß die Kosacken, die Donischen sowol als die Ura-
lischen bald marschieren u. sie dann den ganzen Marschdistrickt von Dithmarschen nach Hamburg besetzen würden, um besser ire Ablösung beim General
besorgen zu können.

den 27. Aug. die gestrigen Copenhagener Briefe, Norwegen betreffend, lauten
wieder anders. Nicht dies ganze Königreich, nur eine Provintz hat sich durch
Capitulation u. mit bewafneter Hand ergeben. Der Preußische Hof soll sehr unge-
halten auf das Verfaren des Schwedischen Kronprintzen seyn, weil dieser den Waffenstillstand vom 2. des Monats nicht anerkennen wollen, welchem Zeitraum
doch Vieles hätte berücksichtigt werden können. Der heutige starke Regen hält die
Landleute mit Einfaren des Korns ser zurück, da alles, was reif war u. eingebracht
werden konnte, nun noch auf trockene Witterung warten mus. Die Wege sind
auch bereits schon spurigt u. tief geworden, welches diesen Nachmittag auf dem
Wege nach dem Grill bemerkt habe.

122

den 28. Aug. Für die Russische Armee wird nun wohl bald das Brod in der Königlichen Bäckerey[216] hierselbst gebacken werden; Unterhandlungen dieserhalb sind schon merere gewesen. Gestern ist viel Zank u. Schlägerei in der Blomeschen Wildnis zwischen den Eingesessenen u. den Russen gewesen, merere Einwoner sind arretiert u. von den Cosacken nach ihrem Capitain gebracht, welches ich gestern zwar gesehen, aber nicht genau bemerkt habe. Der Platz Kommandant von Crempe, Herr Lieutnant Hildebrandt ist noch geholet worden, u. dieser hat hier in loco Hülfe gesucht, die ihm abgeschlagen mit der Weisung, vom 2.ten Bataillon in Hademarschen Leute zu requirieren, weil von hier aus keine abgegeben werden könnten. Diesen Morgen sind Viele bey Herrn Justitiarius abgehört worden mit Zuziehung eines Dolmetschers, welches Protokoll vielleicht gerade nach dem Herrn Grafen v. Bennigsen gesandt werden wird. Die neuesten Nachrichten von Copenhagen, Norwegen betreffend, sagen, daß die Schwedischen 6000 Mann verloren, die Festung geräumt u. nachhero die Capitulation abgeschlossen haben sollen, vermöge dieser wird die Festung von den Einwonern bewacht, die Normännmer stehen onweit davon im Lager, u. die Schweden haben sich nach der Gräntze zurückgezogen. Der Waffenstillstand dauert 8 Wochen, in dieser Zeit darf die Schiffart dahin von keiner Macht gestört werden. Ist dies alles gegründet, so werden diese sich mit Allem gehörig versehen, u. die Schweden werden mit Gewalt nichts ausrichten. Der Printz soll auch nicht abgereiset seyn. Diesen Vormittag kamen 10 Russische Reconvalescenten von Neuendorff, um hier im Hospital abgegeben zu werden, der Herr Commandant lies den Wagen aber weiter faren, um diese in Crempe unter zu bringen. Seit einigen Tagen sind die Brustwehren abgeworfen, alles eiserne Geländerwerk von den Brücken abgebrochen, dahingegen etwas Bretterwerk angenagelt worden, um der algemeinen Sicherheit wegen, u. heute werden pro Kompagnie 30 Mann, alle längst ausgediente, nach der Heimat entlassen. Die Demolierung aber wird mit den Zurückgebliebenen fortgesetzt, u. Morgen wird der Deich beim Kasteel so stark gemacht, wie der bey Holstein, so daß ein neuer innerhalb gemacht werden, der alte aber als Schirmdeich dienen soll.

den 29. Aug. Nach geendigter Abhörung hat es sich gezeigt, daß der Bauknecht u. dessen Frau auf Marx Peters Hofe die veranlassende Ursache zum Streit gewesen, dazu kommt nun auch die Unkunde der Sprache, alles ist dieserhalb gütlich beigelegt. Einige betrunkene Russen haben gestern Nachmittag vielen Unfung begangen, u. sind hernach beim Abfaren aufm Rhin von den Straßen Jungens mit Erdklößen u. Steinen geworfen worden, welches die Policey wohl hätte verhindern oder zum wenigsten untersuchen u. bestrafen mögen. Die Landstraßen sind schon ziemlich schlüpfrig geworden durch den starken Regen, welches diesen Nachmittag auf dem Wege nach dem Grill bemerkt habe.

den 30. Aug. Der Magistrat hat heute ein scharfes Mandat an allen Ecken der Stadt anheften lassen, betreffend den Unfug auf den Straßen pp. Die gute Witterung nach dem kürzlich gehabten Regen hat die Landstraße schon ziemlich wieder gebessert, welches heute Nachmittag am neuen Deich, Ivenfleth pp. bemerkt habe.

den 31. Aug. In der vorletzten Nacht hat es ziemlich gereift, u. diese Nacht ist ein milder Tau gefallen, so abwechseln ist die Witterung, daher ein Jeder sich wohl in Acht nemen mus, um keine Erkältung sich zu zuziehen. Von sicherer Hand habe erfaren, daß die Russischen Truppen noch 3 Monate vors erste im Lande bleiben werden. Die Wege sind ganz wieder abgetrocknet, welches diesen Nachmittag auf der Reise nach dem Strodeich erfaren habe.

den 1. Sept. Die Russischen Herrn Generale halten strenge Zucht unter den Leuten. Um Excesse zu verhüten, darf keiner auf den Jarmärkten sich sehen lassen, diejenigen ausgenommen, die just in diesem Districkt einquartiert sind, u. um genau darauf zu halten, müssen zu der Zeit Patroillen ausreiten, die darauf achten. Man will sogar behaupten, daß auch des Nachts allenthalben Patrouillen ausgeschickt werden, u. diese zuweilen mit in der Stadt kommen, nemlich zum Cremper Tor herein u. zum neuen Tor wieder heraus.

den 2. Sept. Gestern am Egidien Tage[217] ist es bey nordöstlichem Wind sehr schönes, etwas küles Wetter gewesen, welches, nach Bemerkungen alter Landleute, 4 Wochen gleichförmig sich verhalten würde. Heute aber hats, bey Nordwestwind, schon einigemal etwas geregnet, zwischen durch Sonnenschein, allein die Luft ist doch trübe, vielleicht klärt sich das Wetter gegen 12 Uhr auf, u. wird heller u. reiner werden.

des Abends. das Wetter ist heute abwechselnd gewesen, bald ziemlich stürmisch mit wenigen Regen, bald heller mit anhaltenden Sonnenschein; ein Regenbogen war um 10 Uhr sichtbar, welches auf der Reise nach dem Grill, Herzhorn, Lesigfeldt, alten Deich bemerkt habe. Der Wind war West Nord Westen.

den 3. Sept. Diese Nacht soll es stark gereift haben, den ganzen Tag schönes Wetter, aber ziemlich kalt u. luftig, der Wind Nord Nord West, gegen Abend ein leichtes Schauer Regen, welches ich auf der Stadtstraße zwischen 9 u. 10 Uhr bemerkt habe.

den 4. Sept. Abermals in der Nacht gereift, helle Luft u. schönes Wetter den ganzen Tag, aber ser kalt, der Wind bald West, bald Nordost.

den 5. Sept. Gestern Abend spät der Horizont ganz wolkigt, die Kälte etwas weniger, diesen Morgen aber früh schon schönes Wetter mit Sonnenschein u. heller Luft. Aufm Nachmittag waren viele Wolken bey etwas dunkeln Wetter sichtbar, welches auf einer Fustour nach dem Cremper Rhin bemerkte, gegen 10 Uhr aber schienen sich diese zu zerteilen, u. da um diese Zeit noch nach Elskopp, meist nach der Süderauerhörn[218], faren muste, so konnte dies alles recht vernemen; nach 9 Uhr ganz sternheller Himmel, der Wind den ganzen Tag Ostnordost.

den 6. Sept. Kriesel[219] u Scharlachfieber nebst Husten und Pocken, Diarrhoen scheinen sich bey der kalten Luft eher zu vermeren als zu vermindern, daher die Sterblichkeit sehr zunimmt. In Süderau sind allein gestern 9 Personen one Sang u. Klang beerdigt, u. in der abgewichenen Woche 29, große u. kleine, fast alle aus dem Mohr zur dasigen Commüne gehörend. Die farende Post nach Elmshorn darf dorten sich nicht aufhalten, sondern sogleich zurückfaren, u. die Extra Posten nach Hamburg dürfen von hier gar nicht über gedachten Ort, sondern über Krückau, Uetersen pp. in einer Tour nach Pinneberg faren. In Elmshorn u. Kaltenkirchen soll die Sterblichkeit ser gros seyn, daher letzterer Ort schon gesperrt ist. In Uetersen nimmt diese auch überhand, laut Briefen von vorgestern daher. In hiesiger Gegend ist nur hin u. wieder etwas davon zu bemerken, das Erbrechen u. die Diarrhoen scheinen sich aber zu vermeren; unstreitig ist Unvorsichtigkeit u. Diätfehler fast allenthalben Hauptursache, u. namentlich Erkältung nach vorhergegangener Erhitzung, wogegen alle Ermanungen fruchtlos zu seyn scheinen. Merere Pulcks Kosacken haben heute Marschordre erhalten, um am 10ten dieses nach Dithmarschen zu gehen, warscheinlich um die Uhlanen abzulösen, welches diesen Nachmittag in Grönland, Horst, Grevenkopp u. Crempe gehört habe. Den ganzen Tag trübe Luft, aber trocken bis spät gegen Abend. Der Wind Westnordwest.

den 7. Sept. Diesen Morgen gleich nach 7 Uhr fur nach Elskopp unter beständigen sanften Regen u. Westnordwestwind, auf der Rückreise war es trocken, die Luft aber ser trübe, der Wind Westen, u. es scheint, als obs den ganzen Tag so bleiben werde. Bis Mittag hat es sanft geregnet bey den nämlichen Westwinde, die Wege sind sehr schlüpfrig geworden, welches diesen Nachmittag auf einer Reise nach Lesigfeldt erfaren habe. Gegen Abend hat der Horizont sich aufgehellt u. der Wind ist wieder Westnordwest

den 8. Sept. Gestern Morgen sind einige 40 Kosacken hier durchpassiert, zum neuen Tor herein u. zum Cremper Tor heraus. Diese Nacht ser dunkle u. trübe Luft, one Regen; der Wind heute Nordost u. etwas Sonnenschein, um 8 Uhr Morgens. Der Wind ist abwechselnd einige Stunden Nordwest gewesen, wobey es etwas geregnet hat; um 2 Uhr war der Wind wieder Nordost, das Wetter wurde heller mit Sonnenschein, es war aber kalt dabei, welches auf der Reise nach Elskopp bemerkt habe.

den 9. Sept. Unser Monarch reiset zum Kongres nach Wien, ab 6.ten dieses sind Höchstdieselben abgereiset, so lauteten die letzten Briefe von Copenhagen, nemlich die am 8ten angekommen. Seine Majestät reisen sehr schnell u. werden heute schon in Itzehoe erwartet. Dessen Gefolge ist ziemlich ansehnlich. Gestern Abend ganz sternenhelle bey Nordostwind, diese Nacht trockenes Wetter; helle Luft,

Sonnenschein Morgens um halb 9 Uhr. Schon gestern Mittag ist der Monarch durch Itzehoe gereiset in Allem 10 Reise Wagens; ein Kommando Kosacken ist zur Begleitung mitgeritten. In Elmshorn ist die Garde der Bürgers en Parade gewesen. Die Kosacken in der Herzhorner Gemeine marschieren Morgen nicht alle fort, wenigstens haben merere Kontraordre erhalten, welches heute Nachmittag in Lesigfeldt gehört habe. Heute fast den ganzen Tag Nordwestwind, trübe Luft mit Sonnenschein abwechselnd, ganz wenig Regen, so daß die Wege ganz trocken geworden sind. In der letzten Nacht hat es ziemlich stark gefroren.

den 10. Sept. Diesen Morgen früh ganz helle reine Luft mit Sonnenschein, obgleich diese Nacht u. gestern Abend der Horizont ser bedeckt war. Der Wind Nordwest. Sämtliche Kosacken zu dem 88ten Regiment gehörend, wovon der Regiments Staab in Crempe kantoniert hat, sind diesen Morgen nach Schenefeldt marschiert; ob sie dorten bleiben oder weiter gehen werden, davon war nichts bekannt geworden, welches diesen Vormittag in Elskopp gehört habe.

den 11. Sept. Gestern Abend ganz helle Luft u. ser kalt. Der Wind aus Norden. Diesen Morgen eben so, aufm Mittag wolkigt, u. ganz wenig Regen, der Wind Nordwest. Um 11 Uhr gestern Abend sind die Uhlanen, in gleicher Anzal, in den Häusern der Landleute eingerückt, die des Morgens von den Kosacken geräumt worden sind, welches heute aus verschiedenen Districkten mir gesagt worden ist.

den 12. Sept. Ganz sternhell, aber nicht so ser kalt als gestern Abend. Diesen Morgen um 7 Uhr dunkle Luft nebst etwas Regen; der Wind nach dem Zug der Wolken ist nördlich. In Elskopp u. Crempe sind Uhlanen, von Dithmarschen kommend, desselben Abends, in Lesigfeldt aber den folgenden Abend, u. zwar von Colmar eingerückt. Da sie allenthalben spät in der Nacht gekommen sind, so hat es viele Unruhe dorten erregt, welches heute in den Districkten allenthalben gehört habe. Der Wind Nordnordwest mit etwas Regen gegen Abend.

den 13. Sept. Diese Nacht ganz sternhell bey nordwestlichen Wind, u. am Morgen schon früh Sonnenschein jedoch mit Wolken am Horizont, der Wind Nordwest. In Elskopp u. Süderau erfur diesen Nachmittag, daß gestern Abend einige Uhlanen one Billete sich dorten einquartiert hätten, welches zur Untersuchung gekommen ist. Und in Crempe hörte ich, daß alle Zugänge mit Uhlanen Posten besetzt sind, welches auch auf 2 Stellen gesehen habe; ferner sagt man, daß allenthalben Schlagbäume angelegt werden, u. nach 10 Uhr keiner durchpassieren soll one besondere Erlaubnis. Dicht vorm Cremper Tor jagten 8 bis 10 Uhlanen Officiere bey der Reepschlägerey in vollem Galopp, einige stürzten u. einer lag über Viertelstund als tot. Die Menschenliebe erforderte es ihm beizustehen, ich lies ihn ins nächste Haus tragen, alle Kleidung lösen, ihn vom Blute, welches aus Nase u. Mund stürzte, reinigen, u. hatte das Glück, ihn zur Besinnung gebracht zu haben, worauf er mit einem Furwerk nach seinem Quartier in Elskopp gefaren wurde. Sämtliche Herren hatte alle zuviel getrunken, der Gestürzte (u. stark Verwundete) aber ist doch auf jeden Fall zu bedauern, weil die Folgen desselben ganz sicher noch bedenklich seyn werden.

den 14. Sept. Gestern Abend dunkle Luft mit etwas Regen, so auch diesen Morgen bey Nordwestwind. Gestern hat unsere Garnison Marschordre nach Rendsburg erhalten, nur 100 Gemeine nebst 3 Ober- u. einigen Unterofficieren sollen hier bleiben; man glaubt aber, daß dieses contramandiert werden wird. Bey Bockel ist ein Lager für sämtliche Russische Cavallerie abgestochen, auch die dazu nötigen Furen u. die anderen Requisiten ausgeschrieben worden. Es soll nur einige Tage dauren u. blos zur Übung der Truppen dienen. Jeden Dienstag und Freitag kommen 2 Räte vom Höchstpreislichen Obergericht, nämlich die Herren Etatsrat Levsen u. v. Schirach aufm Rathaus in einer Kommission zusammen, um über andere, dem Kriegsrat Moeller in seinen bisherigen Amtsgeschäften zur Last fallenden Vergehungen Untersuchungen an zu stellen. Man hört von vielen dergleichen, ins besondere des Geldes u. Staats-Steuer wegen. Den ganzen Tag Nordnordwest mit etwas Regen gegen Abend.

den 15. Sept. Gestern Abend sternenhell, jedoch nicht so kalt wie die vorigen Nächte, auch hat man in 2 Tagen von Nachtfrösten nichts gehört. Der Horizont ist ganz mit Wolcken bezogen, der Wind Westnordwest, u. zwar gegen 8 Uhr Morgens. Den ganzen Tag dunkle Luft, aber angenemes trockenes Wetter. Der Wind nördlich. In Ivenfleth u. der Borsflether Wisch exercierten die Uhlanen zu Fuß u. machten schöne Schwenkungen, im letzteren Ort wurden auch mit Säbel Übungen gemacht. Mit den requirierten Schlagbäumen in Crempe ist es blos Irrtum u. Mangel an Sprachkenntnis gewesen, es haben Schilderhäuser seyn sollen, die auch allenthalben gesetzt worden sind, welches diesen Nachmittag in gedachter Stadt gehört.

den 16. Sept. Gestern Abend dunkle Luft, wo wie auch diesen Morgen, der Wind ganz Ost. Gestern ist die Ordre eingegangen, das bisherige Gieshaus[220] zur Kaserne für die künftige kleine Garnison nebst Ober- u. Unterofficiere einzurichten, des Endes einen Anschlag in Hinsicht der Einrichtung dieses Hauses nebst deren Kostenbelauf ein zu senden. Mit Ende dieser Woche werden die Demolitions-Arbeiten aufhören, wenn keine andersweitige Befele desfals eingehen, u. die Leute warscheinlich beurlaubt werden oder auch nach Rendsburg marschieren müssen. In Elskopp erfur diesen Nachmittag, daß merere Russische Truppen, u. namentlich Uhlanen in Lesigfeldt u. den Mohrdörfern zu Süderau gehörend, diese Nacht um 2 Uhr Marschordre erhalten u. sogleich aufgebrochen wären; warscheinlich zum Dienst nach Hamburg. Auch Fusvölker in anderen Gegenden hätten die nämliche Ordre erhalten u. wären auch sofort abmarschiert; diese letzteren sollen gesagt haben, daß sie nach Polen gingen. Den ganzen Nachmittag u. Abend schönes Wetter mit Sonnenschein, der Wind Südost.

den 17. Sept. Ser schönes Wetter bey eben dem Winde des Morgens. Die Eingesessenen in Colmar füren große Beschwerden gegen die Einquartierten, viele sind schon geflüchtet deshalb, u. heute hat eine eigene Deputation nach Herrn v. Bennigsen reisen wollen, um ihre Lage höchstens Ortes selbst vorzutragen u. um Verlegung dieser Leute zu bitten. In Lesigfeldt u. Herzhorn, alwo diesen Nachmittag gewesen, sind allenthalben Uralsche Kosacken einquartiert, die durch schwelgerisches Leben den Einwonern ser lästig werden. Allenthalben, wo der Printz, der in Colmar sich aufhält, umher reiset, wird derselbe auf Kosten der Einwoner bewirtet, wobey ser viele Verschwendung herrscht, welches heute der Fall in Herzhorn war, u. an der Bezalung wird nicht gedacht, nicht einmal wird ein Dank dafür abgestattet. Heute überaus schönes Wetter bey Südostwind.

den 18. Sept. Gestern sind circa 1000 Mann Fustruppen durch Pinneberg gegangen, um die Rückreise nach Pohlen zu machen; es heißt, daß almälig die andern nachrücken werden. In unserer Nähe sind die Russen wohl nur dislociert worden, weil nachhero andere wieder gekommen sind. Heute den ganzen Tag sehr schönes Wetter bey Südostwind.

den 19. Sept. Bey Südostwind den ganzen Tag überaus gute Witterung. Die Colmareingesessenen führen große Klage über die Uralschen Kosacken; sie schießen das zahme Federvieh, ja sogar die Tauben von den Dächern, todt, um den Printzen, nach Aussage der Leute, solches zu bringen. Wenn diese nicht alle von dorten verlegt werden, so werden noch ser viele Beschwerden gefürt, u. diese hier namentlich anzufüren, würde zu weitläufig werden.

den 20. Sept. Hier in der Stadt werden grosse Magazine für die Russische Armee angelegt, weil alles zu Wasser hergebracht werden soll. Zu erwarten steht dann nun auch wohl, daß zum wenigsten ein Depot derselben hier einquartiert werden dürfte. Diesen Morgen ganz erwünschtes Wetter bey Südostwind. Heute sind die Uhlanen Pferde warscheinlich alle in Bewegung gesetzt, denn auf der Cremperheide, Neuenkirchen, u. Borsflether Wisch, Blomesche Wildnis pp. begegneten mir merere Cavellerie Trupps, die blos umher gefürt wurden. Den ganzen Tag schönes Wetter bey Südsüdostwind.

den 21. Sept. Heute früh ist die Luft u. der Wind noch ebenso, u. gestern Abend spät war der Himmel ganz sternhell.

den 22. Sept. Gestern den ganzen Tag sehr schönes Wetter bey Südsüdostwind, gestern Abend sternhell. Diesen Morgen trübe Luft, westlicher Wind, u. etwas weniges Regen. Heute haben wir Aequinoctien; ob sich die Witterung gleich bleiben oder unangenemer in diesem Monat werden wird, dürfte die Zukunft lehren. Von 7 Uhr morgens bis gegen 2 Uhr ein anhaltender nicht zu starker Regen bey Südwestwind, hernach hellte das Wetter sich auf u. der Wind war Westnordwest, gegen Abend hatte derselbe sich geändert u. es kam noch einigemal eine Regenwolke, jedoch gleich vorübergehend.

den 23. Sept. Mit dem Ausmarsch unserer Garnison ist es bis zum künftigen Früling verschoben worden, damit ein Jeder in Hinsicht der Mobilien u. Immobilien sich danach einrichten könne. Eigentlich ist diesen Morgen ganz Früherbst, die Tag u. Nachtgleiche. Die Luft ist heller wie gestern, aber doch ser wolkigt, der Wind Westnordwest. Obgleich es nicht anhaltend u. stark geregnet hat, so sind die Landstraßen doch schon tief geworden, so daß, da alles an den Rädern hängt, ser schwer zu faren war, welches auf der Reise nach dem alten Deich, Lesigfeldt, Herzhorn pp. bemerkt habe. Allenthalben aufm Lande u. in der Nähe, haben die Russische Kavallerie Marschorder, u. zwar nach Polen hin, wie diese Leute selbst sagen. Es heist aber, daß in der Marsch Infanterie liegen u. die Kavallerie nach der Geest verlegt werden soll. Zum wenigsten sind 2500 Mann Infanterie durch Pinneberg gegangen, die nach Aussage nach der Polnischen Grenze solten. Heute den Tag erträglich guter Wetter bey Südwestwind, nur einzelne ganz kleine Regenschauer.

den 24. Sept. Gestern Abend sternenhell bey Mondenschein u. Westenwind, diesen Morgen heitere Luft bey Südwestwind. Nachhero wehte es bey Süd-Süd-ostwind, wodurch die Wege ziemlich abgetrocknet, welches diesen Nachmittag in Elskopp u. Süderau bemerkt habe; warscheinlich aber hat es in diesen District nicht so stark geregnet. Aufn Abend spät der nämliche Wind, wiewohl wolkigt, so daß der Mond nicht immer ganz hell zu sehen war.

den 25. Sept. Heute den ganzen Tag Südsüdostwind, u. ser schönes Wetter. Die Durchfälle u. Ruren nemen in hiesiger Gegend überhand, wiewohl viele dabei umhergehen u. die Krankheit verheimlichen, jedoch ist die Sterblichkeit nicht mer so stark als vor einigen Wochen.

den 26. Sept. Gestern Abend war der Himmel voller Wolcken, so daß der Mond nicht sichtbar wurde, der Wind Südost. Diesen Morgen gegen 7 Uhr ganz reine helle Luft bey Sonnenschein u. Südosten Winde. Etwas nach 8 Uhr fur ich nach Elskopp, um auf einigen Höfe Rurkranke zu besuchen. Das Wetter war so warm, als fast mitten im Sommer, dahero die Uhlanen, die auf Heesebecks Hofstelle[221] mit Lanzen exercierten, ser starck dabei schwitzten; es mogten ongefer 100 Mann seyn, die einen Tag um den anderen manövieren, bald zu Pferde, bald zu Fuß.

den 27. Sept. Gestern Abend heller Mondschein bis gegen 10 Uhr hernach wokigt. Der Wind Südsüdost, diesen Morgen ebenso wie gestern um 7 Uhr. In Sommerland sind statt der wegmarschierten Kavallerie Fusvölker eingerückt, welches in Süderau u. Crempe erfaren habe. Auf Heesebecks Hofe, alwo 4 Rurkranke habe, soll Morgen auf meine Veranlassung der Schneidersahl von 6 Leuten nebst den einquartierten verlegt werden, teils der Bequemlichkeit, teils aber auch der Sicherheit halber, wesfals mit dem Platz Commandanten in Crempe Rücksprache gehalten. Heute den ganzen Tag schönes Wetter bey Südsüdostwind, es scheint aber aus mereren Merkzeichen hervorzugehen, daß diese Witterung sich bald ändern dürfte.

den 28. Sept. der gestrige Abend sehr schön und Mondhelle bey südlichem Winde. Diesen Morgen anfangs nebligt, dieser aber fiel gegen 10 u. hernach die angenemste Witterung bey Südsüdostwinde.

den 29. Sept. Diese Nacht heller Mondschein bey dem nämlichen Wind, diesen Morgen trübe küle Luft bey Westnordwestwind. In Elskopp, alwo diesen Vormittag gewesen, greift die Rur um sich, so daß fast auf allen Höfen solche Krancke sind, u. diesem onerachtet werden die Russen nicht verlegt, auch scheint es, daß diese Krankheit bey den Leuten nicht haften will. 2 Regimenter Uhlanen sollen Marschorder haben, welches dorten gehört habe.

den 30. Sept. Den ganzen Tag dunkle Luft, aber trockene Witterung bey Nordnordwestwind. Es schien mermals, als obs regnen solte, die trüben Wolken zogen, one sich zu entleeren, vorüber.

den 1. Oct. Diese Nacht hat es stark gereift, u. die Luft war gestern Abend ganz helle bei Nordnordostwind; jetzt gegen 7 Uhr scheint die Sonne bereits, aber es ist empfindlich kalt. In Lesigfeldt hörte ich diesen Nachmittag, daß es stark gefroren hat, welches an Laub u. Bäumen zu bemerken war. Diese Einwoner hatten auf einer Nacht eine Schwadron Uhlanen im Quartier gehabt, die in Neuenbrock seyen solten, u. Neuendorff damit verwechselt hatten, nun aber nicht weiter gewolt haben. Den ganzen Tag bey Nordnordostwind u. hellem Sonnenschein empfindlich kalt.

den 2. Oct. Nach Mitternacht hat es scharf gefroren, welches diesen Morgen auf mereren Stellen in Elskopp gehört habe. Alle Kommünen u. Dorfschaften müssen Schaufel u. Spaten an die Russen liefern, um auf der Heide bey Nordoh[222] damit zu arbeiten. Die Elskopper haben 20 Stück liefern müssen.

den 3. Oct. den ganzen Tag Ostnordostwind, u. schönes Wetter. Bey Nordoh u. um der dasigen Gegend haben die Russen alles gebaut, um einen guten Exercierplatz zu haben, welches heute in Elskopp, Süderau u. Crempe erfaren habe. Am 22.ten vorigen Monats ist unser Monarch eingetroffen, u. allenthalber mit außerordenlichen Erenbezeugungen, vorzüglich in Prag, bewillkommt worden.

den 4. Oct. Eben solch gutes Wetter bei dem nämlichen Wind; nur bis gegen 10 Uhr diesen Morgen war die Luft neblig. Heute sagt das Gerücht, gegen der Mitte dieses Monats marschiert die 1te Hälfte, u. am Ende desselben die zweite Hälfte der Russischen Truppen nach der Heimat hin.

den 5. Oct. Bis Mittag bedeckte Luft bey Nordwestwind, Nachmittag heller Sonnenschein, Ostwind u. ser kalt, welches auf der Reise nach dem alten Deich, Elskopp pp. erfaren habe. Die Russischen Truppen werden nächstens aufs neue verlegt, u. der Sage nach, gehen merere alte u. ausgediente bey der Landwehr nach der Heimat, die übrigen jungen sollen bey den Linien Truppen verteilt werden. Auch sagt man, daß die Kavallerie von der Marsch nach der Geest verlegt werden soll, um den Landleuten die vielen Furen, bey den zu erwartenden tiefen Wegen, zu ersparen. Den Zeitungen zufolge ist unser Monarch am 22. Sept. in Wien angelangt u. mit überhäuften Erenbezeugungen bewillkommt worden.

den 6. Oct. Heute immer westlicher Wind, bald Nord bald Südwest, um 10 Uhr kam Sonnenschein, es war aber doch ser kalt, welches auf der Reise nach Elskopp u. Süderau bemerkt habe; sämtliche Uhlanen daselbst marschieren den 9ten dieses auf General Kommando nach Hamburg, in dieser Zwischenzeit die Einwoner doch Erleichterung in Hinsicht der Ausgaben sowol als der Bequemlichkeit.

den 7. Oct. Diesen Vormittag Südwest mit Regenschauer, Nachmittags etwas mer westlich, etwas weniger regnigt, aber ser starker Wind, daher die Mülen one Segel in Tätigkeit waren. Die Division Enj der Russisch Kaiserlichen Truppen wird gänzlich abmarschieren, warscheinlich nach der Heimat, die andern aber sollen so verteilt werden, ganz ins Schleswigsche hin, diese aber erhalten dann eine warme Stube, welches bisher noch nicht nötig gewesen ist.

den 8. Oct. Seit dem 1.ten Sept. ist das Wetter 35 Tage fast beständig trocken u.ser gut gewesen, gestern Abend u. vorzüglich die Nacht über hat es unter starken Blitzen fast immer geregnet u. stark gestürmt, so daß um 9 Uhr Morgens bey der Fluth einige Besorgnis wegen der neuen Stöpe am Hafen, zur Durchbringung der Kriegsschiffe, nach dem Schlosplatz hin, u. die noch nicht ganz fertig ist, entstanden, wesfals alle Fronarbeiter, 300 Mann, dahin beordert wurden, um die nötigen Vorkerungen zu treffen. Aufm Nachmittag hat sich der Wind gemindert, allein er weht doch stark aus Nordwest, welches auf der Reise nach dem alten Deich u. Elskopp bemerkt habe. Gegen 10 Uhr ist das höchste Wasser, u. solte der Wind bey auflaufenden Wasser stärker werden, so müssen alle Stöpen mit Mist verstopft werden; warscheinlich ist die öberste schon ganz dicht versehen, daß das Wasser nicht durchdringen kann.

den 9. Oct. Diese Nacht soll es stark geregnet u. gestürmt haben, der Wind aber ist fast ganz nach Norden gegangen, u. daher die Wasser Gefar vorüber; die Wege sind schon tief geworden, welches auf dem Weg nach Colmar bemerkt habe. Die Uralschen Kosacken daselbst haben Marschordre, warscheinlich zur weiteren Verlegung, u. die Uhlanen in Elskopp, eine halbe Schwadron, sind nicht auf General Wache gekommen, sondern haben Kontre Order erhalten. Wenn der Wind aus Norden bleibt u. kein schwerer Regen entstehen solte, so könnten die Wege noch etwas abtrocknen u. farbar bleiben.

den 10. Oct. Diese Nacht hat es scharf gefroren, der Wind ist den ganzen Tag nördlich gewesen, die Sonne scheint ziemlich erwärmend, aber aufm Abend ist's ser kalt gewesen.

den 11. Oct. Heute den ganzen Tag westlichen Wind, dabey ser kalt, auch hats die Nacht ziemlich gefroren, nicht so stark als die Vorige. Auf der Cremper Heide wird am Ende der Woche Revüe[223] über einige Russische Kavallerie Regimenter gehalten, wesfals für die Suite der Herren Officiere beim General-Staab bereits in Crempe das Quartier bestelt worden ist, welches dort diesen Nachmittag gehört habe. Merere Russen in unserer Nachbarschaft sind schon in Bewegung, in Crempdorf hielten verschiedene Wagen mit Feldrequisiten, als Kessels pp. u. einige 30 Mann, teils zu Pferde, teils zu Fuß, die aber nach der Stellung des Wagens gerechnet, von der dasigen Gegend herzukommen schienen; in mereren Dorfschaften sind die Leute abmarschiert, u. hin u. wieder frische eingerückt; die Lieferanten in Itzehoe haben gestern Ordre erhalten, bis den 13.ten dieses Monats zu liefern; ein paar Stunden darauf ist dieser Befel wiederrufen worden.

den 12. Oct. Bey südlichem u. westlichem Winde den ganzen Tag ser kalt, zwischendurch Sonnenschein, größtenteils trübe Luft, die Wege sind ser abgetrocknet, welches am alten Deich, Elskop u. Süderau bemerkt habe. Eine Abteilung Russischer Truppen, 15000 Mann stark, sollen innerhalb 2 Tage nach Dresden marschieren, so lauten die Orders.

den 13. Oct. Heute ser schönes Wetter bey Südostwind; sogar der Weg längs dem neuen Deich war schom ziemlich gut zu faren, welches diesen Nachmittag gesehen habe.

den 14. Oct. Gestern Abend ganz sternenhell, u. diesen Morgen gegen 7 Uhr reine Luft bey Südostwind. Fast jede Nacht etwas Frostwetter, heute auf den Krankenbesuchen am alten Deich, Elskopp, Süderau u. Crempe sehr angeneme Luft, obwohl der Wind Südost war. In letzterem Ort, etwas nach 4 Uhr, traf ich circa 200 Uhlanen aufm Markt, die auf der Revue bei Nordoh gewesen waren. Ser viele Pferde one Geschirr, u. ser viele kleine Pferde waren dabey, nachhero kamen noch einzelne Trupps, die nach iren Standquartieren ritten. Der Sage nach solten sie am 16ten marschieren. In mereren Districkten in der Nähe sind die Kosacken abmarschiert, dahingegen sollen heute Fus-Jäger einrücken, auf jedem Hofe so viele, als Kavalleristen weggegangen sind. Gestern hatte 1 Bataillon Infanterie, von Crempe kommend, vorm Süderauer Tor bewakiert u. gekocht, wozu die Einwoner die Kessels, Feuerung pp. liefern mußten.

den 15. Oct. Im Herzhornschen u. Colmarschen sind die Uralschen Kosacken diesen Morgen abmarschiert, um Nachtquartier im Bramstedtschen zu nemen; der Sage nach werden diese nach der Polnischen Grenze gehen, dies ist mir heute in dasiger Gegend erzält worden. Bey südlichem Wind heute gelinde Witterung, jenseits Herzorner Deich war etwas weniger Regen gefallen. Bei Nordoh werden heute einige andere Kavallerie Regimenter gemustert.

den 16. Oct. den ganzen Tag dunkle Luft mit Südostwind, gegen Abend öfters Regenschauer bey Nordwestwind, wodurch die Landstraßen ser schlüpfrig geworden, u. schlecht zu befaren gewesen. In Elskopp hörte ich diesen Mittag, daß die Uhlanen noch alle dorten geblieben, u. bis jetzt keine Umquartierung dieses Regiments stattgefunden hätte; in Mittelfeldt aber, alwo ich gegen Abend anlangte, waren die Kosacken fort, statt diesen hatte diese Kommüne 2 Kompagnien Jäger u. Grenadiere, 320 Mann (vom 28. Regiment), erhalten, so daß jeder einzelne Hof 10, u. jede Kate, ein bis zwei Mann erhalten, die aus dem Amte Barmstedt gekommen sind. Eine Deputation dieser Kommüne war deshalb nach Elmshorn gereiset, die mir in Mittelfeldt auf der Rückreise begegnet sind (dies Jäger Regiment hat in u. um Kellinghusen kantoniert, u. die Quartiere mit den Uralschen Kosacken verwechselt; beide Teile haben im Bramstedt u. der dasigen Gegend Nachtquartier gehabt, sind also gar nicht nach Barmstedt gekommen). Alle Gerüchte von der Abreise dieser Truppen scheinen one Grund gewesen zu seyn.

den 17. Oct. Vormittags Südwestwind, zuweilen etwas Sonnenschein, aufen Nachmittag Nordwestwind, ganz dunkle Luft, jedoch one Regen. Ser viele Jäger Officieren haben sich heute von den Landleuten herfaren lassen, teils um einzukaufen, teils die Stadt nebst den Umgebungen in Augenschein zu nemen.

An beiden Seiten des Hafens ist nunmero alles demoliert, die bisherigen Festungsdeiche zum Elbdeich gemacht, so daß der vorige jetzt zum Schirmdeich dient, hinfolglich die Stadt von der Elbseite her gesichert zu seyn scheint vor Wasser Gefar. Auch ist der neue Weg von der letzten Festungsbrücke außerm neuen Tor, die über den wilden Wassergang liegt, in gerader Richtung über die Außenwerke, schräg überm Burggraben, nach der Graupenmüle hin, bereits fertig; bey der Müle sowol als bey der letzten Brücke ist ein ziemlich breites Rondeel gemacht, alwo die Wagens halten können, wenn sich diese begegnen solten. Ob nun der alte Weg in neue Tor bleiben wird, oder der neu bepflastert werden soll, wird die Folge der Zeit ausweisen. Zum großen Nachteil der Einwoner der Nordseite der Fleths würde es gereichen, wenn der Weg durchs neue Tor gänzlich nach der Graupenmüle verlegt werden solte.

den 18. Oct. Den ganzen Tag schönes Wetter bey Südwestwind, Nachmittags spät muste noch nach Elskopp, u. kam gegen 7 Uhr zurück; die Wege sind ziemlich angetrocknet u. recht gut farbar, sogar mit der Karriole geworden.

den 19. Oct. Dunkle Luft, aber gutes trockenes Wetter, bey Südwestwind; in Herzhorn, Mittelfeldt pp. sind die Jäger nur 2 Nächte gewesen, um hernach auf General Wache in Hamburg zu marschieren. Die Einwoner sind mit diese ser wohl zufrieden, weil strenge Zucht bey diesem 28.ten Regiment herrscht, in einigen Tagen sind sie solche zurückerwarten, welches auf merere Stellen dorten gehört habe. Es ward früh dunkel u. etwas nach 6 Uhr kamen noch einige Regenschauer.

den 20. Oct. Trockenes Wetter, helle Luft mit Sonnenschein beim Südwestwind. Etwas nach 2 Uhr ganz weniger Regen, nebst doppeltem Regenbogen. Obgleich es die Nacht geregnet haben soll, so waren die Wege nach Elskopp u. Süderau gut abgewehet u. trocken, welches auf der Reise dahin bemerkt habe.

den 21. Oct. Vormittags Sonnenschein, Nachmittags trübe Luft von Regen bey Südsüdwestwind. Auf den Herren Gebäude zu Colmar Hoff[224] arbeiten täglich einige 80 Schwedische vom 28. Regiment, dessen Staab in Neuendorff, die Compagnien aber dorten umher, nach dieser Stadt zu verteilt liegen, so daß jeder Hof 10 Mann zu beköstigen hat, denn mit der Fleisch u. Brodlieferung kann keiner sich gehörig sättigen. Sicheren Nachrichten aus Wien zu Folge, sollen die Friedens Bedingungen zwischen dem dänischen u. dem Russischen Hofe bis zur Unterschrift gediehen seyn, u. dann, heist es, werden alle Truppen der letzeren Macht unsere Lande verlassen, ob nach der Heimat, oder anderswohin, dies mögen die Götter wissen.

den 22. Oct. Gestern ist eine Englische Kriegsfregatte auf unserer Rheede, nach gegebenen 7 Schüssen, zu Anker gegangen. Man sagt, diese habe einige 30 Schiffe konvoyiert, die mit Kriegsbedürnissen aller Art nach Stade gesegelt seyn sollen. Den ganzen Tag trübe Luft bey Südwestwind, circa 4 Uhr etwas Regen, jedoch ganz sanft, der bis 6 Uhr angehalten hat u. noch fortdauert, wärend dies geschrieben ist.

den 23. Oct. Gestern Abend u. die Nacht über one Regen bey dunkler Luft. Heute beständiger sanfter Regen bey Südwestwind. Um Mittag hörte dieser zwar in erwas auf, allein in dieser Stunde strömte es außerordentlich, worauf es hernach immer sanft geregnet hat.

den 24. Oct. Ongefär 9 Stunden hat es gestern, nicht ser stark geregnet, aber demonerachtet sind die Wege schon tief geworden, welches auf einer Reise nach Colmar bemerkt habe. Der Wind ist West den ganzen Tag, gutes Wetter, bequeme Luft nebst Sonnenschein gewesen, gegen Abend wurde es doch empfindlich kalt. Heute sind die Anstalten getroffen, daß Morgen früh der Weg vom Eselskopf nach dem Deichtor hin, schräge übern Burggraben, angelegt werden soll, womit bis zur völligen Beendigung fort gefaren wird.

den 25. Oct. Vormittags dunkle Luft, Nachmittags Sonnenschein, aber kalt bey Südostwind

den 26. Oct. den ganzen Tag dunkle Witterung, one Sonnenschein, Südostwind u. empfindlich kalt, welches diesen Morgen auf der Reise nach Elskopp bemerkte.

den 27. Oct. dunkle Luft one Sonnenschein, Südostwind, dabey ser kalt.

den 28. Oct. Vom Abmarsch der Russischen Truppen ist jetzt gar nichts mehr zu hören, wie wohl einige behaupten wollen, die Proviant u. Fourage Lieferungen würden jetzt nur von 5 zu 5 Tagen abgeschlossen; allein wie Vieles wird jetzt nicht als sicher erzälet, welches entweder den andern Tag wiederrufen wird, oder andere Neuigkeiten hin zu gefügt werden, die fast eben so grundlos sind.

Das 2te Bataillon der Königin ist jetzt in Rendsburg, die Jäger Kompagnie aber in Jevenstedt; erstere haben viele Leute beurlaubt. Die Uhlanen in Elskopp u. Süderau, wovon ich Verschiedene auf den Höfen daselbst gesehen u. gesprochen habe, hatten sich, weil sie Lönung erhalten, sehr gütlich getan, u. waren schon am Nachmittag etwas benebelt, one jedoch unartig sich gezeigt zu haben. Alle hatten diese Kantonierungsquartiere, u. wünschten beständig, hier zu bleiben, allein einige glaubten, bald marschieren zu müssen. Die Uralschen Kosacken sind in u. bey Kellinghusen eben so zügellos, als im Colmarschen, wesfals von unsern Jägern u. Husaren ein starkes Kommando dahin abgegangen seyn soll. Bis zu Mittage dunkle Luft bey Südwestwind, hernach Sonnenschein bey Westnordwest, u. aufen Abend heller Mondschein bey Ostenwind.

den 29. Oct. Der Geburtstag Irer Majestät der Königin ist von der Noblesse u. den Honoratioren der Stadt gestern Abend im Clubhause ganz solemniter gefeiert worden. Die Gesundheiten des Königs u. der Königin wurde jede mit 3 mal 9 Kanonenschüssen ausgebracht, u. auf das Wohl der Stadt wurden 3 mal 7 Schüsse gegeben. Vorhero u. nach nachhero ist getanzt worden, bis es anfing, hell zu werden. Südostwind den ganzen Tag bey schöner heller Luft mit Sonnenschein, warscheinlich wird diese Nacht, eben wie die Vorige, mit gelindem Frost begleitet seyn.

den 30. Oct. Ganz dunkle Luft gestern Abend, kein Frost die Nacht, heute Südostwind, wenig Sonnenschein, u. daherok ziemlich kalt.

den 31. Oct. dunkle trübe Luft, abwechselnd mit etwas Sonnenschein, gegen Mittag, ganz wenig Regen bey Ostwind, welcher den ganzen Tag aus Osten gewehet hat.

den 1. Nov. dunkle ser kalte Luft aus Osten, one Regen. Die Wege sind ser gut abgetrocknet, welches am alten Deich, in Lesigfeldt, Herzhorn u. im Colmarschen bemerkt habe.

den 2. Nov. Witterung u. Wind wie gestern, die Kälte scheint fast fast empfindlicher wie am gestrigen Tage. Am 25. Oct. ist der Graf v. Reventlow als Kourier von Wien nach Kopenhagen gehend, unsere Gegend in diesen Tagen passiert, mit welchen die officielle Nachricht eingegangen ist, daß die Division Landwer-Truppen unter dem Befel des Generals Tolstoi am 4.ten dieses unsere Gegend verlassen, u. die anderen gleich nach Ratification des Friedens Tracktats, der nun auch erfolgt ist, unsere Lande räumen werden, bis auf 1000 Mann, die einstweilen annoch bleiben sollen; andere aber wollen wissen, daß diese zur Besetzung Hamburgs u. Lübecks dienen sollen. Übrigens ist in Hinsicht der Veränderung im politischen Fach nichts Neues bekannt geworden.

den 3. Nov. Gestern abend um 10 Uhr fiel der erste Schnee in diesem Herbst bey ganz dunkler Luft u. Nordostenwind. Diese Nacht muß es zwischendurch geschneit haben, weil die Dächer alle damit bedeckt waren, als es helle wurde. Am Vormittag schneite es aufs neue, aber nicht lange, der Wind ist Nordost, u. es ist heute empfindlich kalt gewesen.

den 4. Nov. Gelinde Witterung bey Südostenwind. Diese Nacht soll es öfters geregnet haben, so wie es diesen Morgen bis gegen Mittag merere kleine Regenschauer gegeben hat. Von dem Abmarsch der Russischen Truppen in unserer Gegend ist noch nicht weiteres gehört worden.

den 5. Nov. Trübe etwas nebligte, jedoch gelinde Witterung beim Südostenwind.

den 6. Nov. Gestern Abend u. die Nacht hat es zuweilen geregnet, diesen Vormittag trübes Wetter bey Südwestwind, Nachmittags etwas heller bey Nord-Westwind. Am 13.ten dieses werden Seine Majestät der König in Altona zurück erwartet, welches heute bekannt geworden. In wie ferne diese Nachricht gegründet ist, wird die Folge der Zeit dartun.

den 7. Nov. Wind und Witterung wie gestern. Seit 2 Tagen hat sich die Division des Generals Tolstoi in Bewegung gesetzt, u. einige unserer Officiere begleiten sie als Marsch-Kommissaire bis an die Grentze.
In unserer Nähe sind die Russen noch alle in Ruhe, wiewohl es heißt, daß sie sich zum Abmarsch rüsten (eben diese Nachricht habe auch Crempe u. in Crempdorff erfaren)

den 8. Nov. dunkle Luft mit etwas Regen abwechselnd bey Südwestwind. Seit 14 Tagen hat die Rurkranheit merklich nachgelassen, wenigstens in unserer Gegend, u. die noch daran gelegen haben, erholen sich almälig, aber ser langsam. Ser viele sind daran gestorben, one ärztliche Hülfe gebraucht zu haben, u. einige wenige, die solche gesucht u. erhalten, waren eigensinning, in eine Art Untätigkeit versunken, gleichgültig gegen alles, daher so wenig Arzneimittel als Pflege von Nutzen seyn konnten.

den 9. Nov. Wind u. Wetter wie gestern, dann u. wann ein kleines Regenschauer, jedoch nicht anhaltend.

den 10. Nov. Bey ziemlich starken Nordwestwind sind heute abwechselnd Regen u. Hagel mit Sonnenschein; bleibt der Wind so stark, so könnten auf die Nacht wohl noch die Stöpen zugemacht werden müssen. Die Neue, oben nach Holstein hin, ist doch unfertig, u. Kanonen-Schaluppen sind schon durchgebracht worden, die nunmero aufm Schlosplatz liegen, der jetzt zum Holm umgeschaffen worden ist, auf welchem nebenher noch eine grosse Menge Raperten u. andere Schiffsbedürfnisse liegen.

136

den 11. Nov. Gestern Abend u. die Nacht öftere Regen u. Schnee-Gestöber bey Nordwestwind, diesen Morgen etwas Frost, dunkle Luft, um Mittag Sonnenschein bey Westwind, aufen Abend etwas helleres Wetter, den ganzen Tag aber empfindlich kalt.

den 12. Nov. Stürmisch regnigtes Wetter den ganzen Tag bey Südostwind.

den 13. Nov. Eben solche Witterung bey Südwestwind. In der See muß es ziemlich gestürmt haben, weil seit ein paar Tagen 2 kleine Schiffe eingekommen sind, die Havarie erhalten haben.

den 14. Nov. Regen u. Sturm die ganze Nacht bis gegen Mittag, hernach ein paar Stunden Sonnenschein bey Westwind. Auf Schaarhörn sind 2 Schiffe verunglückt; eins gesunken, u. das andere mit Eisen, Toback, u. Fellen beladen vor 3 Tagen hier eingebracht (auf Geel- u- Vogelsand[225] sind 3 Schiffe zertrümmert, ob die Leute gerettet u. von der Ladung etwas geborgen worden, ist noch unbekannt). Man sagt, daß das hiesige Obergericht die Nachricht habe, die Russischen Truppen würden am 25.ten dieses alle abreisen. (Ein eigenhändiges Schreiben von der Majestät aus Wien nach Altona an der dortigen Kommission hat die Bekanntmachung veranlaßt.) In Crempdorff sprach ich einen Officier, der noch nichts davon wissen wollte.

den 15. Nov. dunkles, aber gelindes Wetter bey Südwestwind.

den 16. Nov. die Vision, die ein Mann an der Hauptwache vor einigen Nächten gehabt hat, verdient der Folge wegen aufgezeichnet zu werden, so wie Jene vor ein paar Jaren beim großen Pulverturm der Vergessenheit durch schriftliches Aufbe waren hätten entrissen werden sollen, die 1 Jar darauf die Einwoner außerordentlich in Schrecken gesetzt hat. Diese neuere ist Folgende: die Schildwache vors Gewer sieht viele Leute mit Noteimer[226] laufen, die Sprützen in Bewegung u. Feuer in der Stadtapotheke[227], er macht die Anzeige am Unterofficier u. dieser am wachthabenden Lieutnant, diese sehen nichts u. es bleibt auch alles ruhig. (Einer unserer 8 Nachtwächter soll eben solche Erscheinung diese Nacht gehabt haben. Auf genauere Nachfrage bey diesen Leuten ist dies ungegründet befunden; An der Crempertors Wache hat die Schildwache die Erscheinung gehabt, alwo jetzt nur 1 Unterofficier u. 4 Mann sich befinden). Jene Vision vor circa 2 Jaren ist algemein bekannt. Die Schildwache verläßt seine Posten am Pulverturm[228] u. kommt ängstlich nach der Wache mit der Anzeige, dorten nicht bleiben zu können, weil so viele Kugeln umher sauseten, u. die Batterien, mit unsern Officieren u. Artilleristen besetzt, in Thätigkeit wären, um zu laden u. abzufeuern, pp. Alle andere Mannschaft an der Wache, die aus Neugierde mitgegangen, haben nichts bemerkt; dieser Mann, der den andern Tag abgehört worden, ist bey seiner Aussage geblieben, die sich leider! im Dec. u. Jan. bestätigt hat. Dunkle u. gelinde Luft bey Südwestwind; nach 5 Uhr aber fing es an zu stürmen, almälig immer stärker bey Nordwestwind, so daß warscheinlich alle Stöpen zugesetzt werden müssen.

den 17. Nov. die Luft ist diesen Morgen etwas ruhiger, aber diese Nacht soll es schrecklich gestürmt haben, wesfals auch die Stöpen zu gemacht werden mußten. Zwischen hier u. der Stör sollen 2 Schiffe aufen Strand gekommen, aber glücklich herab gesegelt seyn one Schäden. Auf Schaarhörn ist ein großes Schiff mit Zucker u. Lasten beladen, diese Nacht in Stücken geschlagen, wovon bereits einige einzelne Stangen pp. hier eingebracht sind. Ein Russisches Schiff ist diesen Nachmittag mit Seeschaden im Hafen gebracht worden; die Ladung u. die Größe der Havarie ist noch nicht bekannt.

Den ganzen Tag Südwestwind bey Sonnenschein zuweilen u. trockener Witterung. Gegen Abend scheint der Wind Nordwest zu seyn, aber lange nicht so stürmisch wie gestern Abend.

den 18. Nov. Es soll vieler Seeschaden vorgestern entstanden seyn. Ausser dem Leinsaat, Tallig[229], pp. eingebrachten 2 mastigen Schiff sitzt noch eines mit Steinkolen bey Brunsbüttel, welches von hier aus gelöscht werden soll. Bey Cuxhafen, Neuwerk pp. sollen viele Unglücksfälle geschehen seyn. In Herzhorn, Spleth, Moorhusen u. Landweg, alwo heute zu Wasser gereiset gewesen, waren alle Jäger auf Generalwache in Hamburg, wozu die Einwoner eine Menge Wagen u. Pferde hergeben müssen, die sie auf ire Kosten dorten nebst Knechten zu unterhalten haben, bis die einzige Wache geschehen, dann begleiten sie die Leute mit den Furwerken, nach die Kantonierungsquartiere, welches den Landleuten gar nicht behaglich ist. Den ganzen Tag Südwestwind, wolkigt, aber kalt, aufen Abend sternenhell, u. Mondschein, empfindlich kalt dabey.

den 19. Nov. bis Nachmittags starker Wind aus Süden, so daß die Straßen bereits ganz abgetrocknet waren, nach 4 Uhr gelindere Luft, etwas Regen, u. gegen Abend ganz dunkel, one Mondschein u. Sterne.

den 20. Nov. Trübe Luft, wenig Sonnenschein bey Südwestwind.

den 21. Nov. die nämliche Witterung bey Südostwind, des Morgens u. Abends ser nebligt. Der letzte Sturm hat viele Schanzkörbe von Krautsand am diesseitigen Elbufer am Strand geworfen, die nun von den Bewonern am Deich aufgebrannt werden. Diese haben im Frühling vor Hamburg mit gebraucht werden sollen.

den 22. Nov. Trübe Luft bey Westwind. Die Russischen Truppen begehen hin u. wieder viele Ausschweifungen; ser viele sind schon aufem Marsch begriffen, in unserer Nähe aber noch keine. In Crempe hörte ich diesen Nachmittag von vielen Excessen dorten u. in Itzehoe; im letzeren Orte haben vorgestern Nacht beständig unsere Grenadiere Patrouillen gehen müssen. Die Jäger-Compagnie, zu Königin Leib-Regiment gehörend, jetzt in Jevenstedt, hat Ordre näher her zu rücken, auch

2 Esquadron Husaren. Es sollen zwar merere einen Cordon längst der Grenze formieren, wozu diese mit gehören, alleine sie sollen doch jetzt schon in Bewegung seyn.

den 23. Nov. Nebligte Luft mit gelinden Frost bey Südostwind.

den 24. Nov. die nämliche Witterung, jedoch one Frost bey Westwind. Am Cremper Rhin, alwo gestern u. heute gewesen, sagen die Russen allenthalben, daß sie um 3 Tage marschieren werden. Nunmero ist der neue Farweg nach dem Lübschen Recht, beiderseits des Cremper Tors, beim Stockhaus hin, dicht an der Bastion Kron Printz — die wie einige andere hohe Bastionen nicht abgetragen, sondern schräge planiert u. mit Bäumen besetzt werden sollen — überm großen Burggraben nach der Kontre Escarpe hin, fertig, so daß im künftigen Frühling die 1te und 2te Brücke nicht befaren werden darf, u. jetzt wird rechterseits des Cremper Tors, ein anderer Weg über der Scharfrichterey, nahe am Pulverturm u. der Bastion Kron-Prinzessin über den großen Burggraben, hinter Koopmanns Hof herum, abgestochen, um solchen ebenfalls fertig zu machen. Von allen neuen nach der Stadt gehenden Farwegen darf noch keiner befaren werden, ausgenommen vom Eselskopfe nach dem Deichtor hinein, der aber auch jetzt fast grundlos geworden ist.

den 25. Nov. Vormittags trübe Luft u. nebligt, Nachmittags Sonnenschein, helle Luft, etwas kühler bey Südwestwind. Von den eben abmarschierten Russischen Truppen sind 7 desertiert, größtenteils Officierbedienstete, die auch zugleich ihre Herrn bestolen haben, wenigstens einige davon, alle aber sind durch Steckbriefe verfolgt.

den 26. Nov. dunkle trübe Luft, kein Sonnenschein bey Südostwind.

den 27. Nov. ganz trübe Luft, aufen Nachmittag etwas Regen bey Südenwind.

den 28. Nov. Gegen Morgen etwas Frost, trübe Luft, aufen Mittag Sonnenschein bey Südenwind. Nachrichten aus Itzehoe zufolge, haben die dasigen Lieferanten aufs neue Kontracte zur Pflege der Russischen Truppen abgeschlossen, daher sie fürs erste nicht abmarschieren werden. Einwoner aus Colmar haben das Nämlich gesagt, mit der Bemerkung, daß die Leute hartes Brod haben solten, welches sie nicht essen wollen, daher sie nun auch weiches Brod geben müssen. Am Cremper Rhin hörte ich diesen Nachmittag auf 2 Stellen, die Leute sollen gesagt haben, ire Marschordre wäre verlängert u. so gut wie aufgehoben, dahero auch nicht weiter ans Marschieren gedacht werden würde.

den 29. Nov. Den ganzen Tag trübe regnigte Luft, bey südlichem Wind. Um Mittag wehte es ser stark, welches aber nur 2 bis 3 Stunden angehalten hat.

den 30. Nov. Vormittags trübes regnigtes Wetter bey südlichem Wind. Nachmittags stürmte es stark bey Westwind.

den 1. Decbr. Vormittags dunkle Luft, südlicher Wind, um Mittag Sonnenschein, Westwind, gegen Abend Westnordwest, sehr starker Nebel u. empfindlich kalt. Die Russischen Truppen erhalten wieder weiches Brod, Fleisch pp., ein Wagen, mit Proviant beladen, begegnete mir in Crempdorff, auch ist von Abmarsch jetzt keine Rede, welches auf 2 Stellen dasselbst gehört habe. Der Nebel war so stark, daß man um halb 4 Uhr keine Schritte vorwärts auf dem Steindamm sehen konnte.

den 2. Decbr. Trübe Luft, gelinde Witterung bey Südwestwind. Für ganz bestimmt wird gesagt, daß mit dem heutigen Tage die Russen aufbrechen u. almälig abmarschieren werden, so daß die letzten den 26. Decbr. weggehen u. dann sogleich das Hauptquartier aus Hamburg mit.

den 3. Decbr. helle Luft, etwas Frostwetter, Sonnenschein bey Südwestwind. Der Abmarsch der Russischen Truppen ist nunmero ganz sicher, das höchstpreisliche Obergericht hat bereits die Verfügungen erlassen, wie die Beamten sich, in Hinsicht der Furen, Lebensmittel pp zu verhalten haben. In 7 Abteilungen werden sie abmarschieren. Bey der Kehrwieder Müle, auf der vormaligen Bastion Schleswig, wird jetzt eine Gerüste erbaut, um ein nächtliches Lampenfeuer, zur Sicherheit der Seefarenden, darin zu unterhalten, welches bey stürmischer Witterung vom großen Nutzen seyn dürfte.

den 4. Decbr. diese Nacht scharfer Frost, u. heute frierts den ganzen Tag bey Südwestwind.

den 5. Decbr. trübe Luft, Tauwetter bey Südostwind. In der Nacht hatte es geschneiet, u. heute den ganzen Tag, vorzüglich gegen Abend, starker Nebel.*den 6. Decbr.* Dunkle trübe Witterung bey Nordwestwind, ganz wenig Frost mit etwas Schneegestöber. Heute ists gerade 1 Jar, daß diese Stadt in Blockadezustand gesetzt wurde; wie vieles haben wir nicht in diesem so schnell verflossenen Jare erlebt! Dem Abmarsch der Russischen Truppen sind abermals neue Hindernisse im Wege gelegt worden; einige wollen wissen, daß dem General en Chef geheime Ordre erteilt worden sey, auf alle Art u. Weise damit zu zögern

den 7. Decbr. Frost, Schnee u. Regen haben heute gewechselt, wie denn der Wind auch öfters veränderlich gewesen.

den 8. Decbr. Trübe, regnigte Luft den ganzen Tag bey starken Südenwind. Verschiedene von hier nach Norwegen gesegelte Schiffe sind kürzlich zu Haus gekommen, ein paar werden noch erwartet; aus verschiedenen fremden Häfen sind hier auch einige angekommen, namentlich ein großes aus Frankreich, u. eines wird noch erwartet. (ersteres von Bordaux kommend, u. letzteres aus Lissabon,

140

beide den Gebrüdern Schröder gehörend. Diese rüsten jetzt ein großes Schiff aus, das nach St. Thomas pp. segeln wird und zwar noch in diesen Tagen; es wird mit Producten aller Art, Lebens Mittel, Fleisch, Latten pp. beladen. Herr Jessen, Kommandeur im Königlichen See Etat, wird dies Capitain dahin füren. Alle unsere Grönlandsfarer, 7 oder 8, sind bereits gehörig nachgesehen u. verproviantiert worden, um im Frühling gleich nach ihrer Bestimmung zu gehen. Es ist also doch schon etwas Geschäfte im Hafen, u. die geringen Leute verdienen doch.

den 9. Decbr. Starker Sturm aus Südsüdwesten den ganzen Tag, so daß die Mülen fast immer one Segel gingen. Aufen Abend scheint derselbe stosweise, ser schwer u. heftig zu seyn, daher die Schiffe, die auf der Elbe gewolt haben aber gekommen sind, Vieles auszuhalten haben werden.

den 10. Decbr. Heute wird das Corps der Officiere des 1.ten Bataillons nebst der Grenadier Kompagnie, den Jarestag, an welchem sie vorm Jar, unter beständigen Gefechten, in der Gegend von Sehstedt, die meisterhafte Retirade des ganzen Armee Korps nach der Festung Rendsburg mitmachten, ganz solemn feiern. Sämtliche Gemeine, die bey der Demolition arbeiten, sollen 2 freie Tage, nämlich den Freitag, u. den Sonnabend, dazu nun der Sonntag, wesfals Viele, die in der Nähe sind, nach Hause gegangen, um bey den Eltern, Verwandten pp. seyn zu können. Auch die Unter Officiere haben einen Ball unter sich veranstaltet, um diesen Tag zu feiern.

den 11. Decbr. Diese Nacht Sturm u. Schnee, u. den Tag über hat es fast immer gestürmt u. geregnet bey Südwestwind.

den 12. Decbr. Schnee u. Frost die Nacht über bey Südwestwind, am Vormittag, Sonnenschein, hernach Regen u. Sturm bis auf den Abend bei südlichem Wind. Die Russischen Truppen sind nun hin u. wieder aufem Marsch; gestern hat eine Abteilung, von Heide kommend, in Neuenbrock Rasttag gehalten, welches in Borsfleth erfaren habe. Die Platz Kommandanten des Districkts, alwo sie kantoniert haben, begleiten sie bis an der Gräntze.

den 13. Decbr. Stürmische Witterung mit untermischten Regen bey westlichem Wind. Ganz sicher wird nun die Ankunft Seiner Königlichen Majestät auf Gottorf den 5. Januar abgegeben. In Rendsburg ist der 10.te December ganz solemniter gefeiert worden, warscheinlich auch an mereren Orten vorzüglich, wo Militair entweder in Cantonierung oder Garnison liegt. Die Studiosi in Kiel sind den nämlichen Tag in Sehestedt gewesen, haben ein Freudenfeuer errichtet, dem Printzen Friedrich ein Hoch gebracht u. eine Säule von Sandstein aufrichten lassen, an welchem das Merkwürdige dieses Tages eingehauen worden. Der Printz, sagt man, soll an diesem Tage Selbst auf eine kurze Zeit in Sehestedt gewesen seyn, um dem Studenten Korps seinen Dank abzustatten. (andere sagen, Ihre Durchlaucht haben durch einen Adjutanten dieses bewerkstelligen lassen.)

den 15. Decbr. Sturm u. Regen, abwechselnd fort bey Westwind.

den 16. Decbr. Gestern abend stürmte es so heftig, daß merere Dachziegel u. Schornsteine herunter geschleudert wurden. Bald nach 8 Uhr wurde es etwas ruhiger, allein es soll doch in der Nacht noch stark gestürmt haben. Gegen Morgen hatte es etwas gefroren, die Luft war heller u. die Sonne schien durchbrechen zu wollen, allein der Wind änderte sich um 9 Uhr, ging wieder nach Südwesten, u. seitdem weht u. regnet es abwechselnd.

den 17. Decbr. Bey ablaufendem Wasser stürmte es gestern Abend u. die Nacht über noch stärker als den Abend zuvor; in derselben um 3 Uhr musten die Stöpen zugesetzt werden, u. bey der 2ten überraschte die Schnelligkeit des Wassers die Arbeitsleute, daß sie viele Mühe gehabt, solche dicht zu machen. Auf der Elbe sollen merere Schiffe aufen Strand gekommen seyn. Am Vormittag heller Sonnenschein, auch war der Wind etwas nördlicher geworden, allein er ist hernach nach Westen zurückgekert, die Luft ist trübe geworden, u. es fängt wieder an zu stürmen. An den Elbdeichen ist hin u. wieder viel Schaden entstanden, vorzüglich in der Gegend von Ivenfleth, auch am Kasteel Deich.

den 18. Decbr. Diese Nacht soll es schrecklich gestürmt u. geregnet haben; ersteres dauert noch beständig fort, vorzüglich stark bey ablaufendem Wasser. 2 Havarie Schiffe sind gestern eingebracht, eines, welches bey Brunsbüttel mit Steinkolen beladen, aufem Strand gesessen, u. ein anderes, von dessen Ladung nicht erfaren habe. Es sollen ser Viele durch diesen schweren Sturm Schaden gelitten haben.

den 19. Decbr. Sturm u. Regen abwechselnd, jedoch nicht so heftig, wie die vorher gegangenen Tage, bey Süden oder westlichem Wind. In Crempdorf u. Crempe, alwo auf einigen Stellen heute gewesen, glaubten sie noch nicht, daß die Russen so bestimmt abreisen würden, wie wohl nach der Marschroute, die ich dorten gesehen, schon merere einzelne Örter aufem Lande dieser Einquartierung entledigt worden.

den 20. Decbr. Bis Nachmittag schönes Wetter mit Sonnenschein bey Nordwestwind; hernach zwar dunkle Luft, jedoch kein Sturm noch Regen.

den 21.ten, 22.ten, 23.ten u. 24.ten Decbr. In der Nacht vom 20.ten auf den 21.ten Decbr. hatte es etwas geschneit, des Morgens um halb 5 Uhr regnete es sanft, u. bald nach 6 Uhr fing es an zu frieren. Geschäfte riefen mich an diesem Tage nach Meldorff, wohin ich über Hohenhörn pp. frühzeitig abreisete; es fror almälig strenger bey schönem Sonnenschein, bis gegen 11 Uhr, die Luft wurde küler u. es schneite 5 Stunden bey gelinder gewordener Witterung fort, nachher wurde die Luft neblicht u. bey Mondenschein fing es wieder an zu frieren, der Wind wurde mer östlich, dahero es stärker mit dem Frost geworden ist, der auch jetzt noch anhält. Diesseits Luxbrücke[230] begegnete mir die reitende Artillerie der Russen, von 10 bis 12 Kanonen. Die Leute, die nicht als Furknechte die Kanonen fürten, gingen einer hinter dem andern, die Pferde beim Zügel haltend, zu Fuß, u. machten rechterseits eine lange Reihe, linkerseits war der Zug der Stücke u. Karren, jedes mit 4 Pferden bespannt, auch nicht kurz, die Herren Officiere nebst einige Unterofficiere neben diesen letzten, u. es war noch eine Wagenleiste in der Mitte, auf welcher ich langsam zwischendurch fur, one aufgehalten zu werden. Dieser Train hatte lange in Süderhastedt gelegen, u. kam nun aus den Nachtquartieren zu Wacken, Gribbohm pp. in welchen Dörfern auch Musketiere vom Regiment Mingrelien lagen, die 2 Tage hernach abgegangen sind. Von diesen hies es, daß es die letzten wären, die in Dithmarschen gelegen hätten. Auf der Rückreise hörte ich, daß einige Deserteure zurückgekommen, aber auch schon nachgesucht würden, auch daß die Einwoner die Weisung erhalten, ihre Obrigkeiten sogleich die Anzeige davon zu machen. Der vielen Diebereien halber müssen in den Dörfern an der Grentze Dithmarschens des Nachts Patrouillen zu Fuß u. zu Pferde in Tätigkeit seyn.

den 25. Decbr. Scharfer Frost bey Nord Osten Wind. Gestern ist das nach St. Thomas bestimmte Schiff entlastet worden, weils nicht aus dem Hafen kommen konnte, wegen Wasser Mangel, ist indes doch auf der Elbe zu Ancker gegangen, hat gestern u. heute die Waaren am Bord erhalten, u. wird warscheinlich Morgen absegeln. Merere Schiffe suchen Schutz im Hafen, die entweder Schaden erhalten u. nicht nach Hamburg herauf können oder sie haben auch mit der Ladung dahin segeln wollen, aber das junge Eis hat sie davon abgehalten.

den 26. Decbr. Um 2 Uhr diesen Morgen ist das 28.te Jäger-Regiment, in Neuendorff, Colmar, Herzhorn pp. bisher kantonierend, aufgebrochen, um heute in Pinneberg zu seyn; letztere Kommüne hat 6 Wagen dazu geben müssen, von denen sie glaubten, daß bis über der Grentze diese mitfaren würden, allein der Platz Kommandant muß dafür sorgen, daß diese nicht weiter als die Bestimmung lautet, vorwärts dürfen. Heute wird das 2 te Bataillon der Königin aus Rendsburg marschiert seyn, um nach der Lübeckischen Grentze sich zu begeben, das Depot derselben wird hier in ein paar Tagen erwartet. Den 2 ten Weihnachtstage vorigen Jars, unter der Schlospredigt, fing das eigentliche Bombardement erst recht an u. dauerte bis gegen 6 Uhr; heute hat unser Herr Pastor Schmidt eine kraftvolle Rede gehalten, in welcher er der traurigen angsvollen Tage erwänte, die die Einwoner, die in loco geblieben, erlitten, daß alles noch viel gefarvoller hätte werden können, wenn die Vorsehung nicht für uns gewacht pp.

den 27. Decbr. die etwas sichtbare Mondfinsternis gestern Abend gegen 12 Uhr u. der darauf gefolgte Vollmond haben Einflus auf der Witterung gehabt, indem diese etwas gelinder geworden ist, wiewohl es bey Südlichem Wind doch noch scharf friert. Einige Schiffe haben Schutz im Hafen gesucht u. erhalten, andere kreuzen noch auf der Elbe, vielleicht auf andere Witterung hoffend *den 28. Decbr.* Eine Abteilung unserer Truppen von Rendsburg u. aus den Kantonierungsquartieren jenseits der Eider, in 3 Brigaden geteilt, marschieren in verschiedene Richtungen durch Holstein, lassen hin u. wieder starke Kommandos zurück, u. gehen langsam weiter, um in den ersten Tagen des künftigen Monats an der Grentze zu seyn, teils um auf etwaige zurückgebliebene Russen zu achten, teils aber auch, um die Grentzen zu decken. Die Depots des 2 ten Bataillons aus Rendsburg, des 3 ten aus Friedrichstadt u. des 4 ten aus Tönning werden hier erwartet.

den 29. Decbr. Gelinder Frost bey Südostwind. Morgen gehen die Uhlanen aus beiden Wildnissen und Elskopp pp. ab nach Crempdorff hin, um sich mit dem Regiment am 31.ten weiter nach Pinneberg zu begeben. Am 5.ten Januar soll das Herzogtum Holstein gänzlich von diesen Russischen Truppen befreit seyn. Unser Monarch ist noch in Wien, auch ist von der Abreise nichts zu hören. Der Sage nach verlangen die Schweden die Zollfreiheit des Sundes (u. Ersatz der Kosten, die Besitzname Norwegens betreffend) widrigenfals sie mit einem Einfall in Seeland gedroth haben sollen; ist dieses gegründet, so dürfte die Rückreise des Monarchen wohl bald erfolgen, u. die Ruhe, die wir alle bedürfen, wäre doch wohl aufs neue in Gefar, unterbrochen zu werden. (Der Couriergang zwischen Kopenhagen u. Wien ist jetzt ser lebhaft). Das nach St. Thomas bestimmte Schiff ist desselben Tages entweder am 26 ten oder 27 ten gücklich in See gegangen, eine glücklich Hin- u. Zurückreise wird ein Jeder sie herzlich wünschen.

den 30. Decbr. Dichter Nebel, one Frost jedoch kalt bey Südwestwind.

den 31. Decbr. Starker Südostwind mit etwas Frost, Nachmittags derselbe Wind, aber nicht so stark. 2 bis 3 Stunden Schneegestöber mit ziemlicher Kälte. Gestern ist der Depot vom 2 ten Bataillon auf verschiedene Wagens gepackt, unter militairischer Bedeckung von Rendsburg angelangt. Mit dem Schlusse des Jares wird dieses Diarium ebenfals, jedoch unter Voraussetzung merkwürdiger Ereignisse, die der Nachwelt aufbewart zu werden verdienen, geschlossen.

144

1815

Jan. 8. Der algemeinen Sicherheit, auch der vielen Räubereien aufem Lande halber, sind noch 10 Nachtwächter angestelt, die nebst den bisherigen alle bewafnet, die ersten 8 nur mit Scharren, alle aber mit Pfeifen versehen sind, um sich sogleich zusammen rufen zu können. Wegen der strengen Kälte am 2 ten und 3 ten dieses Monats haben die Fronarbeiter mit Demolition der Festung aufhören müssen, weil merere die Finger, Zehen u. Ohrlappen verfroren sind, die alle in Hospital gebracht werden musten. Das Kriegs-Verhör wurde am 24. Decbr. geschlossen, um am 10 ten dieses wieder anzufangen: an eben diesem 24. Decbr. wurden Seine Excellenz der Herr General v. Münnich bedenklich krank, daher derselbe nun die Entlassung angesucht, die auch bewilligt worden, statt diesem wird der Herr General von Bachmann aus Schleswig erwartet, der das Präsidium übernehmen wird.

Jan. 15. den 10 ten dieses sind ser Viele von der Garnison beurlaubt worden, so daß pro Compagnie 38 Mann im Dienst geblieben sind; auch hat der Feldpostenlauf seit dem 8 ten aufgehört, die Platz-Kommandanten sind nach ihren Districkten abgereiset, nachdem die Russischen Truppen das Land geräumt haben. In Hamburg sind einstweilen 2 Regimenter, circa 4000 Mann, geblieben, u. in Altona ist das Hospital, nach welcher Stadt auch die Deserteure geschickt werden. Unsere Truppen haben an der Grentze einen Kordon formiert, dahero Patrouillen zu Fuß u. zu Pferde beständig in Tätigkeit sind. Den Zeitungen zufolge sind die Russischen auch aus Hamburg u. Altona fort, u. demonerachtet erscholl das Gerücht von der Zurückkunft eines Uhlanen Regiment, Wladimier, daß sich im Pinnebergischen einquartiert haben solte. Nachhero hats sich gezeigt, daß einige im Amte Trittau zurückgekommen seyn sollen, von deren Abreise noch nichts gehört worden. Wärend der Umschlags Zeit[231] sollen von hier aus Patrouillen nach beiden Dithmarschen u. der Wilstermarsch gesandt werden. Merere Leute, die bey den Platz Kommandanten angestelt gewesen, sind in diesen Tagen zurück gekommen.

den 22. Jan. In dieser Woche sind einige frohe Gesellschaften versamlet gewesen, um das Friedensfest zu feiern, zwar nicht alle am 14.ten Jan. gehalten, allein diesem Tage war doch die Freude gewidmet. Am 19 ten u. 20 ten schwerer Sturm aus Nordosten, der wenn er lange abhalten solte, Wasser Mangel verursachen würde; in dieser Nacht kam Feuer in der Graupenmüle durch die Schnelligkeit der Mülenflügel, welche 4 bis 5 Leute, die auf Arbeit waren, noch glücklich gedämpft haben. Morgen gehen 10 Unterofficiere u. 50 Mann von der Garnison aufs Land, um in Patrouillen zu 5 bis 6 Mann sich zu verteilen, u. bis an der Eider sich auszubreiten, wärend diesen sollen alle Abend 80 Mann von der Bürgerschaft, alle bewafnet, sich außerhalb der Stadt, auf mereren Stellen, in ihren Wachthäusern versamlen, Patrouillen nach der Stör, dem neuen u. alten auch Herzhörner Deich u. noch weiter abschicken, die alles, was unerwegs vorfält, untersuchen, u. nötigenfals verdächtige Häuser besetzen, u. die darinn vorgefundenen Leute sowol als andere Fusgänger arretieren u. nach den Wachten abzuliefern haben. Das Militair hat ebenfals solche Instructiones, können sich daher einquartieren, an welchen Örtern sie es für nötig halten, u. allenthalben müssen die Einwoner solche unterstützen. Diese Maasregeln sind vorgeschrieben, um auf Vagabonden pp. zu achten, u. die Einwoner Sicherheit u. Ruhe zu verschafen. In diesen Tagen ist viel Schnee gefallen, u. obgleich die Wege durchgeschaufelt sind, so habe ich doch Mühe gehabt, heute auf dem Weg nach Langenhals u. Colmar durch zu kommen. Die Bürger-Wache, 2 Lieutnants u. 80 Mann, sind um 8 Uhr abends nach den Wachthäusern vorm Cremper u. Neutor, innerhalb der Stadt gezogen, haben alle Zuwege der Stadt gehörig besetzt, u. lassen öfters patrouillieren, jedoch nicht weiter als auf dem Gebiete derselben. In loco selbst werden die Policeybediente jede Nacht auf alle verdächtige Häuser u. Winkel ein wachsames Auge haben. —

den 29. Jan. In den 3 Tagen, so lange die Besetzung der Stadt gewäret hat, sind merere leichtfertige Mädgens pp. arretiert, wovon 2 hernach nach dem Zuchthaus gebracht worden. Den 24 ten dieses sind die Depots des 3 ten u. 4 ten Bataillons von Friedrichstadt u. Tönnigen angelangt. u. am 3 ten wird das 2 te Bartaillon vom Kordon zurückerwartet. Der Geburtstag Seiner Majestät des Königs ist gestern ganz solenn gefeiert worden, u. heute ist noch Maskerade dieserhalb. 3 mal 27 Kanonenschüsse u. dann noch 21 haben, sowie am Geburtstage Irer Majestät der Königin geschehen, gegeben werden sollen, es ist aber abbestelt, warscheinlich auf höhere Ordre. in diesem Monat ist mer Schnee als im abgewichenen Winter gefallen, alles Schaufeln hilft wenig, der Wind jagts wieder in Berge zusammen. Viele Katen sind ganz zugeschneit, so daß die Einwoner sich durchschaufeln müssen, welches gestern am Steindamm u. alten Deich, heute aber ins Herrenfeldt, Bielenberg u. Colmar bemerkt habe. Der Außendeich bey Esfleth liegt voller Eisberge. Die noch spät aus der See gekommenen, nach Hamburg bestimmten, hier aber Winterlager haltenden Schiffe, lassen jetzt die Waaren zu Lande nach Hamburg u. Altona faren, wobey viele Frachtfurleute, hiesige u. fremde, in Tätigkeit gesetzt werden, u. die Arbeitsleute auch noch Verdienst haben. Der viele Schnee hat jedoch einige Stockung veranlaßt.

den 5. Februar Das 2 te Bataillon ist nebst der Jäger Kompagnie am 3 ten zwischen 1 u. 2 Uhr einmarschiert, die Herren Officiere haben 5 Tage freies Quartier, um in dieser Zeit sich selbst eins zu besorgen; in diesem Zwischenraum ist Alles reguliert u. die Beurbaubten zu Hause geschickt, so daß nur pro Kompagnie 25 Mann zum Dienst geblieben sind, one die Unterofficiere, daher jetzt auch merere Posten ausgesetzt, die Neutor Wache wieder bezogen u. die Cremper Tor Wache mit neuen Leuten besetzt worden ist. (dies hat nur einige Tage gedauert, u. seitdem hat ein Capitain täglich diese Wachten zu visitieren) Die seit 4 Tagen gehabte gelinde Witterung vermindert den Schnee etwas, allein die Wege werden schonspurigt, so daß es schwer zu faren ist, welches wieder abgewichene Woche merere Male zu bemerken Gelegenheit gehabt habe.

den 12. Febr. Der vor 2 Tagen nach dem Neumond eingetretene Frost mit scharfen Südostwind ist um so empfindlicher, weil wir diese große Kälte nicht mer gewont sind, allein die Wege u. Landstraßen sind doch jetzt weniger spurigt, da alles zugefroren ist, hinfolglich die Reisenden nicht so durchgeschüttelt werden, welche Abwechslung in dieser abgewichenen Woche mereremal erfaren, u. namentlich gestern auf der Reise nach Kleingrönland, da das Faren ungleich bequemer war, als die vorhergegangenen Tage. In diesen Tagen sind einige Schiffsdiebereien entdeckt worden, die auf solchen Schiffen, die nicht gelöscht haben, begangen sind, u. wiewohl alle obrigkeitlichen Maasregeln abzielen, solche zu verhüten, so sind diese doch unternommen, aber auch nachgeprüft worden, die Täter arretiert u. zur Untersuchung gezogen, dahero zu erwarten steht, daß die Abnemer u. Hehler ausfindig gemacht werden können. Seit der Zurückkunft des 2 ten Bataillons, welches 8 Jare abwesend gewesen, sind diesem sowol als dem Herrn General von Bachmann zu Eren merere Feten von den hiesigen Honoratioren veranstaltet worden.

den 29. Febr. Seit dem 12 ten des Abends ist die Witterung gelinder geworden, 5 Tage taute es bey Südwest Wind scharf, auch regnete es den 16 ten u. 17 ten öfters, daher die Menge Schnee fast gänzlich geschmolzen ist, nur nicht auf solchen Stellen, wo er stark zusammengeweht war. In der Nacht vom 17 ten aufen 18 ten fror es bey nördlichen Wind ziemlich stark, heute aber ist es gelinder, auch fält zuweilen etwas Regen, dahero die Marschwege schon übel zu passieren sind, welches in den letzten Tagen zu bemerken Gelegenheit gehabt habe. Schon vor einigen Tagen sind 2 Schiffe, hiesige, von Norwegen kommend, u. in Cuxhafen Winterlager haltend, von dorten hier glücklich angelangt, ein Zeichen, daß der Wind das Eis schon mürbe gemacht haben mus.

den 26. Febr. Am 20 ten dieses haben die 6 Grönlands Farer[232] angefangen aufzutakeln u. zuzurüsten, um bald feritg zu seyn u. in See gehen zu können, wozu sie, in Hinsicht der Matrosen, die Erlaubnis zu heuren von Copenhagen erhalten hatten, u. jetzt, da sie größtenteils segelfertig sind, ist die Ordre gekommen, junge Leute über 19 Jaren nicht anzunemen, wesfals alle diese nunmehr einen Geburtsschein haben müssen, um solchen bey der Musterung aufzuweisen. Bey u. in Altona ist am 21 ten ein großer Streit zwischen den hanseatischen u. dänischen Truppen wegen des Schimpfwortes = Schadelmeier = gewesen, wobey Todte u. Blessierte aufem Platz geblieben seyn sollen. Am 22 ten ist das Kriegsgericht vorläufig geschlossen, weil die Abhörungen, Konfrontationen pp. beendigt sind. Die Mitglieder dieses Gerichts gehen erst nach Itzehoe, hiernächst nach Friedrichsort, wärend diesem arbeitet der Actuar an dem Bericht, um solchen nach Copenhagen senden zu können. Das Französisch Schwedische Regiment, daß von Schweden nach Seeland geschifft ist, wird in kleinen Kolonnen, zu 66 Mann, zu Wagen, wie es heist, durch das Holsteinische gefaren, um über die Elbe gebracht zu werden, u. dann wieder nach Frankreich zu marschieren. Ein paar Tage nach geendigten Untersuchungen bey diesem Kriegs Gericht ist der Präses derselben, Seine Excellenz der Herr General v. Münnich im 88 ten Jare gestorben. Ohngefär 11 Monate sind diese Untersuchungen fast ununterbrochen fort gesetzt worden.

den 5. März Seit dem letzten Februrar beständig schöne Witterung, zuweilen u. hauptsächlich den 3 ten dieses warmer Regen, nach vorher gegangenen Nachtfrösten. Der Jares Zeit zu Folge ist dieses Wetter gar zu gut u. warscheinlich von nachteiligen Folgen, wenn es noch merere Tage fort dauern solte. In der abgewichenen Woche ist über das Gies- u. auch dem Zeug Hause eine eigene Kommission in Tätigkeit gewesen (Mitglieder derselben sind: die Herren Obergerichtsrat v. Rönne, Justizrath Seidel, Ingenieur Capitain v. Lund u. Artillerie-Capitain v. Lohse) die warscheinlich erst in dieser Woche sich endigen wird. Ersteres, heist es, soll zum Irrenhaus u. letzteres zur Arbeits Anstalt u. Verbesserungshause vorgeschlagen worden seyn. Gestern sind 2 Grönlandsfarer auf der Elbe u. heute bey Freyburg zu Ancker gegangen, 2 sind diesen Morgen auf der Rheede gelegt u. die letzten 2 werden bald nachfolgen. Bey dem ersten günstigen Winde werden sie in See gehen, von allen eine glückliche Reise anwünschend.

den 12. März die etwas unruhige Witterung, südliche u. westliche Winde, sind Ursache, daß die Grönlandsfarer noch nicht in See gehen können; 1 Hamburger u. 1 Altonaer sind vielleicht noch auf unserer Rheede, vielleicht auch schon nach Cuxhafen gesegelt. Von hier aus wird noch ein Schiff auf dem Walfisch Fang nach der Straße Davis abgehen. Das Königliche Ober-Kriminalgericht hat die Schiffsdiebereien, die beträchtlicher gewesen, als man geglaubt hat, scharf geahndet, indem die Steler Karrenstrafe, die Heler Zuchthausstrafe u. die Mitwisser u. Abnemer große Geldbusse, Gefängnisstrafe pp. erleiden müssen. Diese Urtel ist gestern publiciert, 3 gestern Abend nach dem Zuchthause, u. 3 andere diesen Morgen nach Rendsburg gebracht worden. In der Hintermarsch, dem Moore u. auf der Geest ist die Menge Wasser übermäßig gros, u. wiewohl täglich ser Vieles durch die Schleusen nach der Elbe gefürt worden, so sind doch immer noch die Grasländereien in Mohrhusen pp. allenthalben stark unter Wasser, welches seit 14 Tagen fast 1 Tag um den anderen auf den Reisen über Herzhorn, Spleth pp. zu bemerken Gelegenheit gehabt habe.

den 19. März In der abgewichenen Woche täglich stürmische Witterung mit Hagel, Regen u. Schnee abwechselnd, dahero sämtliche Grönlandfarer noch an der Elbmündung liegen, wiewohl sie schon einmal bey der roten Tonne gewesen seyn sollen. Heute scheint der Wind östlich werden zu wollen, auch ist es reine heitere Luft, bey etwas Frost, daher vielleicht auch die Grönländer in See gehen dürften. Die Erscheinung des Ex Kaisers Bonaparte im Var Department mit einer kleinen bewafneten Macht, 1200 Mann stark, hat die Aufmerksamkeit eines Jeden erregt, eben so wie die militairische Stellung des Königs von Neapel im Kirchen-staat. Im Französischen Reich ist alles Militair in Tätigkeit gesetzt, Proklamation erlassen pp, um Ersteren arretieren zu können; ein bürgerlicher Krieg wird sicherlich die Folge davon seyn.

den 26. März Am 18 ten dieses sind die bey Cuxhafen gelegenen Grönlandfarer in See gegangen, u. haben merere Tage günstigen Wind gehabt nach Aussage der zurückgekommenen Lotsen. In der Nacht vom 22 ten auf den 23 ten brach im Hause des Beckers Peter Jansen[233] Feuer aus, welches sich so schnell im untern Stockwerk verbreitete, daß ein alter 87 Järiger Mann u. ein Dienst Mädgen darinne umkommen, überhaupt alles verbrannt, nichts gerettet worden ist. Der alte Berend Lorentzen ist eine lange Reihe von Jaren dort im Hause gewesen (56 Jare). Die beiden Nachbarhäuser sind stark beschädigt wie denn auch merere Häuser in der Schlachterstraße teils schon etwas versengt, teils aber verletzt worden sind. Warscheinlich ist Nachlässigkeit der Leute Schuld an diesem traurigen Vorfall, der noch ungleich größer gewesen wäre, wenn das Haus nicht so starke u. dicke Mauern gehabt oder in der Nacht ein solcher Sturm gewütet hätte, als die darauf folgende sowol u. merere Tage hindurch. Durch milde Beiträge, die sich, in loco gesamlet, auf 4000 Mark belaufen wird doch diese Familie beträchtlich unterstützt; ein Nachbar an der Nordseite, der noch nicht in der Mobilien Gilde ist, u. ziemlich Verlust erlitten, hat ebenfals Unterstützung durch solche Samlung erhalten, aber bey weitem solch große Summe nicht. Die Gebeine der Verbrannten u. unter dem Schutt hervor gesuchten Körper sollen Morgen Nachmittag ganz feierlich beerdigt werden.

den 28. März Per Estafette über Amsterdam u. Hamburg ist diesen Morgen die Nachricht eingegangen, daß Napoleon Bonaparte am 20 ten dieses in Paris eingerückt, dahingegen der Französiche König, Ludwig der 18 te nach Peronne, einer Festung am Somme-Fluß, in einer morastigen Gegend in der Picardie, gegangen seyn soll. Welche Veränderung hieraus entstehen wird, kann die Zukunft leeren. Die Abschrift des Königlichen Dekrets, d.d. 7. März dient als Beilage.

den 2. April In der abgewichenen Woche sind binnen 5 Tagen 7 Couriers von Wien nach Copenhagen, durch Itzehoe gegangen. Politische Neuigkeiten hört man jetzt täglich, eine verdrängt die andere, u. vor allem ist weniges zu glauben. Ein Havarie Schiff, dem Sinken sehr nahe, ist im Hafen gebracht worden, u. ein mit Mauersteinen beladenes Schiff ist bey Bielenberg gesunken, one die Leute retten zu können. Die Überreste des 89 Järigen Lorentzen u. der 20 Järigen Querbrigg sind am 2 ten Ostertage, 4 Uhr nachmittags beerdigt, nach Schaar Hause waren die Särge gebracht, vor dessen Tür sämtliche Schulkollegen nebst 40 Schüler sich versamlet hatten, um den Gesang Nr. 521 zu singen, hierauf wurden die Särge in den Leichenwagen gesetzt, wärend die Hautboisten eine Trauer Kantate auffürten; die Schulkollegen nebst Schüler eröfneten den Zug, diesen folgten 26 Dienst Mägden, weis gekleidet mit schwarzen Flor aufen Kopf u. herunterhängend, dann kamder Wagen mit den Gebeinen des Lorentzen, welchem sämtliche

Beckermeister zur Seite als Träger gingen, den 2 ten folgten alle Beckergesellen, ebenmäßig als Träger zur Seite gehend, hierauf folgten die sämtlichen Herren Prediger, der Hochverehrliche Magistrat, das Collegium Deputierter nebst vielen anderen Verwandten, Bürgern u. Einwonern, wärend diesem wurde vom Turm geblasen. Als die ersten am Kirchhofe[234] waren, kamen die letzten aufen Markt, 20 Soldaten im Wachtanzug marschierten an beiden Seiten in bestimmter Entfernung, um Sicherheit zu gewären, u. aufem Kirchhofe waren 10 Mann in derselben Absicht postiert. Vor der Einsenkung in der Gruft wurde der 1 te, 2 te u. 6 te Vers aus Nr. 892 gesungen, hernach vom Herrn Dr. Olshausen[235] eine Rede gehalten, u. nach derselben der 1 te, 4 te u. 7 te Vers aus Nr. 546 abgesungen. Aufen Rückwege waren die Mädgens eingeladen, im Versammlungshause zu treten, alwo vom Herrn Steecker eine Danksagung abgestattet u. zugleich gebeten wurde, auf Feurer u. Licht genau zu achten. Alles dieses ist unentgeldlich geschehen, selbst das Militair, die Jeder 8 Schilling, die Unterofficiere 10 Schilling erhalten solten, haben sich diese Gratification verbeten. Das Corps der Herren Officiere hat eine freiwillige Gabe von 25 Mark den Abgebrannten einliefern lassen; die Rede am Grabe gehalten, ist gedruckt, u. zu 4 Schilling zum Besten dieser Abgebrannten zu haben[236]. 10 Häuser, fast alle in der Schlachterstraße, haben Schaden gelitten, u. wenn die Spritzen der Artillerie u. des See Etats nicht solche gute Dienste geleistet hätten, dann wären warscheinlich auch diese abgebrannt u. dadurch würden dann diese Feuerglut ungleich weiter um sich gegriffen haben. Gestern sind 501 Rekruten zur Erlernung des Militair Dienstes angekommen, wovon 2 Mann erhalten habe. Der seit 3 Tagen angehaltene Ostwind, etwas südlich, hat das Wasser sehr stark fortgeschaft, daher die Grabens ledig geworden, u. die Felder u. Landstraßen abgetrocknet, so daß der Landmann schon ganz fleißig ist, welches gestern u. vorgestern an mereren Stellen zu sehen Gelegenheit gehabt; nur ist die Witterung zu heiß, daher solche nicht von Dauer seyn kann, auch nicht zu wünschen ist, da es noch gar nicht zu früh warm zu werden angefangen hat.

den 9ten April Der letzte Rest des Französisch-Schwedischen Regiments, circa 500 Mann, hat nahe der Grentze Halt machen müssen, warscheinlich der Unruhe in Frankreich halber, u. ist im Pinnebergischen u. Rantzauischen bey den Landbewonern verteilt worden. Hier ist es zwischen beiden Parteien zu blutigen Schlägereien gekommen, wesfals gestern Mittag in aller Eile 25 Mann mit scharfen Patronen durch die Marsch nach Elmshorn gegangen sind. Man glaubt, daß diese Leute entweder nach Rendsburg oder hier gebracht werden, um die Ruhe zu erhalten, auch Desertion zu verhüten. Die Häfen Schwedens u. Norwegens sind von den Englischen Schiffen in Blockade Zustand erklärt worden, demongeachtet sind u. werden noch einige Schiffe vom hiesigen Hafen mit Kartofeln, Branntwein pp. beladen, dahin segeln, so wie dann diesen Nachmittag 2 dahin, u. 1 Fischfänger nach der Strasse Davis in See gegangen seyn werden (nach Frankreich bestimte Schiffe aber müssen jetzt hier bleiben.) Die warme Witterung ist nach 3 Tagen durch Sturm u. Regen abgekühlt, u. jetzt haben wir seit gestern starken Ostwind, der das viele Binnenwasser forttreiben wird.

den 16. April Mit dem Schlus der Woche ist das diesjährige Landgericht[237] beendigt, welches keine 14 Tage gewährt hat. Die Witterung ist ser abwechselnd gewesen, schöne Frühlingstage haben mit Sturm, Hagel, Schnee u. Regen abgewechselt, übrigens aber ser fruchtbar. Die Landleute sind äußerst tätig, um alle Felder in Ordnung zu setzen. In dieser Nacht hat es ziemlich scharf gefroren.

den 23. April Die Französisch Schwedischen Truppen sind noch hin u. wieder, auf der Marschroute begriffen, geblieben in Elmshorn aber nur einige 80 Mann, die gleich den folgenden Tag Händel mit den Einwonern gehabt, daher das Kommando von 25 Mann ganz eilig dahin muste; seitdem nun sind sie im ganzen District einzeln verteilt worden, u. am 18ten dieses kam die Mannschaft in die Stadt zurück, nur 1 Unterofficier u. 8 Mann sind zum Patrouillieren dorten geblieben. Den 18 ten Abends spät hat das Königin Leib Regiment Ordre erhalten, alle Feld Requisiten in Ordnung zu haben. Die Witterung ist ser kalt, mit Sturm u. Hagel begleitet, unter abwechselnden Winden, die ganze Woche hindurch gewesen.

den 30. April Die in Elmshorn u. der dasigen Gegend bisher gelegenen Französisch Schwedischen Truppen sind am 24 ten dieses nach Itzehoe verlegt worden, um unter militairischer Aufsicht zu seyn. Gleich nach 2 Uhr diesen Morgen wurden die Bewoner der Stadt durch Feuerlärm abermals beunruhiget; unter den kleinen Schwibbogen in den Schmidtschen Buden war solches im Begriff auszubrechen, wurde aber baldigst gelöscht. Diesen Nachmittag gegen 3 Uhr entstand ein ziemlich schweres Gewitter, daß ongefer 1 Stunde gedauert hat, hernach sanfter u. milder u. furchtbarer Regen. Die Witterung ist in dieser abgewichenen Woche ser abwechselnd gewesen, bald warm, bald stürmisch u. kalt, jedoch one vielen Regen.

den 7. Maj Am Mittwochen, den 3 ten dieses, Nachmittags war ein schweres Gewitter in der Nähe, aufen Strohdeich wurde 1 Mann u. 2 Pferde getödtet, der Junge aber, der den Windelbaum aufm Wagen befestigen will, unbeschädigt geblieben. Aller Vorrat schwerer u. leichter Artillerie Stücken, nebst Bomben, Kugeln, Pulver, Bley pp., wie auch alle Armatur pp. die die Russen bey der Besitzname Hamburgs vorgefunden haben, soll nun auf höheren Befel hierher zu Wasser gebracht u. in den Arsenalen u. Pulvertürmen aufgehoben werden. Die Approbation[238] der kürzlich verkauften Pulvertürme wird nun warscheinlich wohl nicht erfolgen.

den 14. Maj Eine Englische Kriegsbrigg ist am 8 ten dieses nach Hamburg geseegelt, 2 armierte Farzeuge sollen noch bey Cuxhafen seyn, andere wissen aber, daß diese auch bereits vorbeigegangen sind. Man sagt, daß erstere baares Geld, u. das der höchstseel. Königin v. Preußen [239] bestimmte Monument, in Italien verfertiget, in einem Americanischen Schiff verladen, von einem Englischen Kaper genommen u. nach England gebracht, in Hamburg ab zu liefern hat. Diese 3 Schiffe sollen zur Rückladung schweres metallenes Geschütz von dorten mitnehmen u. nach England abliefern, das übrige soll alles hierher gebracht werden, weil es in Rendsburg an Platz mangelt. Merere Regimenter u. Korps unserer Armee haben Marschordre, auch sind die National Pferde[240] zu diesen Regimentern schon von den Districkten geliefert worden. Für ganz bestimmt wird gesagt, daß unser Monarch am 15 ten dieses von Wien abreisen u. in seinen Staaten zurückkehren werde.

den 21. Maj Unsere Truppencorps zu Auxiliar-Armee bestimt, sind Ende dieses Monats marschfertig; 12000 Mann stark, an Infanterie, Kavallerie u. Artillerie; zu ersterer sind die 1 ten Bataillons derer 5 in den Herzogtümern liegenden nebst den 3 Jütschen Regimentern gewält worden, daher dies 1 te Bataillon zum Leib Regiment der Königin auch mitgehen wird. Am 15 ten oder 16 ten erhielt dieses die 2 te Ordre, one jedoch die Beurlaubten einzuziehen. In dieser Woche ist verschiedenes Holtz, als Balcken, Bohlen pp., daß für Englands Rechnung angeschaft u. nach Hamburg bestimt war, um zur Belagerung mit gebraucht zu werden, verkauft worden, wesfals ein Russischer Obrister vom General Staabe hier gegenwärtig gewesen; auch sind einige Englische Seeofficiere von dem auf der Elbe gelegenen Farzeuge in diesen Tagen in loco hier gewesen. Die letzten 3 Tage scharfer Nordwestwind mit ganz empfindlicher Kälte, gestern Abend zwar etwas gelinder bey Südwestwind mit etwas Regen. Unser Monarch haben heute in Altona eintreffen wollen, wie die Nachrichten von daher lauten.

den 28. Maj Am Montag Abends 9 Uhr, am 22 ten dieses sind Seine Königliche Majestät, unser allergnädigster Monarch in Altona angekommen u. am 24 ten dieses abgereiset, um desselben Abends in Rendsburg zu seyn. Die Printzen Friedrich v. Hessen u. v. Holstein-Beeck waren nebst dem Herrn Oberpräsidenten Höchstdieselben über der Elbe entgegen gereiset. Diese Nacht soll es gereift, die Nacht vorher aber ziemlich gefroren haben, übrigens ists in dieser Woche ser abwechselnde Witterung gewesen, u. ich glaube fast, daß diese bis zur Zeit des Solstitiums fortdauern werde.

den 4. Jun. Heute werden noch 60 Rekruten, zu den Linientruppen gehörend, erwartet, um solche sofort in den Waffen zu üben. Gegen 1000 Stück Pferde sind ausgeschrieben worden, um von beiden Herzogtümern geliefert zu werden, die zum Artillerie Train gebraucht werden sollen. Zwischen 6 und 9 Jar soll das Alter, u. der Preis 75 Mark seyn, daher jeder Districkt einstweilen soviel Geld anschaffen muß u. noch Mereres dazu, weil für diese Preise keine Pferde dieser Art gekauft werden können. Merere Nächte hats scharf gereift, u. der Nordwind scharf geweht, gestern Nachmittag wurde der Wind südlich u. ein warmer Regen erfrischte das Land u. alle Früchte.

den 11. Jun. Der Durchmarsch eines Hanseaten Korps von 1650 Mann, von Lübeck nach Hamburg bestimmt, hat in der abgewichenen Woche merere Estafetten in Tätigkeit gesetzt, die teils angekommen, teils abgegangen, um die Beamten an der Gräntze davon zu benachrichtigen. Am Morgenden Tage werden sie das Holsteinische betreten, u. alles baar bezalen. Von 5 bis gegen 9 Uhr heute früh hatten wir ein ziemlich starkes Gewitter, angangs entwickelte sich dies gerade über der Stadt, hernach zog es nach Norden hin, u. in Brockdorff (auch in Krummendieck) soll ein Bauerhof dadurch aufgebrannt worden seyn. Merere holländische Farzeuge sind hier mit Korn beladen, um nächstens in See zu gehen; auch sind auf der Rheede 2 bis 3 Schiffe, ebenfals mit Korn befrachtet, welches aus den Häfen der Wilstermarsch pp. mit Leichters dahin gebracht worden, von denen es heist, daß sie nach Livorno bestimmt seyn sollen; der größte Teil derselben dürfte wohl nach Holland, Antwerpen pp. bestimmt seyn.

den 18. Jun. Nach vorhergegangener Musterung sind sämtliche zuerst gekommene Rekruten aus der Exercier-Schule entlassen, alle Verheiratete aber u. die bisher im Dienst gewesene Leute sind beurlaubt worden, am 15 ten dieses, so daß pro Kompagnie nur 25 Gemeine mithin 250 Mann zum Dienst geblieben sind, ausgenommen die zuletzt gekommenen 60 Mann, die noch täglich exercieren müssen. Bey Helgoland soll schon seit geraumer Zeit eine englische Kriegsfregatte kreuzen, um auf alle, vorzüglich aus Hamburg kommende Schiffe zu achten. In dieser Woche haben wir merere starke Gewitter gehabt, die uns sehr nahe waren, eines derselben traf ein Haus in der Danneddelstraße, das Feuer wurde aber bald gelöscht, daher kein beträchtlicher Verlust entstanden ist.

den 25. Jun. Eine große Brigg ist von Copenhagen mit Seegeln, Tauen, anderes pp. zum Gebrauch der hiesigen See Equipage angekommen, u. es heist, daß alte Schiffs Kanonen zur Rückladung dienen werden. Einige Englische armierte Farzeuge sollen mit Subsidien-Gelder[241] für Rusland u. Preußen, zu Hamburg angelangt seyn.

Gestern Mittag ist eine der hiesigen Grönlandsfarer mit einer vollen Ladung Robbenspeck zurückgekommen, in einigen Tagen werden noch einige gut beladen erwartet, die andern sind auf den Fischfang gegangen. Seit 2 Tagen ser kalte, mit Regen u. Sturm aus Nordwesten abwechselnde Witterung. Der Crönungs Tag (unseres algemein verehrten Monarchen) ist auf den 31.ten Juli angesetzt, welcher Tag ganz solemniter gefeiert werden wird. Die Kornpreise, vorzüglich der Hafer, sind ser im Steigen, dahero die Landleute sich eines guten Gewinnstes zu erfreuen haben. Noch sind heute Nachmittag 2 Schiffe mit voller Ladung vom Robbenfang glücklich zurück gekommen; eines derselben hat in den Stürmen vieles ausgehalten u. wäre beinahe gänzlich verunglückt.

den 2. Jul. Bey der Parole ist am 27. Jun. bekannt gemacht, daß 10 Tage vor dem Ausmarsch die Beurlaubten eintreffen u. unser bisheriger Kommandant, der Herr Obrist v. Cronhelm, in gleicher Eigenschaft nach Rendsburg gehen werde, um

in Abwesenheit des Printzen Friedrich dorten das höchste Kommando zu übernehmen. Am 28 ten ist der 4 te hiesige Grönlandfarer schwer beschädigt, aber mit
voller Ladung glücklich angekommen. Am 2 ten sind vom Höchstpreislichen
Obergericht die Befele an die Oberbeamten ergangen, sämtliche Beurlaubte aufen
16 ten dieses anhero zu beordern; auch sagt man, daß sämtliche zum Auxiliar
Corps gehörende Truppen hier eingeschift u. nach Freyburg gebracht werden
sollen. Einer anderen Privat-Nachricht zu Folge hat Napoleon Bonaparte sich
durch Capitulation ergeben wollen, welches nicht angekommen worden, u. bald
darauf soll derselbe zum Kriegsgefangenen gemacht worden seyn. Die Schlacht
am 16 ten u. 28 ten Juni zwischen Waterloo u. Blanchemont, onweit Brüssel, ist
ganz fürchterlich an beiden Seiten, jedoch zum entscheidenden Nachteil für
Napoleon u. seiner Armee gewesen. Die Folge dieser großen Begebenheiten
werden äußerst wichtig seyn

den 9. Jul. Am 2 ten dieses, des Abends spät, brachte ein Ordonnanz Dragoner
Briefe mit 3 Siegeln an das Höchstpreisliche Obergericht u. an den Herrn Kommandanten, wovon aber nicht bekannt geworden, (diese Briefe haben nur 1 Siegel
gehabt, sollen auch von keiner Wichtigkeit gewesen seyn.) es verlautete zwar den
folgenden Tag, daß die Beurlaubten den 10ten kommen solten, um desto eher
den Marsch anzutreten. Briefe aus Holland, die gestern gekommen, haben die
Nachricht gebracht, daß Napoleon Bonaparte mit seinen 3 Brüdern an der
Englischen Küste gelandet sey, um der Rache derr Preußischen Soldaten sich zu
entziehen, u. sich, wo möglich, nach America zu flüchten.

den 16. Jul. Sämtliche Pulverwagen, dem Leib Rgt. gehörend, sind am 12 ten
dieses mit 40 Pferden nach Rendsburg gebracht, warscheinlich werden sie mit
scharfen Patronen bald zurückkommen. Stückkutscher u. Rekruten sind in dieser
Woche allenthalben ausgehoben, von ersterer Klasse haben Viele schon merere
Jare gedient. Ein paar Prahmen mit Schiespulver u. Blei in Mulden sind von Hamburg gekommen, ersteres kommt in den Pulvertürmen, u. letzteres im Arsenal.
Die Beurlaubten sind gestern u. heute sämtlich angekommen. Officiellen Nachrichten zufolge sind die Heere der verbündeten Mächte am 3. Jul. durch Capitulation in Paris gerückt, u. die französischen Truppen, die darinnen gewesen, haben
sich heute hinter der Loire begeben müssen. Die Nachricht, die am 13. Jul.
Abends angekommen, daß die Franzosen diese Capitulation gebrochen, mit
schwerer Macht auf die Preußen, Engländer u. Hannoveraner gefallen, diese total
geschlagen, u. aus der Hauptstadt verjagt hätten, letzere aber sich wieder gesamlet,
Succurs erhalten u. ganz. Paris in Brand geschossen haben solten pp. hat sich
nicht bestätiget, welches auch sehr zu wünschen ist.

den 23. Jul. Unsere Pulvertürme, Souterrains pp. sind bereits mit den aus Hamburg anhero gebrachten Schiespulver, scharfen Patronen pp. belegt, angehäuft,
dahero schon am 21 ten dieses 2 Farzeuge nach Rendsburg gesegelt sind. Der
ganze Vorrat derselben soll 40000 Centner betragen, u. der des Bleis soll noch 3

bis 4 mal höher sich belaufen. Alle Artillerie- u. Wagen-Pferde sind von den Districkten schon am 20 ten in Rendsburg abgeliefert worden. Unser Kommandant, der Herr Obrist von Cronhelm reiset Morgen ab nach den zu übernemenden Posten u. am 27 ten marschieren die 4 Comp. des 1 ten Bataillons, die Grenadiere u. die Jäger-Comp. nach Elmshorn, um dorten 1 Tag zu verweilen; man sagt, daß sie in Altona 2 Rasttage haben u. dann mit dem ganzen Korps in einem Tag über Hamburg u. Wilhelmsburg am jenseitigen Elbufer sich verteilen u. weitergehen werden.

den 30. Jul. Am 27 ten dieses des Nachmittags ertranken 3 Personen in der Mündung des Hafens, der 4 te rettete sich selbst; alle wolten mit einem kleinen Boot zu einem auf er Rheede liegenden Schiff faren. Am 24. Jul. sind 47 Pferde mit den Brodwagens, in welchen Gewere, Armatursachen pp. und den Pulverkarren mit scharfen Patronen pp. angelangt, die Wagen u. Pferde sind gleich an die Compagnien verteilt, nach vorheriger Ausladung derer Sachen, u. die Pulver Wagen unter Aufsicht gesetzt worden.

Den 27 ten sind unsere Freunde, 6 Comp. stark, Morgens 6 Uhr durch die Marsch nach Elmshorn gegangen; denselben Nachmittag fur ich nach Crempe, u. sah das 1 te Bataillon Holstein nebst Jäger u. Grenadiere durchpassieren, die sich links u. rechts verteilten u. in die umliegenden Dorfschaften verlegt wurden, um den folgenden Tag zu bleiben, u. den andern Truppen nicht im Wege zu kommen. Das Rgt. Oldenburg ist in den Dörfern um Itzehoe verteilt worden. Sämtl. Truppen sind teils den 28 ten des Abends spät u. teils den 29 ten Morgens ganz früh aufgebrochen, um sich Altona zu nähern. Am 28 ten Jul. sind unsere 3 noch abwesende Grönlandfarer glücklich zu Hause gekommen; sie sind mit der Ladung wohl zu frieden, obgleich sie nicht so gut, als die ersten 4 geladen haben. Diese 7 Schiffe bringen doch eine absehnliche Menge Geld in der Stadt u. in Umlauf. Der Transport des Pulvers u. Bleies ist nun beendiget; die eigentliche Summe ist nicht bekannt geworden, sehr viele Gewehrkugeln in kleine Kasten sind dabey gewesen. Die Kanonen sind nach Stade gekommen, zwischen 3 u. 400, wovon die Hälfte derselben metallene seyn sollen.

den 10. Aug. Das Krönungsfest und die 25 Järige Hochzeit unseres teuersten Regenten Paars ist am 31. Jul. hier in loco ganz solemniter gefeiert worden. Zu Mittage wurden aufm Rathaus am mereren Tischen circa 100 arme Leute mit Weinsuppe, Rinderbraten nebst gekochten Pflaumen, hernach mit Torten gespeiset; auf Jeden war $^1/_2$ Quart Wein berechnet. Vor u. nach dem Essen wurde ein feierliches Gebet von Probste Somme gehalten, wärend demselben war Musick, auf das Wohl des Hohen Paares u. der hiesigen Stadt wurde unter Abfeuerung mererer Kanonen getrunken u. hernach vom Altan Nun danket alle Gott pp. geblasen, worin Alle, Geringe u. Kommune mit einstimmten. Im Armenhause[242] sind sämtliche Bewoner eben so feierlich bewirtet worden, diese sowol als die aufem Rathaus sind alle recht frölich und vergnügt gewesen. Des Abends u. ein Teil der Nacht war die Stadt unaufgefordert allenthalben erleuchtet, u. hin u.

wieder waren ganz schöne Transparenten sichtbar. Eine außerordentliche Menge Menschen vom Lande waren herbei geströmt u. alles ist one Zank u. Streit geendiget, daher die Militair-Patrouillen nur blos als Zuschauer umher zu gehen hatten. (Die Brandanstalten waren in Bereitschaft, um nötigenfals sogleich in Tätigkeit gesetzt zu werden, ist aber kein Gebrauch davon zu machen nötig gewesen) die eingegangenen milden Gaben zu dieser Bewirtung waren so reichlich, daß am 4 ten dieses noch an die 80 Arme mit 12 Schilling u. 8 Schilling beschenkt werden konnten. Die Beilage der gestrigen Fortuna enthält eine nähere Beschreibung dieser feierlichen Bewirtung. Den 3 ten oder den 4 ten Aug. ist der letzte Zug des Hülfkorps, bestehend in dem Wagen-Park zur Artillerie, Hospital pp. gehörend, über der Elbe gegangen; die 10 te Compagnie, unter Commando des Capitain v. Bennigsen, vom 1 ten Bataillon das Leibregiments der Königin, hat zur Bedeckung dieses Parks so lange in Altona bleiben müssen.

den 13. Aug. Am 10 ten dieses sind 44 Mann Fronarbeiter bey der Demolierung wieder angesetzt, die mit Abbrechnung des Cremper u. neuen Tors den Anfang gemacht, daher der Weg durch Ersterem jetzt gesperrt ist u. beim Stockhaus[243] u. dem großen Pulverturm aus der Stadt herausführt. Den zweiten Tag darauf wurde die erste Leiche durch die Danneddelstraße pp. gebracht, dies war der junge Klüver. Ein Artillerie General aus Rendsburg hat kürzlich hier alles in Augenschein genommen, u. seitdem heißt es, daß am Hafen, an jeder Seite eine Batterie angelegt werden soll. Das neue Tor ist gleichfals gesperrt, daher der Weg nach der Stadt hinein in gerader Richtung über der Brücke des schwarzen Wassergangs nach der Müle hinauf geht u. da die große Schleuse gebauet wird, längst den Rethhügel über der Zuchthausbrücke nach der Stadt zu.

den 20. Aug. Unser Truppenkorps hat laut Nachrichten des Herrn Major v. Qualen, der als Courier nach Copenhagen gegangen ist, aufen Marsch eben jenseits Bremen, halt machen u. bleiben müssen, um Cantonierungs Quartiere zu beziehen; dies erfuren wir bereits am 15 ten gegen Abend, u. hernach wurde es durch die Zeitungen algemein bekannt. in Frankreich siehts noch gar nicht friedlich aus, die Partei der Einwoner wird täglich größer. Bonaparte ist, one in England gelandet zu haben, vom Linienschiff Bellerophon auf ein anderes, den Northhumberland, versetzt u. unter Eskorte merere Kriegsschiffe nach St. Helena unter Senegal gegangen; nur einige wenige seiner Dienerschaft haben ihn begleiten dürfen (am 8 ten Aug. ist dieses Schiff nebst 10 anderen abgesegelt; warscheinlich werden 8 bis 10 Wochen verfließen, um diese Reise zu vollenden. Den Zeitungs Nachrichten zufolge sind diese Schiffe 66 Tage unterwegs gewesen) Diese Insel wird jetzt ganz militairisch eingerichtet, laut den Zeitungen. Seit 2 Tagen haben wir schwere Stürme aber auch starke Regengüsse, der West u. Nordwest Wind hauset oft schrecklich; vorgestern ist desfals eine Galeasse mit Eisen, von Schweden kommend, am jenseitigen Elbufer gestrandet, die Mannschaft nebst den Lootsen haben das Schiff verlassen, dahingegen andere es, als verlassen Gut, im Besitz genommen, die Ladung gelöscht u. nach einigen Hafen auch etwas hierher, gebracht, sodann das Schiff einigermaßen dicht gemacht u. nach Hamburg damit gesegelt oder bugsiert sind. Die seit Johanni[244] sattgehabte fast täglich kalte, vorzüglich aber seit den Hundstagen unruhige u. regnigte Witterung hat die Erndte ser zurückgehalten. Noch ist nur blos Rapsaat gedroschen u. Wintergärste eingebracht, alle andre Früchte reifen gar nicht; der Roggen, der gemäht ist, kann nicht eingefaren u. der andere nicht geschnitten werden, weil das Unkraut das Aufwaaden[245] verhindert. Der Weitzen u. Sommergärste kann noch nicht gemähet werden u. die Bohnen sind ganz grün, fast one Schoten, daher es mit der Erndte ganz mislich ist, so erwünscht auch alles vor Johanni war. Doch die Vorsehung wird für uns alle sorgen u. uns nicht verlassen.

den 27. Aug. Eine Königl. Brigg ist von Copenhagen angelangt, um Verschiedenes, der See Equipage gehörend, abzuholen; andere wollen behaupten, daß sie Schiespulver laden werde, u. dies könnte wohl der Fall seyn, weil alles Pulver nachgesehen, sortiert u. in leere u. dichte Fässer gebracht wird. Nach Briefen vom Auxiliarkorps, die gestern eingegangen sind, kantoniert dieses noch zwischen Osnabrück u. Bremen, u. weiß noch nicht, ob sie vor- oder rückwärts marschieren werden, daher das Gerücht, als ob Jemand dies Korps schon weiter vorwärts marschierend gesehen haben wollen, ungegründet befunden worden. Das 1. Bataillon der Königin Leibregiment liegt in Verden u. der dasigen Gegend. Die Witterung hat sich seit 5 Tagen merklich gebessert, des Morgens früh zwar feucht u. regnigt, Nachmittags aber schöner Sonnenschein, so daß die Landleute jetzt recht beschäftigt worden sind. Seit mereren Wochen hat die Sonne sich selten blicken lassen. Gestern sind Sr. Exc. der Herr General v. Kardoff[246] aus Itzehoe, dem jetzt das General Kommando übertragen worden, in Begleitung zweier Adjutanten, hier gewesen, um die Arbeiten der Demolition sowohl als andere Gegenstände zu besichtigen, zugleich ist auch die Flottille, aufen Schlosplatz liegend, in Augenschein genommen, worauf derselbe des Abends zurückgereiset ist.

den 3. Sept. Am 29. Aug. kam von Rendsburg die Nachricht, daß das Auxiliarkorps sich zurück in Bremische begeben u. das Hauptquartier in Stade seyn solle. Den 31. Aug. spät sind 112 Wagen mit Montierungssachen von Rendsburg angelangt, denen noch 2 Transporte von 70 und 70 Wagens nachfolgen werden, die alle von hier zu Wasser nach Bremen abgeschift werden sollen, wenn keine Gegenbefele eingehen dürften. Gestern hat für dieses Jar das Trahnbrennen seine Endschaft erreicht; es hat 10 Wochen gedauert u. in dieser Zeit sind manche 100 Tonnen ausgebrannt worden. Der Preis derselben ist ansehnlich, in Bremen kostet jetzt die Tonne $10\frac{1}{2}$ Louis d'or, aber frei dahin zu liefern. Hier sind die Preise 29 Rbtl. und etwas darüber; der größte Teil aber ist wohlfeiler vorhero verkauft (Von diesen 7 Schiffen ist an Trahn ausgebrannt 3052 Tonnen, an Robbenfellen sind gebracht 25754 Stück, die verkauft geworden zu 71227 Rbtl. 3 lebendige u. 1 todter Walfisch sind gefangen worden, alle ziemlich gros, jedoch nicht zu den schwersten zu rechnen.) Seit Aegidius (1. Sept.) ist die Witterung ganz erwünscht, einige Tage vorher, nach Ausbruch eines Gewitters, das in St. Margarethen einen Hof in Brand gesetzt hat, war es unlustig, kalt u. regnigt.

Gestern ist die Königl. Brigg nach Copenhagen zurück, unter Segel gegangen, sie hat allerhand Kleinigkeiten der hiesigen See Equipage mitgenommen.

den 10. Sept. Seit dem 4 ten dieses beständig Regen, Sturm pp. mit großer Heftigkeit, 7 mal sind die Außendeiche unter Wasser gesetzt u. vieles Korn ist fortgetrieben; der 8te war noch der beste Tag von allen in dieser abgewichenen Woche. Die Königl. Brigg, u. 2 andere Schiffe mit etwas Havarie sind deshalb von Cuxhafen auf hier zurückgekommen. Sämtl. Wagen, in allem 300 u. einige 90 mit Montierungssachen aller Art, sind in den ersten Tagen dieser Woche angekommen u. die Verladung auf Schiffen sogleich vor sich gegangen, wozu täglich 4 bespannte Wagen vom Lande u. 15 Mann von der Garnison nötig gewesen; eben nun als das 5 te Schiff in Ladung begriffen, nämlich gestern Morgen, kam ein Brief mit 2 Siegeln an, welcher den Befel zum Ausladen u. Aufbewarung im Wagenhause brachte, daher sofort ein Jager nach Cuxhafen gesandt wurde, um die beiden erst abgegangene zurück zu fordern, u. mit dem Ausladen wurde auch gleich angefangen. Große Prahmen u. Färschiffe waren dazu bestimmt. Die Gegend um die Stadt mit den demolierten Werken, abgebrochenen Toren, auch das Cremper u. Neu Tor, werden jetzt von Ingenieur Capitain v. Lund aufgenommen, wozu 2 Pläne nach Copenhagen gesandt werden sollen. Man sagt, daß das Auxiliarkorps im Holsteinischen weitläufig verteilt u. das Hauptquartier nach Wandsbeck kommen werde.

Um 5 Uhr diesen Nachmittag sind Depeschen aus dem Hauptquartier zu Bremen an das Höchstpreisliche Obergericht gekommen, von deren Inhalt einweilen nur bekannt geworden, daß die 1 te Division am 16 ten dieses in Altona eintreffen werde; warscheinlich ist die Dislocation der Hauptgegenstand.

den 17. Sept. Sämtliche Kisten, Fässer pp. werden aufgeschlagen, alles ausgepackt u. bey dieser schönen Witterung ausgelüftet u. getrocknet; warscheinlich wird hernach alles wieder eingepackt werden. Für die bereits angekommen u. noch zu erwartenden Truppen ist seit mereren Tagen Brod gebacken worden, welches nach Altona gefaren werden mußte. Eine Nachricht, die warscheinlich unbegründet ist, sagt, daß dies Auxiliarkorps abermals Befel zum Vorwärtsmarschieren erhalten haben soll. Vorgestern ist die Ordre gekommen, daß die hiesige See Equipage aufgelöset, alles zum Verkauf ausgeboten, u. die Ober- u. Unterofficiere nebst Matrosen nach Copenhagen, die 2 Verwalters aber u. der Commando Schreiber mit Beibehaltung $^2/_3$ Teil der gehabten Besoldung in Ruhestand gesetzt werden sollen.

Vom 10 ten dieses Monats beständig schöne Witterung bey verschiedenen Winden, größtenteils aber doch Süd u. Nordost, daher alle Kornfrüchte ganz erwünscht eingebracht, nur die Bohnen noch nicht, die noch nicht reif sind. Die Nächte sind nebst Morgen u. Abend zwar schon kalt, aber am Mittag ists desto angenemer u. wärmer.

den 24. Sept. Über die ausgeschifften Montierungssachen soll nun eine eigene Kommission von einigen Officieren aus jeder Waffengattung angesetzt werden, um die Güte derselben zu untersuchen, da von den am Armee Korps bereits abgelieferten Sachen Klagen eingegangen seyn sollen. Gestern sind 2 Deputierte vom Colleg. Deputierter nach dem Hauptquartier in Wandsbeck gereiset, um mit dem Prinzen Friedrich wegen der zu erwartenden 6 Compagnien des Königin Leibregiment nähere Verabredungen zu treffen: man ist hier besorgt, daß es Mishelligkeiten zwischen diesen beiden Bataillonen veranlassen düfte, da diese ankommenden merere Lönungen erhalten, auch gespeiset werden, die andern aber täglich nur etwas über 2 Schilling, nämlich alle 5 Tage 11³/₄ Schilling, halb in Silber u. halb in dänischen Kupfersechslingen, auch nur kleines Brod erhalten, daher geschieht diese Vorsorge. Heute sind diese 6 Compagnien nebst dem 2 ten Bataillon Schleswig u. der Batterie Wille über die Elbe u. durch Hamburg gegangen, um in Altona zu rücken, alwo sie Morgen Rasttag halten u. über Ütersen am 27 ten hier erwartet werden. (es sind keine Deputierte nach Wandsbeck gewesen; diese haben in eigenen Geschäften eine Reise nach Hamburg gemacht.) Die Englischen u. Hannöverschen Truppen ziehen aus Frankreich nach Belgien u. Hannover u. verteilen sich dorten allenthalben, daher die Unsrigen zurückkehren. Diese ganze Woche trockene Witterung, aber ser kalt, daher die Nächte mit Reif u. Frost begleitet sind.

den 1. Oct. Am 27 ten Nachmittags zwischen 2 u. 3 Uhr rückten alle 6 Compagnien hier ein, um Nachtquartier zu erhalten u. am folgenden Morgen sind sie in die bestimmten Kantonierungen, zwischen der Stör u. der Aue, eingezogen. Der Stab ist in loco geblieben nebst 90 Mann zum Wacht- u. Ordonnanzdienst, welche letztere zu bestimmten Zeiten abgelöst werden sollen. Ausser der Kommission zur Untersuchung der Montierungssachen ist noch eine andere, aus Artillerie Officieren bestehend, die das von Hamburg gekommene Schiespulver untersucht, auch schon bereits zurück gereiset sind, merere Montierungs-Sachen sind auf 40 Wagen an die Bataillone abgeliefert worden. Am 25 ten sind auf dem Hamburger Bergen zwischen den Hanseaten u. unseren Truppen ser blutige Auftritte gewesen, wobey Merere blessiert u. einige getödtet worden. Das Wort Schadelmeier ist abermals die erste veranlassende Ursache dazu gewesen. Den 26 ten sind merere hanseatische Officiere von der 6 der unsrigen provociert auf Säbel oder Pistolen im Eimsbütteler Holz zu erscheinen, anfangs haben sie Geschäfte vorgeschützt, um zur bestimmten Stunde nicht kommen zu können, aber da hernach merere Auforderungen gemacht worden, haben sie schriftlich erkläret, daß sie sich nicht stellen würden noch könnten, worauf die unsrigen Herrn Officiere in der Nacht abgereiset sind, um mit dem Regiment einzurücken.

Ewiger Schimpf für diese hanseatischen Officiere! In Altona hat das ganze Bataillon Holstein unter Waffen treten u. mit scharf geladenen Geweren ausrükken müssen, um Ruhe zu stiften. Die Straßensteine haben wie Schneebälle umhergeflogen. Einige durch Hamburg gerittene Adjutanten, die entweder von Wandsbeck gekommen, oder dahin gewolt, haben dieses Wort Schadelmeier sogleich mit Säbelhieben beantwortet, wobey es blutige Köpfe gegeben hat. Die kalte Luft hat sich den 25 ten in warmes Wetter verwandelt, u. wiewohl es in derselben Nacht stark geregnet hat, ist die Wärme doch bemerkbar geblieben. Ob das Auxiliarkorps am 15 ten aufgelöset u. die Bataillone in die Standquartiere rücken werden, um die Leute zu beurlauben, wird die Zeit lehren.

den 8. Oct. Alle Montierungssachen der annectierten Bataillone sollen nach Copenhagen, die Armaturen aber nach Rendsburg gesandt werden; auf dem Lande an den Allarmplätzen wäre warscheinlich vieles verdorben. Die Schlägereien aufm Hamburger Berge werden genau untersucht, in Altona sind bereits viele abgehört u. hier in loco ebenfals. Der Auditeur Paysen beim Holsteinischen Infanterie Regiment hat die Besorgung. Das Königin Leibregiment hat just Rasttag dorten gehalten, dahero hier die Abhörungen u. die Streitigkeiten der unsrigen Herren Officiere mit den hanseatischen. Am gestrigen Tage sind die Truppen des Auxiliarkorps in Bewegung gesetzt worden, hier kamen um Mittag 5 Compagnien zurück, u. heute ist das zum Dienst hier gewesene Kommando ausgerückt, um mit der ganzen Leib-Compagnie vereint auf dem Lande zu cantonieren. Der Zweck dieser Tätigkeit ist warscheinlich weitläufiger Quartiere u. vielleicht auch einige Beurlaubungen. Gutes Wetter, etwas neblig, aber trocken bey Ost-Südostwind.

den 15. Oct. Sämtliche Truppen des Auxiliarkorps sind an der Haupt-Heerstraße von Altona bis Flensburg dergestalt verlegt worden, daß die einzelnen Compagnien in einigen Stunden bey iren Fanen sich versamelen können, um nötigenfals zum Aufbruch gleich bereit zu seyn. Warscheinlich werden einige beurlaubt, merere aber wohl bey der Demolition Dienste tun müssen. Eine von Copenhagen gekommene u. schon wieder segelfertig liegende Brigg hat Kanonen, Pulver, Blei pp. geladen, um solche dorthin zu bringen. Seitdem die Tore sowol als Ammunition u. Wachthäuser in u. ausser Stadt, ferner das Souterrain u. die Batarde d'Eau auf u. abgebrochen werden, wird das Abwerfen der Wälle, Brustwehren pp. scharf vor genommen werden. Bey Süd-Südosten Wind fast merenteils gute Witterung.

den 22. Oct. Am 17 ten dieses haben 600 Mann, worunter die außer der Stadt kantonierende Leibcompagnie mit begriffen ist, bey der Demolition wieder angefangen. In dieser Woche sind alle Königlichen Kriegsfarzeuge, große u. kleine, sämtl. Gebäude zur See-Equipage[247] gehörend, selbst das Wacht- u. Ammunitionshaus zu Ivenfleth verkauft worden; obgleich alles nicht teuer, so ist doch eine ansehnliche Summe daraus geworden. Diejenigen, die Forderungen haben, können liquiedieren, u. andere, denen es an Geld mangelt, haben gegen Bürgschaft auf Credit zu 5 Prozent Zinsen kaufen können. Eine Menge Fässer auf eisernen Kufen, Bettstellen p. u. vieles andere Geräte wird nächstens veräußert werden. Ob das Contingent für Holstein mit 4000 u. für Lauenburg mit 1000 Mann nächstens zur Besetzung einer Festung in Frankreich marschieren wird, kann die Folge zeigen. Vom 16 ten dieses des Abends hat es aus Süden öfters geregnet, welches unter

Abwechslungen 4 Tage angehalten, wobey es einige mal gedonnert haben soll; seitdem 20 ten aber helle Luft bey westlichem u. südlichem Wind, die Landstraßen werden schwerlich wieder recht farbar werden, in der Marsch nämlich.

den 29. Oct. Gestern, den 28 ten, als am Geburtstage unserer algemein verehrten Monarchin, war hier im Clubhause Mittags u. Abends Gesellschaft, u. bis spät in der Nacht ein glänzender Ball. Merere Generale u. Stabsofficiere des Auxiliarkorps, in der Nähe kanstonierend, haben an dieser Feier teilgenomen. Mit Abtragung des Bastion (Kronprinzessin) hinter dem großen Pulverturm bey der Scharfrichterey sind die Leute 14 Tage über beschäftigt gewesen, um den Weg über den großen Graben zu verbessern u. breiter zu machen, u. Morgen werden die Bastion (Kronprintz) hinter dem kleinen Pulverturm beym Stockhause abgetragen werden, um auch diesen weg zu verstärken. Helle Luft größtenteils bey Süd- u. Osten-Wind. Über den Capitain v. I. u. den Lieutnant v. Sch. ist diese Woche Stabsverhör u. Gericht gehalten über vorgefallene Unordnungen im Bremischen, wozu die Staabsofficiere vom Regiment Schleswig nebst einigen anderen requiriert worden sind.

den 5. Nov. Die hohen Bastionen der ehemaligen Festung werden in der Höhe sowols als in der Breite nicht abgetragen, sondern als Hügel mit Bäumen bepflanzt zum Andenken stehen bleiben. In dieser Woche sind 2 Soldaten, die auf der Bastion des kleinen Pulverturms den Todt fürs Vaterland erhalten u. in der Zeit eingescharrt wurden, beim Demolieren in der Ruhestätte gestört, aber hernach auf eine andere Stelle wieder beerdigt worden. Zur besseren Erleuchtung in allen Straßen sind merere Laternen, jetzt in Allem einige 60, angebracht, größtenteils auf Pfäle, einige aber auf Stangen an den Häusern befestigt, einige auch mit doppelten Lampen, nämlich bey den Stöpen u. auf den Mauern am Hafen, alle zweckmäßig verteilt, so daß nun Jeder one Handlaterne allenthalben sicher wandeln kann. Jeden Abend sind 11 Pfd. Oel nötig. Ein Königl. Schoner, der kürzlich von Copenhagen gekomen, geht in diesen Tagen mit Masten, Segeln, Tauenden, Stangen pp. vom bisherigen hiesigen See Etat, dorthin zurück; das fünfte Schiff, das täglich erwartet wird, soll den Überrest dorthin bringen. In dieser Nacht haben die 4 Musketier Compagnien der Königin Leibregiment Ordre erhalten, alles nachzusehen, um sich zu einem großen Marsch einzurichten. Diese marschieren wohl nach Frankreich als Reichs-Kontingent. Die Grenadiere u. Jäger, glaubt man, werden nach dem Lauenburgischen detachiert. Die Witterung ganz erwünscht, bald Frost, bald gelindes Wetter. Die Wege in der Marsch allenthalben farbar, sogar mit Karriolen.

den 12. Nov. In der Nacht vom 5 ten auf den 6 ten haben die Grenadiere u. Jäger ebenfals Marschordre erhalten; die Arbeiten der Demolition sind gleich eingestellt, u. alles Geräte, als Karren, Axten, Beilen, Bicken, Brechstangen, Schaufeln pp. sind aufem Materialhofe abgeliefert. In der abgewichenen Woche sind aufrürerische Bewegungen im Zuchthaus gewesen, die sich mit Entweichung einer großen Anzal Züchtlinge geendiget haben würde, wenn nicht zufällig wäre entdeckt worden, daß die Mauer in der großen Arbeitsstube durchgebrochen, wodurch sie, ehe sie Abends in den Schlafstellen eingesperrt werden, haben entweichen wollen. Eine scharfe Untersuchung wird desfals angestellt seyn. Am 9 ten dieses entstand plötzlich Feuerlärm zwischen 9 u. 10 Uhr des Morgens; auf dem Kantzelei Gebäude[248] war der Schornstein in Brandt geraten, wovon der Ofen im Sessions Zimmer die veranlassende Ursache gewesen. Das Feuer wurde zwar bald gedämpft, man hat aber doch 3 Risse im Schornstein bemerkt, alwo das Feuer sich schon durcharbeiten wollte, u. dahero ist es ein Glück, daß dieses am Tage entstanden u. nicht in der Nacht, indem sonst dies schöne Gebäude nebst dem Archiv ein Raub der Flammen warscheinlich geworden wäre, welches der vielen wichtigen Dokumente halber als ein unersetzlicher Verlust betrachtet werden müßte.

In dieser Nacht ist Befel eingegangen, die Beurlaubten des Auxiliarkorps sofort einholen zu lassen. Die abgewichene Woche stürmische Witterung bey Süd- u. Westwind, nebst öfteren Regenschauern.

den 19. Nov. Das nach Frankreich bestimmte Korps[249] besteht aus 4000 Mann Infanterie, 700 Mann Kavallerie u. 700 Mann Artilleristen nebst 16 Kanonen u. 4 Haubitzen, die den 24 ten dieses über Ütersen nach Altona gehen werden, nämlich die hier in loco sich befindenden 4 Musquetier, 1 Grenadier u. 1 Jäger Compagnie; um die Zahl volständig zu haben, müssen alle 6 Copagnien mit, weil alle bald ausgedienten im Depot zurückbleiben sollen; dies ganze Korps ist neu montiert worden, u. ganz komplet ausgerüstet. Am 17 ten ist das Urteil des Herrn Capitain v. Z. u. des Herrn Lieutnant v. Sch. angelangt, ersterer hat 6 Monate Festungsarrest in Friedrichsort u. letzterer 4 Tage hier in loco, wesfals Ersterer nun auch nicht mit diesem Korps kommen kann. Gestern ist das Stockhaus Gebäude, welches Sr. Majestät der König der Stadt geschenkt haben, an dieselbe abgeliefert worden. Ser stürmische Witterung bey abwechselnden Winden in dieser abgewichenen Woche, dahero viel Seeschaden erwartet werden kann, auch sind hier gestern u. vorgestern 4 Schiffe mit Havarie angekommen, wovon 2 mit Ballast beladen sind.

den 26. Nov. Sämtliche Kompagnien sind am 24 ten Morgens 6 Uhr aufgebrochen, u. einzeln, jede $^1/_2$ Stunde eine, zum Neuen Tor hinaus durch die Marsch nach der Krückau marschiert, um sich bey Seestermühe zu samlen, die Pulver- u. Brodwagen nebst den Reitpferden pp. haben über Neuenbrock gefürt werden müssen. Das eingetretene Frostwetter hat den Marschierenden Weg etwas abgekürzt, wiewohl es scharf zu gehen gewesen seyn muß. Das Urteil der beyden Herrn Officiere ist noch nicht hier, konnte auch nocht nicht zurück seyn, aber gesprochen ist es wohl, hätte jedoch nicht bekannt werden müssen; sie sind beide mit auf dem Marsch. Den 1 ten Dec. betritt dieses Bataillon die holländische Grenze laut beiligender Marschroute; jeden 3 ten Tag halten sie Ruhe u. zuweilen gar 2 Rasttage. Starker Nebel mit etwas Frostwetter bey West- u. Nordwinde in den letzten Tagen der abgewichenen Wochen, vorhero regnigt u. windig.

162

den 3. Dec. Am 27 ten sind pro Compagnie 4 Mann, in Allem 24 zurückgekommen, die bey der Musterung in Altona als Leute, seit 1810 dienend, auf Befel des Printzen Friedrich austreten u. losen müssen, da dann diese sich frey geloset, u. so wie die, die hier bleiben mußten, um entlassen zu werden, auch nach der Heimat geschickt worden sind.

den 26 ten des Abends spät sind 2 Schornsteine, einer am Deich u. der andere an der Hauptwache in Brand geraten, aber doch bald gelöscht worden, u. in der Herings Anstalt hinterm Gieshause, alles Geräte aufgebrannt, übrigens doch schnell genug gedämpft worden. Am 1 ten dieses abermals unruhige Bewegungen in der Fabrik des hiesigen Zucht- u. Werkhauses, die doch bald nach Ankunft einer Patrouille von 2 Mann von der Neutorwache, u hernach noch 8 Mann von der Hauptwache, gestillt, die Rädelsfürer aber in engere Verwarung gebracht worden sind. Bey dem eingetretenen Frostwetter nebst Schneegestöber, welches beides nur einige Tage angehalten, sind 4 Schiffe aus der See mit Ballast zum Winterlager eingelaufen; jetzt gelinde Witterung bey westl. Winden u. nebeligter Luft.

den 10. Dec. Die unruhigen Bewegungen im Zuchthause sind einstweilen gedämpft, der Rädelsfürer sitzt auf der Hauptwache im engen Arrest u. wird warscheinlich als Kriminalgefangener behandelt werden. (Zu diesem, namens Clemens v. Aspern, ist noch der 2te namens Hollmann, nach geendigtem Verhör, gekommen; beide haben Boltzen an Händen u. Füßen u. werden scharf bewacht.) Seitdem sind 2 Schildwachen, eine vorne u. die andere, nach dem Wall, hinterm Hause, postiert, u. die Wache am neuen Tor muß gleich zur Hand seyn, wenn Lärm entstehen solte, alle haben anfänglich scharf geladen, jetzt aber nur scharfe Patronen in der Patronentasche. Bey einer in dieser abgewichenen Woche vollzogenen Bestrafung einiger Gefangener vom ersten Aufrur war ein Militair Kommando gegenwärtig, das Befel hatten, Jeden, der sich muckte, nieder zu stoßen, daher alles ruhig abgegangen ist. Rauben u. Stelen, in der Stadt sowol als aufen Lande, ist an der Tagesordnung; die Hamburger Post von hier wäre den 4 ten warscheinlich beraubt, wenn kein Kommandierter gegenwärtig gewesen; alle Posten gehen mit militairischer Bedeckung der Sicherheit wegen. Am 5 ten u. 6 ten starker Sturm aus Nordosten, daher fast alles Wasser verlaufen, welches beide Tage auf beiden Rhinen bemerkt habe, dasselbe Abends fing es an scharf zu frieren, so daß schon den folgenden Tag 8 Grad Kälte war, auch alles Wasser haltbar geworden ist. Einige fremde Schiffe haben dieserhalb Schutz im Hafen gesucht u. auch erhalten, in Bielenberg, Colmar pp. sind ebenfals einige mit Seeschaden eingelaufen.

den 17. Dec. In Bremen hat es zwischen den unsrigen u. den Hanseatischen Truppen blutige Händel gegeben, wesfals 2 Officiere, als Arrestanten nach Rendsburg geschickt worden sind. von Altona aus ist der Capitain v. Z., nach angehörter Urtel, auf 6 Monat zum Arrest nach Friedrichsort abgefürt worden, der Lieutnant v. Sch. solte auf dem Marsch seinen Arrest abhalten. Der 10 te Dec.[250] ist hier in loco, besonders vom Militair, recht solemniter gefeiert worden; die Hauptwache war illuminiert. Die ersten Tage der abgewichenen Woche schwerer Sturm aus Osten mit starkem Frost, hernach gelindere Luft aus Südwest, u. die letzten 2 Tage fliegender Sturm aus Süden u. Westen, u. heute merere Stunden starkes Schneegestöber mit dem schweren Wind aus West u. Südwest; merere kleine Farzeuge hat man teils mit, teils one Mannschaft auf der Elbe treiben sehen, one den Leuten helfen zu können, weil alles Eis dieserseits angetrieben ist. Von hier bis Cuxhafen ist das Farwasser frei vom Eise.

den 24. Dec. Am 19ten dieses ist am Kriegsrat Moeller, seiner Verbrechen halber, noch ein gelindes Urteil gefällt; er kömmt Zeitlebens ins Zuchthaus zu Neumünster, als Staatsgefangener, u. wird die Untersuchungskosten, nebst einige seiner Aufwendungen in Crempe, zu tragen haben. Seinem Wunsch zufolge, noch einige Tage hierbleiben zu dürfen, ist derselbe am 22.ten dieses unter Aufsicht des Wachtmeister-Hauptmanns nach dem Ort seiner Bestimmung abgefürt worden. In diesen Tagen ist auch die Ordre eingegangen, daß 1 Capitain, 2 Lieutnants, 4 Unterofficiere, 2 Tambours u. 60 Gemeine marschfertig seyn sollen, um nach Altona zu marschieren. Die beiden von Bremen nach Rendsburg als Arrestanten geschickten Officiere sind one Verhör u. Gericht auf 6 Monate nach Friedrichsort abgeführt worden. Anfangs der abgewichenen Woche Frost u. Schnee, hernach des Tages über gelindes Wetter nebst Schneegestöber, des Nachts scharfer Frost, u. die letzten Tage beständig Frostwetter bey Süd- u. Westwinden; vorzüglich stürmte dieser am 23ten ganz heftig. In der seit Mitte des Jares errichteten Arbeitsanstalt im neuen Arbeitshause, wohin die Spinnschule im Armenhause mit verlegt worden ist, sind sämtliche Kinder, einige 70 an der Zal, heute als am Weihnachtsabend bewirtet u. bespendet worden; die Knaben haben lederne Mützen, die Mädgen Halstücher, alle auch etwas Geld aus der Armenbüchse erhalten, die erwachsenen Dürftigen aber, da sie für Bezalung arbeiten, sind davon ausgeschlossen gewesen. Die Kleinen arbeiten zwar nicht one Entgelt, allein die Prämien, die zu Ende der Woche erteilt werden, sind nur geringe.

den 31. Dec. Unsere Truppen haben zwischen Uetrecht u. Zwolle Halt machen müssen, u. cantonieren in der dasigen Gegend, weil der Leck- u. Wahlstrom mit Eis belegt u. noch nicht haltbar gewesen, dies ist den 22ten u. 23ten dieses geschehen; der Printz Friedrich aber ist bereits den 18ten oder 19ten in Paris eingetroffen. Am 3ten Januar werden die Mitglieder des Königlichen Kriegsgerichts sich versamlen, um wegen Übergabe der Festung das Weitere zu beschließen; Präses ist jetzt der Herr General v. Voss. Die nach Altona bestimmten Truppen bleiben entweder gänzlich hier oder die Anzal wird ansehnlich vergrößert dahin abgehen. Merere in Cuxhafen liegende Schiffe haben Ordre, auf hier zu segeln, teils um zu löschen, teils aber auch um wohlfeiler leben zu können, allein Wind u. Wasser ist bisher linderlich gewesen. Der gestrige Sturm aus Westnordwest u. Nordnordwest hat warscheinlich vielen Seeschaden verursacht. Jetzt ists Frostwetter bey Nordnordwestwind, u. helles schönes Wetter, welches in mereren Tagen nicht gewesen, sondern beständig Regen, Schnee aber stürmische Witterung.

Menschenverluste in der Glückstädter Gemeinde 1813/14

Todesfälle wurden bis 1874 in den Kirchenbüchern aufgezeichnet. Glückstadt war damals in die Stadtgemeinde und die Schloß- u. Garnisonsgemeinde aufgeteilt. Daneben gab es die reformierte und die Zuchthausgemeinde; diese verzeichnen keine Kriegstoten. In dem Totenregister der Stadtgemeinde werden 17 Zivilisten als „erschossen" oder „an erhaltenen Wunden gestorben" aufgeführt, und zwar 10 Männer, 2 Frauen und 5 Kinder, davon 2 in den außerhalb der Stadt liegenden Gemeindeteilen, 1 am Steindamm und 1 am Neuendeich. In den Nachbargemeinden Borsfleth, Krempe und Herzhorn sind keine Bestattungen aus dem Glückstädter Gemeindegebiet verzeichnet.

Im Totenregister der Schloß- und Garnisonsgemeinde sind 18 Kriegstote aufgeführt („gestorben an erhalten Blessuren", „blieb beim hiesigen Bombardement") und zwar 11 Soldaten vom Heer, 6 von der Marine und 1 Kind. Insgesamt hat die Belagerung also 35 Tote gefordert, 27 Männder, 2 Frauen, 6 Kinder.

Die Toten des Militärs während der Belagerung wurden in der hohlen Bastion (König), aber auch in der Bastion Kronprinz begraben, die Ziviltoten auf dem früheren Kirchhofe bei der Stadtkirche begraben.

Wieviel Tote die Belagerungstruppen hatten, ist nicht bekannt. In Borsfleth, Krempe und Herzhorn sind keine Militärpersonen als bestattet in den Kirchenbüchern aufgeführt. Lediglich im „Todtenregister der Gemeinde Colmar 1763—1836 findet sich die Eintragung, daß dort am 26. Dec. 1813 Soldaten des Kgl. Calmarschen Regiments begraben wurden, die vor Glückstadt erschossen würden.

Aus dem Totenregister der Stadtgemeinde Glückstadt 1813/14

Während des Bombardements starben und wurden begraben

gestorben	begraben	
26.12.	28.12.	Peter Schreinert, Furknecht, alt 32 Jar, erschossen
26.12.	28.12.	Claus Gerhard Baader, Fährschiffer, alt 25½ Jar, erschossen
26.12.	28.12.	des Sattlermeisters Hauschild hiers. Ehefrau Elsabe Margareta, geb. Dose, alt 28 Jahre, deren Sohn Friedrich, alt 5 Wochen 3 Tage. Beide erschossen
26.12.	29.12.	des Schiffers Friedrich Gamst hiers. u. Anna, geb. Bohl ehelicher Tochter Charlotte Rebecca, erschossen. Alt: 3 Jahre.
28.12.	29.12	des Arbeitsmannes Johann Beers u. der Abel, geb. Schlüter ehel. Sohn Johann Jochum, alt 5 Jare, erschossen.
29.12.	29.12.	der hiesige Schornsteinfeger-Gesell Johann Hinrich Denker, alt 40 Jahre, erschossen.
1.1.	1.1.	der Bierfahrer Harm Geerdt hiers, alt 40 Jahre erschossen.
2.1.	3.1.	Hans Jürgen Weiler hiers. Er hinterläßt seine Frau, aber keine Kinder. Alt 40 Jare, erschossen.
1.1.	4.1.	Claus Hermann Peter Kronewieter, Strumpfmacher hiersebst, alt 43 Jahre, erschossen.
9.1.	13.1.	Henning Möller, Schiffszimmermann, gebürtig aus Münsterdorff, unverheiratet. Starb an den Folgen einer bei dem Bombardement erhaltenen Wunde, alt 34 Jahre
4.1.	4.1.	Timm Strüben, des Dirk Strüben am Steindamm unehelicher Sohn. Starb an den Folgen eines bei der Belagerung der Stadt durch einen Schuß von hieraus erhaltenen Wunde. Alt: 16 Jahre, 10 Monate.
14.3.	17.3.	Claus, des Bürgers und Schiffers Jacob Witt hiersebst und der Gesche, geb. Delfs ehelicher Sohn. alt 14½ Jahre (Starb an den Folgen einer Verwundung durch Zersprengung einer Granate, aus welcher er das Pulver herausholen wollte.)
–	6.4.	Peter Jarren, Hufener am Neuendeich. Er hinterläßt eine Wittwe Engel, geborene Prien u. ward alt ohngefähr 45 Jahre.

Er ward im Graben nicht weit von seinem Hause todt gefunden, nachdem er seit Weihnachten vorigen Jahres vermißt worden war. Vermutlich schleuderte ihn Erde, von einer Kugel aufgetrieben, in jenen Graben.

| 8.4. | 12.4. | Johann Hinrich Simon Ernst, hierselbst, weiland Johann Peter Jacob Ernst, Schiffers hierselbst u. Christine Magdalena, geb. Alandt ehelicher Sohn. Er starb an der Folge einer beim Bombardement erhaltenen Wunde. Alt 22 Jahre |
| 15.1. | 18.1. | Johann Krause, Armenvogt, 59 Jahre, verstarb an einer beim Bombardement erhaltenen Wunde. |

Aus dem Totenregister der Schloß- u. Garnisonsgemeinde 1813—14

gestorben	begraben	Alter	
27. 12.	28. 12.	—	der Musquetier vom Oldenburgischen Infanterie Regiment 4. Bataillon 2. Compagnie Joachim Selfkorn ist an erhaltenen Blessuren im Lazarett gestorben.
2. 1.	3. 1.	—	der Rekrut vom hiesigen K.L.R. 3. Bataillon 1. Compagnie Hans Hinrich Knabe wurde durch eine feindliche Kugel getödtet.
3. 1.	—	—	der Musquetier vom hiesigen K.L.R. 3. Bataillon, 4. Compagnie Jacob Ramm ist an seinen erhaltenen Blessuren im hiesigen Krankenhaus gestorben.
5. 1.	—	—	der Musquetier vom hiesigen K.L.R. 3. Bataillon 2. Compagnie Marx Lütjens ist im hiesigen Krankenhause an seinen beim Bombardement erhaltenen Wunden gestorben
3. 1.	8. 1.	$15^{1}/_{2}$ Jahre	Christian Andreas Eggers, des Schloß- u. Zuchthaus Küsters Peter Eggers und seiner Ehefrau Catharina, geb. Schuldten ehelicher Sohn, starb an den Folgen einer beim hiesigen Bombardement erhaltenen Kopfwunde.
2. 1.	—	—	Der Husar Joachim Stoldt ist an erhaltenen Blessuren im hiesigen Krankenhaus gestorben.
2. 1.	—	—	Der Musquetier vom hiesigen K.L.R. 3. Bataillon, 5. Compagnie Marx Reese ist an seiner erhaltenen Blessur im hiesigen Krankenhaus gestorben.
4. 1.	4. 1.	36 Jahre	der Rekrut vom hiesigen K.L.R. 3. Bataillon 3. Compagnie Hinrich Peters aus Albersdorf in Süderdithmarschen ist beim hiesigen Bombardement erschossen.
27. 12.	—	25 Jahre	der Matrose von der hiesigen Königlichen See-Equipage Lars Paulsen Pierup aus Aalborg blieb beim hiesigen Bombardement.
27. 12.	—	27 Jahre	der Musquetier vom hiesigen K.L.R. 4. Bataillon 1. Compagnie Nickels Johannsen blieb beim hiesigen Bombardement.
27. 12.	—	28 Jahre	der Jäger vom hiesigen K.L.R. 4. Bataillon Otto Münster aus Barmstedt in der Brafschaft Ranzau blieb beim Bombardement

169

4. 1.	—	—	der Musquetier vom hiesigen K.L.R. 4. Bataillon 1. Compagnie Hans Ewald aus Wewelsfleth starb an einer beim hiesigen Bombardement erhaltenen Schußwunde.
3. 1.	—	27. Jahre	der Matrose von der hiesigen See-Equipage Jacob von Döhren aus Neumülen blieb beim Bombardement.
4. 1.	—	26. Jahre	der Matrose von der hiesigen Königlichen See-Equipage Torkel Christophersen, angeblich aus Apenrade, eigentlich aus Norwegen, starb beim Bombardement.
2. 1.	—	19 Jahre	Der Matrose von der hiesigen Königlichen See-Equipage Friedrich Boje aus Pellworm blieb beim hiesigen Bombardement.
27. 12.	8. 1.	—	Der Chef der hiesigen Königlichen See-Equipage Capitän v. Cruse starb an den Folgen einer beim Bombardement erhaltenen Beinverletzung. Er hinterläßt eine Witwe Christian, geborene Schals und eine Tochter Marie.

Anmerkungen

1 Cantonierung: Unterbringung
2 in loco: am Orte
3 Fronarbeiter: zur Arbeit für den Staat Verpflichtete
4 Tietjens Land: heute Engelbrechtsche Wildnis Hof Gravert Nr. 322
5 Auxiliarkorps: dänische Hilftruppen unter französischem Oberbefehl, 12000 Mann unter Prinz Friedrich v. Hessen-Kassel. Es stand damals hinter der Travelinie
6 Reconvalescenten: Genesende
7 Arbeitshaus: in der Gr. Nübelstraße 14, später Städt. Krankenhaus
8 Schießen: die Engländer hatten 21 Schuß Salut gefeuert, weil dei Schweden Lübeck besetzt hatten und Danzig gefallen war
9 Siel: Gehlensiel, heute Gemeinde Herzhorn
10 Postenlauf: die dänische Staatspost
11 Küstenmiliz: Verbände zur örtlichen Verteidigung der Küsten und des Elbufers gegen Ladungsversuche (1801—14)
12 Reveille: militärisches Wecksignal
13 vernagelt: Unbrauchbarmachen von Geschützen, indem eiserne Nägel in das Zündlich getrieben wurden
14 Reithaus: 1810 auf dem Schloßplatz erbaut, 1818 abgebrochen
15 adlige Distrikte: hier besonders die Blomesche und die Bülowsche, heute Engelbrechtsche Wildnis, und die Güter Gr. Kollmar, Kl. Kollmar und Neuendorf
16 Müller am Altendeich: Hinrich Lüdemann, Gravert Nr. 67
17 Sperrung: Die Rhinschleusen waren geöffnet worden, sodaß bei Flut das Wasser ins Land lief
18 Brücke: über die Krempau
19 heute Engelbrechtsche Wildnis, Bülowesche Wildnis
20 Knie: erste Biegung des Steindammes nach Krempe am Bohlritt, heute Itzehoer Straße
21 Feldwache
22 Gravert Nr. 64, Claus Wulf Hof in Krempdorf
23 Klösterliche Mühle: in Borsfleth Büttel, Gravert Nr. 100
24 Generalmarsch: Gesamtalarm für die ganzen Besatzung und die eingeteilten Bürger an den Feuerlöschspritzen
25 Sperforkenweg: Weg vom Altendeich zum Elbblick bei der heutigen Marinekaserne
26 blessiert: verwundet
27 Weberkaten: bei der Erlingskuhle am Altendeich
28 Retirade: Rückzug
29 Succurs: Hilfstruppe
30 Gravert Nr. 170 Mincks Hof am Neuendeich
31 Eselskopf: Ravelin zwischen den Bastionen Königin und Kronprinz, auch Oldenburgs Ravelin genannt

32 Gnaden Brücken: hier ging der Weg nach Herzhorn mit einer Brücke über das Schwarzwasser

33 Sieh dich vor: Batterie auf dem südlichen Elbdeich. Bei Saucke heißt 1697 die Batterie Sigfohrt.

34 Gravert Nr. 367 Hauschilds Hof an der Stadtstraße

35 Gravert Nr. 361 Bornholds Hof an der Stadtstraße

36 Meyers Kate: gehört zu den sogenannten Brackkaten am südlichen Elbdeich

37 Contreescarpe: zum Feinde liegendes Ufer des Grabens, hier Vorwall zwischen Hauptgraben und Vorgraben, auch gedeckter Weg genannt

38 Gravert Nr. 310 Hauschildts Hof am Rhin, Nordseite

39 Congrevesche Raketen: von den Engländern eingesetzte Raketen, nach ihrem Konstrukteur Congreve benannt. 6 Abschlußgestelle standen am Holländergang, auch die englische Flotte armierte ein Boot damit.

40 Hospital Nr. II im Zuchthause auf dem Rethövel eingerichtet, heute Nr.9

41 Woronzow: Befehlshaber eines russischen Armeekorps unter Bernadotte

42 Boie: schwedischer Generalmajor Freiherr Boije af Gennäs, Befehlshaber der Landstreitkräfte des Belagerungskorps

43 Brackkaten: Gravert Nr. 368, am Elbdeich westlich der Stadtstraße

44 Graupenmühle: auf dem Schleusenberg südlich des Hafens, 1939 abgebrochen

45 Schleusenberg: Deich über den beiden Rhinschleusen

46 Gr. Hafenschleuse: damals befanden sich die beiden Rhinschleusen am Ende des jetzigen Binnenhafens, die große Hafenschleuse ist die nördliche

47 Bombenkessel: Mörser für Steilfeuer von Sprenggranaten, Bomben genannt

48 Lüder Langes Haus: heute Gr. Deichstraße 16

49 Witwe Cruse Haus: heute am Fleth 47

50 Assekuranz: Versicherung von Häusern und Hausrat

51 Tabaksplantage: heute Dänenkamp im Stadtteil Bole, am Bolritt. Justizrat Röttger hatte den Wildnisleuten den Tabakanbau auferlegt, um dem durch die Kontinentalsperre verursachten Tabakmangel abzuhelfen

52 Provianthaus: am Proviantgraben 1, heute Farbfabrik Wilckens

53 Vendt wohnte Kl. Kremper Str. 15

54 Hohle Bastion: auch Bastion König genannt, heute Fortunabad

55 Schloßkirche: Glückstadt war damals kirchlich eingeteilt in die Stadtgemeinde (2 Pastoren) und die Schloß- und Garnisonsgemeinde, dazu gehörten die Beamten und Soldaten (1 Pastor). Beide Gemeinden war die Stadtkirche zugewiesen, denn die Schloßkirche war 1708 abgebrochen worden.

56 Pastor Francke war Zuchthausgeistlicher

57 Haubitzen: Geschütze für Steilfeuer von Granaten

58 Kartätschen: aus Kanonen verschossene Bleikugeln

59 Rohdes Haus: heute Reichenstraße 56, Ecke Kl. Namenlose Straße

60 Lange, am Fleth 60. Die Hauptwache stand auf dem Markt an der Flethseite

61 Schaluppen: kleine Kriegsfahrzeuge

62 Britschen: darauf stehen die Geschütze

63 Mauer: Hafenmauer

64 einem Manne: Schiffer Hans Biel, er wohnte neben Dr. Rohde, heute Kl. Deichstraße 2

65 Regimentshospital: in der Königstraße Nr. 4

66 Schröder am Deich: am Hafen 18

67 Witwe Siemen, am Fleth 16

68 Bechtholdsheimischer Keller: Rethövel 12/13, Haus 1819 abgebrochen

69 Kirchhof in der Stadt: heute Kirchplatz

70 Buchwaldts Hof: der Wulfsche Freihof in der Stadtstraße, von Glückstadt kommend,
links. Gravert Nr. 358

71 Zeughaus: heute am Fleth Nr. 40. Zwei weitere Zeughäuser befanden sich in der
Königstraße

72 Pumpengebäude: 1810 erbaut auf dem Markt, wo heute der Kandelaber steht.

73 Wichmanns Kate, Gravert Nr. 168, an der Chaussee

74 Bunter Hof: gravert Nr. 168 an der Chaussee, Ostseite

75 Wilder Wassergang: heute Schwarzwasser

76 Reck: auf dem alten, heute abgetragenen Elbdeich, Höhe Marinekaserne

77 Aue: heute Krückau

78 Gemeint ist wohl Konrad Löhmann

79 kleiner Pulverturm: in der Bastion Kronprinz

80 Pruters Buden: heute Am Hafen 59

81 kl. Straße: kl. Namenlose Straße, zwischen Reichenstraße und Deichstraße

82 Herfurth: Schwager Dr. Rohdes, er wohnte Am Hafen 15, gegenüber

83 Stamms Haus: Heute Gr. Neuwerk 10

84 Schröders Haus: heute Jungfernstieg 9

85 Brückenhaus: bei der Zuchthausbrücke vor der Stöpe Reichenstraße

86 Scharfrichterey: Schulgang, heute Sonderschule

87 Lentzenbrücke: über den Kremper Rhin

88 Perspektive: einrohrige Ferngläser

89 Lohmühle: im Gerberhof, heute neue Feuerwache

90 Schaars Haus: heute Gr. Neuwerk 1

91 Tiedemanns Haus: heute Gr. Deichstraße 29

92 Brammerstedt u. Jacobs Häuser: heute Königstraße 33

93 Mahlers Land: Blomesche Wildnis, Gravert Nr. 238

94 Judenfriedhof: an der Pentzstraße

95 Castel: auf der Südermole, 1837 abgebrochen

96 Douceur: Trinkgeld

97 Wolters Haus: Holländergang Nr. 1

98 Major v. Vendt war Platzmajor und wohnte Kl. Kremperstraße 15

99 Sortie: Ausfalltor, in Glückstadt bei der Bastion Dithmarschen

100 Mauer: die Hafenmauer entlang der Straße Am Hafen

101 Gericht: heute Janssenweg westlich des Bahnüberganges

102 Rhinschlot: es geht am Deichfuß entlang und mündet in den Bolritt

103 Königs Regiment: richtig Regiment Kronoborg

104 Blockhaus-Wache: bei der Prinz Carl Batterie am Festungsdeich

105 Feldmanns Haus: Am Hafen 40, das sog. Turmhaus

106 Stadt Kopenhagen: am Markt Ecke Gr. Nübelstraße

107 Regulativ: Anordnung

108 Salvegarde: Schutzwache

109 Klüvers Haus: heute Schlachterstraße 16

110 Siemen Witwe Haus: heute Fleth 57

111 Meister Paul Michelsen wohnte Am Hafen 56

112 Estafette: reitender Eilbote

113 Wagenhaus: in der Königstraße, später Teil der Korrektionsanstalt

114 beide Städte: Hamburg und Harburg

115 Sclaven: Zuchthausgefangene

116 Clubhaus: die „Harmonie" in der Königstraße neben dem Wagenhaus, später zur Korektionsanstalt gezogen und abgebrochen

117 Strüwens Garten: an der Stadtstraße

118 Posthaus: damals Gr. Deichstraße 25

119 Raperten: Lafetten für Schiffsgeschütze

119a Haguett: richtig Halkett

120 Sierks Kate: am Neuendeich, Gravert Nr. 179

121 Billeteure: sie haben die Aufgaben, die zur Einquartierung kommenden Truppen auf die Wohnhäuser in der Festung zu verteilen. Dazu geben Sie Billette aus.

122 Fourierschützen: Unterofficiere, denen die Versorgung und Unterbringung der Einheiten anvertraut war

123 Contre-Ordre: Gegenbefel

124 Session: Sitzung, hier des Obergerichtes

125 Torsperre: die Torsperrstunden richten sich nach der Tageshelligkeit. Anfang Februar wurden um 6.30 die Tore geöffnet und um 19 Uhr geschlossen

126 gezwungene Anleihe: nach dem dänischen Staatsbankrott 1813 auf allen Grundbesitz gelegt

127 Friedrichsort: Festung am Eingange zum Kieler Hafen

128 Vollerwiek: Große Batterie zum Schutz der Eidermündung in Eiderstedt

129 Böösch: Lotsenhaus im Außendeich vor St. Margarethen

130 Schleuse: die frühere Kirchenschleuse in Herzhorn

131 Tranbrennerei: beim früheren Gasthof „Zur Erholung" am Kr. Rhin

132 Saragossa: Stadt in Spanien, spielte im spanisch-französichen Krieg 1808—14 eine große Rolle

133 Quartal-Angaben: Dänemark hatte sich dem französichen System der Kontinentalsperre (Handelsverbot mit England) angeschlossen. Das wird jetzt aufgehoben

134 Middelfarth: Fährort auf der Insel Fünen nach Jütland

135 Alcove: Wandbett

136 Brienne: hier verwechselt der Verfaser Brienne mit Vareness. In Varennes wurde König Ludwig XVI. auf der Flucht 1791 erkannt, festgenommen und nach Paris zurückgeschafft

137 Major v. Christensen: er war Platzingenieur in der Festung Glückstadt gewesen

138 Wilhelmsburg: es gab lediglich Kämpfe im Vorfeld der Festung

139 Normänner: Norweger

140 Kämpfe um Hamburg: in den Nächten vom 02.–05. März gab es lediglich russische Angriffe auf Wilhelmsburg

141 Piening: Herzhorn-Oberdeich, Gravert Nr. 370

142 Verwiesene: Eckmühl ließ mit Beginn der Belagerung Hamburgs 20000 Einwohner aus der Stadt vertreiben, mehr als 1000 davon starben infolge Hunger und Kälte

143 Zollenspieker: oberhalb Hamburgs in den Vierlanden

144 Aequinoctu: Tag- und Nachtgleiche, 20. März

145 Jacob Witt: Glückstädter Schiffer

146 Cremperstr: heute Kl. Kremperstraße 27

147 Arsenal: Bei der Bastion Königin, heute Bohnstraße

148 Faschinen: Bündel von Reisig für Befestigungsbauten

149 Feuer vor Hamburg: es handelte sich um einen französischen Ausfall bei Harburg nach Süden, bei dem mehrere Dörfer abgebrannt wurden

150 Schnigge: zweimastiges Frachtsegelschiff, besonders des Eidergebietes, 15–40 BRT, 2–4 Mann Besatzung

151 Commandantenhaus: da sog. Bechthosheimische Palais am Rethövel, später Frauenzuchthaus, heute abgebrochen

152 pressen: gewaltsam zum Marinedienst ausheben

153 Feuer: die Franzosen in Harburg griffen vergebens Moorburg an

154 Comödienhaus: wohl Ballhaus Straße 11

155 Osten Torf: Torf von der Oste, linker Nebenfluß der Elbe

156 Zingelbaum: Rhinsperre bei der Bastion Erbprinz

157 Französische Angriffe: das 8. Bulletin meldet zum 4. April wiederholte französische Angriffe aus Harburg nach Süden

158 Landscheide: Wettern nördlich Elskop, Verlängerung des Kremper Rhines über die Schleuse im Altendeich

159 ausgeprickt: mit Büschen markierte Durchfahrt

160 Poggendeich: in der Gegend von Sushörn, Norderseite des Schleuergrabens

161 Casemattierung: Bau von Unterständen im Deich

162 Hans Wethgrube am Kremper Rhin, Gravert Nr. 250

163 contramandieren: Gegenbefehl geben

164 Brücke: die Zuchthausbrücke zwischen Neutorstraße und Reichenstraße

165 Retraite: der Rückzug des dänischen Hilfskorps von Lübeck über Kiel nach Rendsburg, Dezember 1813

166 Hogendorp: Gysbert Karel Graf von Hogendorp trug 1813 wesentlich zur Befreiung Hollands bei. Vor Rückkehr des Prinzen von Oranien bildete er eine vorläufige Regierung

167 Bennigsen: General von Bennigsen war Befehlshaber der Armee, die Hamburg und Harburg belagerte

168 Surveillance: Bewachung, Aufsicht

169 Verwandte: Dr. Rohdes Bruder lebte als Kaufmann in Hamburg

170 Hamburger Correspondent: Hamburger Zeitung, bisher französisch gedruckt

171 Hautboisten: Militärmusiker, die Oboen blasen

172 Leibkompanie: die Kompanie des Regimentskommandeurs. Dieser ließ sie durch einen Kapitänleutnant führen

173 Haus des kath. Predigers, heute Am Hafen 25

174 Küster König wohnte am Ende der Gr. Namenlosen Straße, heute Nr. 24

175 Mühle: zwischen Kremper und Herzhorner Rhin, 1742 als Graupenmühle gebaut, 1899 abgebrannt, Gravert Nr. 317

176 Halbmond: Schellenbaum

177 Venerische: Geschlechtskranke

178 letzte Brücke: über das Schwarzwasser

179 Pinneberg: Lünette (Halbmondschanze) bei der Bastion Erbprinz

180 Graupenmühle: früher Todesche Mühle am Anfang des Rethövel

181 Dammstelle: hier ging der südliche Hauptgraben vom Rhin ab

182 Demolierung: Zerstörung der Festungswerke

183 deliberieren: beratschlagen

184 Budenzal: Maßeinheit für Besteuerung der Häuser und für die Einquartierungslast

185 Capation: Abschätzung der Leistungsfähigkeit

186 Max Dohrn: in West-Neuenbrook, Gravert Nr. 744

187 Peter Lange in Bielenberg, Gravert Nr. 452

188 Heidenreichs Hof: Reichenreihe in Herzhorn, heute Freilichtmuseum Molfsee, Gravert Nr. 395

189 solstitium: Sonenhöchststand

190 Schwarzer Bär: ehemalige Gastwirtschaft am Altendeich, Gravert Nr. 138

191 Belum: Ort an der Ostemündung

192 Justizrat Seidel war seit 1812 Stadtpräsident. Er wohnte am Fleth 10; als Justitiar war er Gerichtshalter mehrerer adiliger Güter — seit 1799 von Kollmar, seit 1803 von Klein Kollmar und Seestermühe, seit 1808 der Büloweschen Wildnis

193 Litzenbruder: Postfuhrmann

194 Marx Suse: Süderau, Gravert Nr. 99

195 Cracau: Stadt in Südpolen (Krakau)

196 bunter Hof: Blomesche Wildnis, An der Chausse, Gravert Nr. 168

197 Meßdorf Kate: Am Steindamm, Gravert Nr. 228

198 Otto Saß: am Kremper Rhin, Südseite

199 Grönlandfahrer: die „Gerechtigkeit"

200 Quardel: Faß, etwa 200 Pfund

201 König Christian VII; gestorben 13.03.1808 in Rendsburg, in der Christkirche vorläufig beigesetzt

202 v. Fries: er besaß ein Haus Reichenstraße 47

203 inundiert: das Vorfeld der Festung ist unter Wasser gesetzt worden

204 contagios: ansteckend

205 Citation: Aufforderung

206 Schmirna: Smyrna, heute Izmir in der Türkei

207 Stückkutscher: Artillerie-Fahrer

208 v. Cronhelm: er besaß ein Haus Königstraße 9

209 v. Krebs: er war Chef der Artillerie in Glückstadt

210 Michaelis: 29. September

211 2. Brücke: vom Neutor-Ravelin zum gedeckten Weg

212 Pikeurs: mit Piken bewaffnete Bürgerwehr

213 redressiert: nicht eingehalten

214 Kantschu: Lederpeitsche der Kosaken

215 Rantzau: die Verwaltungsspitze amtierte in Barmstedt, dem Hauptort der früheren Reichsgrafschaft Rantzau

216 Königl. Backhaus: am Proviantgraben gegenüber dem Provianthaus

217 Egidientag: Aegidius, 1. September

218 Süderauerhörn: letzter Hof in Elskop vor Süderau, Gravert Nr. 99

219 Kriesel: Masern

220 Gieshaus: in der Königstraße 44, heute Druckerei Rautenberg

221 Heesebecks Hof: in Elskop, Gravert Nr. 88

222 Nordoh: Geestinsel südlich Itzehoe mit Heide und Binnendünen

223 Revue: Besichtigung

224 Herren Gebäude: Ende Strohdeich, Gem. Kollmar, Gravert Nr. 484

225 Vogelsand: Sandbank in der Elbmündung

226 Noteimer: Feuereimer

227 Stadtapotheke: in der Gr. Deichstraße

228 gr. Pulverturm: in der Bastion Kronprinzessin

229 Tallig: Talg

230 Luxbrücke: über die Bekau zwischen Oldendorf und Krummendiek

231 Umschlag: beim Umschlag in Kiel wurden viele Geldgeschäfte abgewickelt, zumeist in bar

232 6 Grönlandfahrer: nach W. Oesau fuhren 1815 sieben Schiffe von Glückstadt nach Grönland

233 Bäcker Peter Jansens Haus, heute Schlachterstraße 13

234 Kirchhof: vor dem Kremper Tor am Steindamm, heute alter lutherischer Friedhof

235 Dr. Olshausen, Hauptpastor von 1801—1815

236 Ein Exemplar befindet sich in der Lehrerbibliothek der Detlefsen-Schule unter Jc16

237 Landgericht: das holsteinische Landgericht war für sämtliche Rechtssachen der Ritterschaft zuständig. Gleichzeitig war es zweite Instanz der Gerichte der adligen Güter; es bestand aus den vier ältesten Räten des Obergerichtes und vier vom König ernannten, juristisch geprüften Adligen. Es tagte bis 1834 nur einmal jährlich

238 Approbation: Genehmigung

239 Königin von Preußen: Königin Luise, gest. 19. 07. 1810

240 Nationalpferde: gemäß „Landmilitär- und Remonteordnung" vom 01. 08. 1800 mußten die Distrikte im Kriegsfalle Pferde stellen

241 Subsidien-Gelder: englische Hilfszahlungen

242 Armenhause: heute kleine Nübelstraße 7

243 Stockhaus: in der Gr. Danneddelstraße 16/17, heute abgebrochen

244 Johanni: 24. Juni

245 Aufwaaden: Garben binden

246 v. Kardoff (1756–1820) war Kommandierender General in den Herzogtümern. Er befehligte 1814 das sogenannte 2. Auxiliarkorps

247 See-Equipage: dazu gehörten das Institutsgebäude des See-Stabs, das Magazingebäude und das Proviantgebäude; sie lagen am Schloßplatz

248 Kanzleigebäude: heute Wasmer-Palais in der Königstraße 38

249 das nach Frankreich bestimmte Korps. Die Siegermächte unterhielten ein 150000 starkes Occupationscorps in Nordfrankreich unter dem Herzog von Wellington. Dänemark stellte 5000 Mann, die bis Herbst 1818 in der Gegend von Douai lagen und erst zu Weihnachten in ihre Garnisonen zurückkehrten

250 10. December: der Gedenktag des Gefechtes bei Sehestedt 1813

Quellen- und Literaturverzeichnis

Stadtarchiv Glückstadt

Normaltarif btr. Regulierung u. Vertheilung der Einquartierung in der Stadt und Vestung Glückstadt, 24. Juni 1813

Budenzahlregister der Stadt Glückstadt nach den 4 Quartieren der Stadt nach den Nummern der Gebäude geordnet

Detlefsen, Detlef „Geschichte der holsteinischen Elbmarschen" Bd. II, Glückstadt 1892

Ehlers, Wilhelm „Herzhorn — Die Geschichte des Kirchenspiels und der Herrschaft Herzhorn", Glückstadt/Itzehoe 1964

Gravert, Johannes „Die Bauernhöfe zwischen Elbe, Stör und Krückau mit den Familien ihrer Besitzer", Glückstadt 1929

Halling, Adolf „Säkularfeier der Stadt- und Landgemeinde Glückstadt" Glückstadt 1901

Hoop Edward „Geschichten der Stadt Rendsburg", Rendsburg 1989

Jacobsen, John „Die Bösch und die Böschlotsen", Steinburger Jahrbuch 1971 S. 139 f.

Koch, Friedrich Wilhelm „Tagebuch", Glückstädter Fortuna 1882 Nr. 85—100

Köhn, Gerhard „Glückstädter als Garnisonstadt und Festung", in „Glückstadt im Wandel der Zeiten", Bd. II, Glückstadt 1966

Kröger, Günter „Obergericht — Kreisgericht — Landgericht, die überregionalen Gerichte im Kreise Steinburg", Steinburger Jahrbuch 1991, S. 45 f.

Lorenzen-Schmidt, Klaus-J. „Gerichtsverhältnisse im heutigen Kreis Steinburg bis zur Reichsjustizreform 1879" Steinburger Jahrbuch 1991, S. 9 f.

Matthiesen, Peter Friedrich Christian „Die holsteinischen adligen Marschgüter Seestermühle, Gr. und Kl. Kollmar", Itzehoe 1836

Möller, Hans-Reimer „In einer Balkenritze gefunden. Glückstädter Wachrapporte aus dem Jahre 1788" Steinburger Jahrbuch 1990, S. 271 f.

Möller, Reimer Jens „Über den englischen Seekrieg in den norddeutschen Küstengewässern, insbesondere die Belagerung der Festung Glückstadt 1813/14", Steinburger Jahrbuch 1977 und 1978

Möller, Hans-Reimer und Reimer Jens „Britische Kriegsaufzeichnungen zum Niedergang Glückstadts als Festung und Flottenstützpunkt", Steinburger Jahrbuch 1975, S. 200 f.

Rode, Friedrich Carl „Kriegsgeschichte Schleswig-Holsteins", Neumünster 1935

Rode, Friedrich Carl „Kriegsgeschichte der Festung Glückstadt und der Niederelbe", Glückstadt 1940

Schmidt, Horst „Ein Heeresbericht aus dem Kosackenwinter 1813/14", Jahrbuch des Kreises Pinneberg 1991, S. 29 f.

Tuxen, A.P. „Glückstadts Belejring 1813—14" Meddelser fra Kriegsarkiverne, Udgivne fra Generalstaben, 8. Bind Kjobenhavn 1900

Vollstedt, Hermann „Das Rechts- und Gerichtswesen im Landgebiet von Glückstadt vor 1867", Steinburger Jahrbuch 1974

Vollstedt, Hermann „Die städtische Gerichtsbarkeit im alten Glückstadt von 1617—1867", Steinburger Jahrbuch 1973

Witt, Johann Gottfried „Säcular Feyer der Stadt- und Landgemeinde zu Glückstadt 1801", Glückstadt 1801

Dr. Rohdes Wohnhaus — Reichenstraße 56

1 Louisen-Batterie — 2 Prinz-Carl-Batterie — 3 Holstein-Bastion — 4 Stormarn-Bastion — 5 Dothmarschen-Bastion — 6 Königs-Bastion
7 Königin-Bastion — 8 Oldenburg-Ravelin — 9 Kronprinz-Bastion — 10 Krempertor Ravelin — 11 Kronprinzessin-Bastion — 12 Delmenhorst-Ravelin
13 Erbprinz-Bastion — 14 Steinburg-Lunette — 15 Pinneberg-Lunette — 16 Erbprinzessin-Bastion — 17 Neutor-Ravelin 18 Sonderburg Bastion
19 Glücksburg-Bastion — 20 Schleswig-Bastion — 21 Sieh-dich-vor-Batterie — 22 Prinz-Friedrich-Batterie

A Deichtor   B Kremper Tor   C Neutor
D Kastell   E Zuchthaus

Festungsplan Glückstadt 1813 (aus F. C. Rode, Kriegsgeschichte..., Bd. II) (Zeichnung Dr. Fritz Treichel)

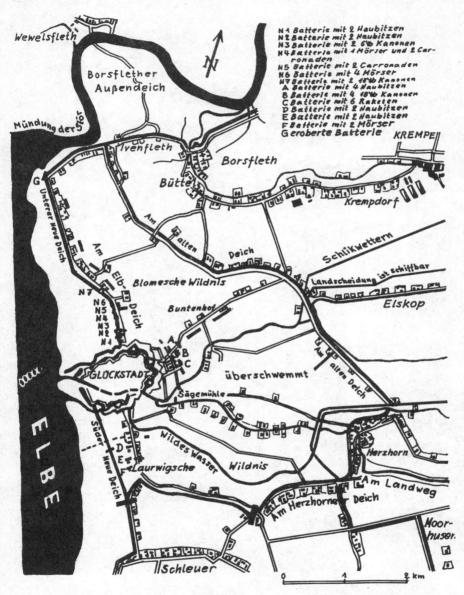

Schwedische Belagerung Glückstadts 1813/14 (zeichnerisch etwas vereinfacht), aus Steinburger Jahrbuch 1977, S. 89. (Zeichnung Dr. Fritz Treichel)

Unter blitzartiger Inspiration gebe ich furchtlos, doch bedacht Geld aus. Ich weiß meine Reserven unerschöpflich und immer sofort verfügbar.

Ich gebe das Geld furchtlos aus, wissend, daß Gott meine Reserve ist.

Glück

„Das Glück muß verdient werden." Es wird durch vollendete Kontrolle der Gefühle verdient.

Wo Angst, Aufregung und Schreck ist, gibt es kein Glück.

Vollendeter Glaube an Gott verleiht das Gefühl von Sicherheit und Glück.

Wer erkennt, daß es eine unbesiegbare Kraft gibt, die ihn und alles was er liebt, beschützt und die ihm jeden gerechten Herzenswunsch erfüllt, der wird von allen nervösen Spannungen befreit, und ist glücklich und zufrieden.

Wer weiß, daß die Unendliche Intelligenz seine Interessen wahrt und jede Situation zu seinem Wohle nutzt, der läßt sich nicht durch scheinbare Widerwärtigkeiten beirren.

„Ich schlage einen Weg durch die Wildnis und leite Wasser durch die Wüste."

Ruhelos liegt, wer einen ihm zugestoßenen Schicksalsschlag im Kopfe wälzt. Wut, Groll, Übelwollen, Mißgunst, Eifersucht und Rachsucht stehlen ihm sein Glück und bringen ihm Krankheit, Mißlingen und Armut.

Rachsucht stürzt mehr Familien ins Unglück als Alkohol, tötet mehr Menschen als Krieg.

Bejahungsformeln

Ich schwimme im Strom des Glücks, das mir seit Urbe-
ginn zugedacht ist.
Meine Speicher sind voll, mein Becher übersprudelt von
Glück.

Jetzt kommen endlos Güter auf ungezählten Wegen zu
mir.

Durch einen geheimnisvollen Weg kommt ein wunderba-
res Glücksgefühl zu mir und jetzt hat dieses wunderbare
Glücksgefühl von mir Besitz ergriffen.

Täglich geschehen mir glückliche Überraschungen. „Ich
schaue als Wunder das, was mich umgibt."

Mutig schreite ich über den auf meinem Weg liegenden
Löwen und er entpuppt sich als friedliches Haustier.

Ich bin ausgeglichen, glücklich und strahlend, erlöst von der Tyrannei der Angst.

Mein Glück ist auf Fels gebaut. Das Glück ist jetzt und für alle Ewigkeit mein.

Das mir Gehörende fliesst mir zu in einem ununterbrochenen, stets wachsenden Strom von Glück. Mein Glück ist Gottes Sache, also kann kein Mensch dazwischentreten.

So wie ich eins bin mit Gott, bin ich jetzt eins mit den Wünschen meines Herzens.

Ich danke für dauerhaftes Glück, für dauerhafte Gesundheit, für dauernden Wohlstand und für dauerhafte Liebe.

Ich bin harmonisch, glücklich und „gottmagnetisch" und jetzt segelt mein Schiff über die ruhige See zu mir.

Die Pläne Gottes für mich sind vollkommen und beständig.

Die Wünsche meines Herzens sind eine vollkommene Entsprechung des Göttlichen Geistes, festgefügt und unzerstörbar. Jetzt verwirklichen sich die Wünsche des Herzens durch die Gnade eines magischen Weges.

Liebe

Mit dem Erwachen der Liebe entsteht im allgemeinen auch eine fürchterliche Angst. Fast jede Frau wird mit einer mythologischen Figur im Hintergrund ihres Geistes geboren, die darauf wartet, die Frau vom Geliebten zu trennen.

Die Figur wurde „die andere Frau" genannt, weil die Frau dualistisch denkt. Solange sie an die „andere Frau" glaubt, verleiht sie dieser Existenz. Eine Frau hat Schwierigkeiten, sich geliebt zu sehen vom Mann, den sie liebt. Daher muß in ihr Unterbewußtes die Wahrheit eingeprägt werden, daß es in Wirklichkeit nur eine Einheit gibt.

Bejahungsformeln

Wie ich eins bin mit dem Unteilbaren einen Gott, so bin ich eins mit meiner unteilbaren Liebe und meinem unteilbaren Glück.

Das Licht Christi in meinem Innern fegt Angst, Zweifel, Wut und Groll aus mir heraus. Gottes Liebe gießt einen unwiderstehlichen, magnetischen Strom in mich hinein. Ich sehe nur Vollkommenheit, und zu mir fließt, was mir gehört.

Die Göttliche Liebe in mir löst alle Scheinhindernisse auf, und macht meinen Weg sauber, einfach und erfolgreich.

Ich liebe jeden Einzelnen und jeder liebt mich. Mein scheinbarer Feind wird jetzt mein Freund und zum goldenen Glied in der Kette meines Glücks.

Ich habe mit mir und der ganzen Welt Frieden geschlossen. Ich liebe jeden und jeder liebt mich. „Die Schleusen vor der Liebe heben sich."

Ehe

Solange die Ehe nicht auf dem Fels der Einheit gebaut ist, kann sie nicht bestehen. „Zwei Seelen mit einem einzigen Gedanken, zwei Herzen, die wie ein Herz schlagen."
Der Dichter will damit sagen, daß, solange Mann und Frau nicht die gleichen Gedanken leben oder nicht in derselben Gedankenwelt leben, sie unweigerlich auseinandertreiben. Der Gedanke hat eine fruchtbare Vibrationskraft, der Mensch wird zu seinen Gedankenschöpfungen hingezogen.
Beispiel: Ein Mann und eine Frau heirateten und waren scheinbar glücklich. Der Mann war erfolgreich in seiner Arbeit und sein Geschmack verfeinerte sich, doch die Frau lebte weiter in einem engen Horizont.
Der Mann kaufte in den besten Geschäften ein, ohne auf den Preis zu achten, die Frau dagegen kaufte in den billigsten Warenhäusern ein. Er lebte (in Gedanken) im besten Geschäftsviertel, ihre Gedankenwelt aber war das bescheidene Wohnviertel. Schließlich kam es zur Trennung.
Diesem Drama begegnen wir öfters da, wo Männer Erfolg haben und reich werden und dann die treu ergebene und hart arbeitende Frau verlassen.
Die Frau muß mit den Ansprüchen ihres Mannes Schritt halten und in seiner Gedankenwelt leben, denn des Menschen Gedankenwelt ist seine Wirklichkeit.
Für jeden Menschen gibt es „seine andere Hälfte" aus Göttlicher Wahl.
Diese beiden sind eins in ihrer Gedankenwelt.
Diese beiden sind die zwei Hälften, „die Gott zusammenfügte und niemand kann sie trennen." „Das Paar muß eins werden", denn im Überbewußtsein der beiden ist derselbe Göttliche Plan.

Bejahungsformel

Ich danke, daß die im Himmel geschlossene Ehe jetzt auf dieser Erde Wirklichkeit ist.
„Das Paar ist eins", jetzt und in Ewigkeit.

Verzeihen

Bejahungsformeln

Ich verzeihe jedem Menschen und jeder verzeiht mir. Die Tore öffnen sich zu meinem Wohle.

Ich rufe das Gesetz der Verzeihung an. Ich bin gefeit vor Mißverständnissen und deren Folgen. Ich stehe unter der Gnade und nicht unter dem karmischen Gesetz.

Obschon meine Irrtümer Flecken an mir sind, werde ich noch weißer als Schnee.

Was nicht im Königlichen Reich geschieht, geschieht nirgends.

Worte der Weisheit

Bejahungsformeln

„Glaube ohne Selbstbeherrschung ist toter Glaube."

Nichts kann sich zwischen den richtigen Kelch und die richtigen Lippen schieben.

Rechte nicht, sonst verlierst Du den Schwung.

Gott macht seine wundervollen Werke an unerwarteten Orten, durch das Mittel unerwarteter Leute, zu unerwarteten Zeiten.

Macht bewegt, ist aber unbeweglich.

Deinen Nachbarn lieben, heisst nicht, seine Worte, seine Gedanken und sein Tun beschränken.

Bezweifle nie eine Eingebung.

Christoph Columbus folgte dem Wink einer Eingebung.

Das Himmelreich ist das Reich der vollendeten Ur-Musterbilder (Ideen).

Vor der Morgendämmerung ist es dunkel, aber die Helle kommt sicher. Vertraue der Morgenhelle.

Im Zweifel spiele Trumpf, handle ohne Furcht.

Im Leben zählen die furchtlos getanen Werke.

Tue nie heute, was Dir die Eingebung für morgen befiehlt.

Das Leben ist großartig, wenn Du es nicht zerredest.

Achte Deinen Nachbarn als Teil von Dir.

Behindere nie eines andern Eingebung.

Eigennutz fesselt und bremst. Jeder liebende und uneigennützige Gedanke trägt den Keim des Erfolges in sich.

Höre nie auf zu glauben. Wenn Du am wenigsten erwartest, kannst Du ernten.

Der Glaube ist dehnbar, ziehe ihn auf die Zerreißprobe.

Schon bevor Du fragst, wird Dir Antwort gegeben, denn die Hilfe kommt vor der Bitte.

Was Du andern tust, tust Du Dir.

Was mit Wut oder Groll getan wird, ruft ein unglückliches Echo hervor.

Kummer und Enttäuschungen folgen jedem Betrug auf dem Fuße. Der Weg des Entgleisten ist steinig. „Wer aufrecht den rechten Weg geht, dem mangelt nichts."

Das Schlechte hat keine Macht, es ist nichts. folglich führt es zu nichts.

Angst und Ungeduld stoßen ab. Ruhe wirkt anziehend.

Ertränke Deine Für und Wider in Bejahung. Jehosaphat schlägt die Zimbeln, um seine Zweifel nicht zu hören.

Vermeintlich Unabänderliches ist Versklavung, eine Illusion des rationalen Verstandes. Aus jeder Situation gibt es einen Weg der Gnade. Jedermann ist frei, den Willen Gottes zu tun.

Wissender Glaube ist stärker als Optimismus.

Göttliche Ideen bekämpfen einander nie.

Es ist gefährlich, die Ausführung einer Eingebung auf halbem Wege abzubrechen.

Unendlicher Geist kommt nie zu spät.

Glaube

Die Hoffnung schaut in die Zukunft, der Glaube weiß, daß er schon erhalten hat und handelt entsprechend.

Freunden gegenüber betonte ich stets die Wichtigkeit des Grabens von Gräben als Vorbereitung zum Empfang dessen, was man erbeten hat. Das ist aktiver Glaube und das verursacht die Verwirklichung.

Einer meiner Schüler versuchte, bei jeder Gelegenheit Fragen zu stellen, die, so hoffte er, ich nicht beantworten könne. Doch ohne Erfolg. So fragte er: „Warum gibt es so viele Mädchen voller Ehehoffnungen und doch gelingt ihnen das Heiraten nie?" Ich antwortete: „Weil sie voller Hoffnung sind und nicht voller Glaube."

Diese Mädchen sündigten wider das Gesetz durch das Reden über ihre Pläne und Hoffnungen. Ihre Freunde kamen, einige setzten sich auf ihre „Truhe voller Hoffnungen", andere trauten der Sache nicht oder erwarteten das Zerschellen der Hoffnungen.

„Bete zum Vater, der im Verborgenen ist, und der Vater, der im Verborgenen sieht, wird Dich öffentlich belohnen."

Sprich nie über Pläne, bevor sie nicht „feste Form" gewonnen oder sich sichtbar verwirklicht haben.

Ein hoffnungsvolles Herz muß ein Herz voller Glauben sein und vor den Augen der Öffentlichkeit verborgen bleiben, ebenso das Bittewort an die Göttliche Wahl für einen Ehegatten. All dies geschieht durch die Gnade des vollkommenen Weges.

Diejenigen, die Gott zusammenführt, können durch keinen Gedanken entzweit werden.

Bejahungsformeln

Widerwärtigkeiten arbeiten zu meinen Gunsten, denn Gott bedient sich jeder Situation und jedes Menschen, um die Wünsche meines Herzens zu erfüllen.
Hindernisse sind freundlich und dienen als Sprungbretter!
Jetzt springe ich in mein Reich.

So wie ich eins bin mit dem Unteilbar Einen, bin ich eins mit meinem unteilbaren Gut.
So wie die Kompaßnadel dem Norden treu ist, ist das mir rechtmäßig Gehörende mir treu.
Ich bin der Norden!

„Mit einem unsichtbaren, unzerreißbaren und magnetischen Faden bin ich verbunden mit allem, was durch Göttliches Recht mir gehört!"

Dein Königreich ist gekommen. Dein Wille wirkt in mir und meinem Tun.

Jeder Plan, der nicht von meinem Vater im Himmel entworfen wurde, löst sich auf oder wird ausradiert. Jetzt verwirklicht sich die Göttliche Bestimmung meines Lebens.

Was Gott mir gab, kann mir nie genommen werden, denn seine Geschenke sind von ewiger Dauer.

Mein Glaube ist auf Fels gebaut und jetzt verwirklichen sich die Wünsche meines Herzens durch Gnade in wunderbarer Weise.

Ich sehe mein Leben von einem goldenen Lichtkreis umgeben. Ich sehe meine Felder voll goldener, erntereifer Ähren.

Gott ist mein unfehlbarer und immer bereiter Spender alles Guten.
Ich bin ruhig und mächtig. Meine größten Erwartungen haben sich auf wunderbare Weise erfüllt.

Ich begieße meine Wüste mit dem Glauben und plötzlich blühen Rosen in ihr.

Jetzt verwende ich meinen furchtlosen Glauben im Denken, Reden und Handeln.
Erscheinungen berühren mich nicht, folglich ziehen sie an mir vorbei.

Ich stehe fest und unerschütterlich, und danke für die unwirklich scheinenden Gaben, die sich verwirklichen, denn ich weiß, daß das Vollbringen einfach ist mit Gott und weiß, daß Seine Zeit jetzt und hier ist.

Gottes Pläne für mich sind auf Fels gebaut. Was mein war zu Anbeginn, ist jetzt mein und wird immer mein sein.

Ich weiß, nichts kann Gott besiegen, also nichts kann mich besiegen.

Ich warte geduldig auf den HERRN, ich vertraue ihm. Schlecht Handelnde ärgern mich nicht, denn jeder Mensch ist ein goldenes Glied in der Kette meines Wohlergehens. ER gibt mir jetzt, was mein Herz wünscht.

Ich habe den furchtlosen Glauben durch Christus in mir, bei meinem Kommen verschwinden Schranken und Hindernisse.

Ich stehe fest, unerschütterlich, schon stehen die reifen Felder zum Ernten bereit. Mein furchtloser Glaube in Gott vollbringt jetzt die Verwirklichung des Göttlichen Planes meines Lebens.

Alle Angst ist jetzt im Namen von Jesus Christus verbannt, denn ich weiß, daß keine zu beleidigende Macht da ist. Gott ist die einzige und alleinige Macht.

Ich bin in vollendeter Übereinstimmung mit dem arbei-

tenden Gesetz, denn ich sehe ein, daß die Unendliche Intelligenz weder Hindernisse, Zeit noch Raum kennt. Sie
kennt nur Vollkommenheit.

Um seine Wunder zu vollbringen, arbeitet Gott in unerwarteter und magischer Weise.

Jetzt bereite ich mich vor zur Erfüllung der Wünsche meines Herzens. Ich zeige Gott, daß ich an die Erfüllung seiner Versprechen glaube.

Mit Glauben und Verständnis schaufle ich jetzt meine Gräben tief, und die Wünsche meines Herzens erfüllen sich
auf unerwartete Art.

Meine Gräben füllen sich zur rechten Zeit mit mehr als
dem Erbetenen!

Jetzt schlage ich „das feindliche Heer der negativen Gedanken" in Flucht. Sie nähren sich von Angst und siechen am Glaubensmangel dahin.

Gottes Entschluß ist unerschütterlich. Was also aus Göttlichem Recht mein ist, wird immer mit mir sein.

Ich danke für die jetzige Erfüllung der gerechten Wünsche meines Herzens.
Berge werden versetzt, Täler füllen sich, und das Krumme wird gerade.

Ich bin jetzt im Königreich der Erfüllung.

Ich habe vollkommenes Zutrauen zu Gott, und Gott hat vollkommenes Zutrauen zu mir.

Die Versprechen Gottes sind auf Fels gebaut. Wie ich bitte, so erhalte ich.

„Laß mich nie von den Wünschen meines Herzens abweichen."

Ich beschränke Gott nicht in Worten, Gedanken und Taten. Mit Gott ist alles einfach und ausführbar.

Jetzt trete ich beiseite und sehe Gott am Werk. Gespannt schaue ich zu, wie schnell und spielend ER die Wünsche meines Herzens erfüllt.

Die Antwort wurde mir gegeben bevor ich die Frage stellte, und jetzt ernte ich reichlich.

ER, der über den Wünschen meines Herzens Wache hält, ruht und schläft nie.

Anscheinend unmöglich zu öffnende Türen öffnen sich jetzt, anscheinend versperrte Wege sind jetzt frei im Namen von Jesus Christus.

Im Göttlichen Geist ist das Bild meines Wohlergehens vollkommen und unzerstörbar vorhanden, es muß Wirklichkeit werden und nichts vermag dies zu verhindern.

Ich übergebe alle Bürde dem Christus in mir und bewege mich in Freiheit.

Verluste

Verliert jemand etwas, so zeigt das, daß in seinem Unterbewußtsein der Glaube an Verlust vorhanden ist. Wenn er
den falschen Glauben an Verlust ausradiert, dann wird der
verlorene Gegenstand oder sein Gegenwert zum Vorschein
kommen.

Beispiel: Eine Frau verlor ihren silbernen Bleistift im Thea-
ter. Alle Nachforschungen blieben erfolglos.

Sie verneinte den Verlust und ersetzte diesen durch die
Bejahungsformel: „Ich verneine den Verlust, im Göttlichen
Geist gibt es keinen Verlust, also kann ich diesen Bleistift
nicht verlieren. Ich werde diesen Bleitift zurückerhalten
oder einen anderen erhalten."

Einige Wochen später traf sie einen Freund. Dieser trug
einen schönen goldenen Bleistift an einer Kette. Er drehte
sich zu ihr mit der Frage: „Würde dieser Bleistift dir Freude machen?"

Die Frau war dermaßen überrascht, daß sie zu danken
vergaß und einfach ausrief: „Oh, mein Gott, bist Du wunderbar! Der silberne Bleistift war für mich nicht gut genug!"

Der Mensch kann nur das verlieren, was ihm aus Göttlichem Recht nicht gehört oder nicht gut genug für ihn ist.

Bejahungsformeln

Im Göttlichen Geist gibt es keinen Verlust, folglich kann ich nicht verlieren, was rechtmässig mein ist.

Die Unendliche Intelligenz ist nie zu spät! Die Unendliche Intelligenz kennt den Weg des Wiederfindens.

Im Göttlichen Geist gibt es keinen Verlust, also kann ich nichts verlieren, was zu mir gehört.
Das Verlorene kommt zurück oder ein gleichwertiger Ersatz fällt mir zu.

Schulden

Hat jemand Schulden oder wird ihm geschuldet, so beweist das, daß in seinem Unterbewußtsein der Glaube an Schulden ist.

Dieser Glaube muß so neutralisiert werden, daß die Bedingungen sich ändern.

Beispiel: Eine Frau erzählte mir, daß sie vor Jahren einem Bekannten tausend Dollar geliehen hatte und ihn nicht zur Rückzahlung veranlassen könne.

Ich sagte ihr: „Nicht der Mann, sondern Du mußt an Dir arbeiten" und gab ihr diese Formel: „Ich verneine Schulden. Im Göttlichen Geist gibt es keine Schulden. Kein Mensch schuldet mir etwas, alles ist in Ordnung. Ich schikke diesem Mann Liebe und Verzeihung."

Nach wenigen Wochen schrieb ihr jener Mann, er gedenke, die Schuld zu tilgen, und einen Monat später kamen die tausend Dollar auch wirklich.

Bejahungsformel:

Ich verneine Schulden. Im Göttlichen Geist gibt es keine Schulden. Kein Mensch schuldet mir etwas. Alles ist gestrichen. Ich schenke Liebe und Verzeihung.

Verkaufen

In einem Landstädtchen wünschte eine Frau Haus und Möbel zu verkaufen. Der Schnee lag so tief, daß es einem Transportwagen fast unmöglich war, an die Türe ihres Hauses zu fahren.

Als die Frau sich im Schutze Gottes zum Verkauf ihrer Habe entschloß, kümmerte sie sich nicht um die äußeren Umstände.

Sie polierte die Möbel, stellte sie in der Mitte eines Raumes zusammen, und wartete auf die Käufer. Sie bekümmerte sich nicht um den Schneesturm, sondern vertraute einfach dem Göttlichen Einverständnis.

Wie durch ein Wunder fuhren trotz dem Unwetter Leute vor. Haus und Möbel wurden verkauft, ohne daß die Frau einem Agenten Provisionen zu bezahlen brauchte.

Der Glaube sieht nicht nach dem Sturm, der draußen tobt, er ist einfach bereit zum Empfangen des erbetenen Segens.

Bejahungsformel:

Ich danke dafür, daß die Sachen jetzt an die rechten Menschen zu gerechtem Preis verkauft sind. Das schenkt vollkommene Befriedigung.

Unterredungen

Bejahungsformeln:

Auf geistiger Ebene gibt es keinen Wettstreit. Was mein ist, wird mir durch Gnade gegeben.

In Liebe bin ich eins mit dem Geist des Partners. Gott beschützt meine Interessen, und aus den jetzt waltenden Umständen tritt die Göttliche Absicht hervor.

Führung

Auf seinem Lebensweg findet man immer Seine Botschaft oder Führung.

Eine Frau war wegen einer unglücklichen Situation sehr besorgt und fragte sich, ob diese wohl einmal geklärt werde. Eines Tages, es regnete seit langer Zeit ohne Unterbrechung, kam sie mit einem Gärtner ins Gespräch, der, trotz dem seiner Gärtnerei schadenden Wetter unverdrossen und fröhlich sagte: „Mein Gott, es wird schon wieder aufhellen."

Dieser Ausspruch traf die Frau wie ein Blitz, er war die Antwort auf ihre Sorgen und sie sagte demütig: „Ja, mit Gottes Hilfe klärt sich immer alles." Kurz darauf löste sich der Knäuel ihrer Sorgen in unerwarteter Weise.

Bejahungsformeln:

Unendlicher Geist, gib mir die Weisheit, um aus den mir gebotenen Gelegenheiten das beste zu machen.

Ich bin der Eingebung jederzeit geöffnet. Ich weiß genau wie handeln und befolge die intuitive Führung.

Der Engel meines Schicksals geht vor mir her und läßt mich nicht vom Weg abweichen.

Die Macht ist mir gegeben, mein Herz weich und bescheiden zu machen. Ich bin gewillt, der Letzte zu sein und weiß, daß ich der Erste sein werde.

Jetzt opfere ich den persönlichen Willen:
Dein Wille, nicht mein Wille;
Dein Weg, nicht mein Weg;
Deine Zeit, nicht meine Zeit; –
und augenblicklich tritt Erfüllung ein.

Im Königreich gibt es keine Geheimnisse. Was ich wissen soll, wird mir jetzt durch Gnade offenbart.

Jetzt bin ich für das Wirken Gottes ein vollkommenes Instrument der Widerstandslosigkeit. Jetzt verwirklicht sich in magischer Weise Sein für mein Leben bestimmter vollkommener Plan.

Schutz

Bejahungsformeln

Ich bin im weißen Licht des Christus eingehüllt, nichts
Negatives kann dieses Licht durchdringen.

Ich gehe im Licht des Christus und jede Angst verflüch-
tigt sich.
Nichts kann sich meinem Wohlergehen entgegenstellen.

Gedächtnis

Bejahungsformel

Im Göttlichen Gedächtnis gibt es keinen Schwund, also vergesse ich nichts, was ich nicht vergessen darf; doch vergesse ich all das, was nicht gut für mich ist.

Göttliche Pläne

Für jeden Menschen gibt es einen Göttlichen Plan. So wie in der Eichel das vollkommene Bild der ganze Eiche enthalten ist, so ist im Überbewußtsein des Menschen der Göttliche Plan seines Lebens vorhanden.

Der Göttliche Plan kennt keine Begrenzung, in ihm gibt es nur Gesundheit, Wohlstand, Liebe und vollkommene Selbstäußerung.

Wir begegnen auf unserem Lebensweg ständig dem Göttlichen Plan. Entweder lebt man täglich nach diesem Göttlichen Plan, und alles geht in Ordnung, oder man mißachtet ihn und gerät ins Unglück.

„Wo der Herr nicht das Haus bauet, so arbeiten umsonst, die daran bauen" (Psalm 127,1).

Bejahungsformeln

Ich lasse alles fahren, was nicht im Göttlichen Plan für mich vorgesehen ist, und jetzt verwirklicht sich der vollkommene Plan meines Lebens.

Was laut Göttlichem Plan mein ist, kann niemals von mir genommen werden. Der mir bestimmte Göttliche Plan ist auf Fels gebaut.

Ich befolge den magischen Pfad der Intuition und finde durch Gnade mein Selbst im gelobten Land.

Mein Verstand, mein Körper, mein Tun sind mit dem in ihnen vorhandenen Göttlichen Plan in Übereinstimmung.

Gott ist die einzige Kraft, und in mir ist diese Kraft. Es gibt nur einen einzigen Plan und der ist Gottes Plan. Dieser Plan verwirklicht sich jetzt.

Ich danke für die Gabe, aus der Universalen Substanz all das abzuleiten, was die gerechten Wünsche meines Herzens befriedigt.

Der Göttliche Plan meines Lebens verwirklicht sich jetzt. Jetzt fülle ich den Platz aus, den ich und kein anderer ausfüllen kann. Jetzt tue ich das, was ich und kein anderer an meiner Stelle tun kann.

Ich bin zur Ausführung des Göttlichen Lebensplanes bestens ausgerüstet. Ich stehe über den Dingen.

Jetzt öffnen sich alle Tore zu beglückenden Ereignissen und durch Gnade vollzieht sich der Göttliche Plan meines Lebens.

Gesundheit

Wer harmonisch und glücklich ist, ist auch gesund! Alle Krankheiten kommen durch Sünde oder Verletzung des Geistigen Gesetzes.

Groll, Böswilligkeit, Haß, Angst zerstören die Körperzellen und vergiften das Blut.

Falsche Gedankenbilder zeugen Unglücksfälle, Alter und sogar Tod. Wenn der Mensch sich sieht wie Gott ihn sieht, so hat er einen leuchtenden Körper, zeitlos, ohne Geburt und Tod, denn „Gott machte den Menschen sich zum Gleichnis und Bild."

Bejahungsformeln

Ich verneine die Müdigkeit, denn nichts kann mich ermüden.
Ich lebe im Reich der ewigen Freude und der „vertieften Arbeit".
Mein Körper ist „der elektrische Körper", zeitlos, lebensvoll, frei von Geburt und Tod.

Raum und Zeit sind ausgewischt!
Ich lebe im wunderbarem Jetzt, ohne Anfang und Ende.
Ich bin eins mit dem Einen!

Du in mir bist: .
      Ewige Freude.
      Ewige Jugend.
      Ewige Gesundheit.
      Ewige Liebe.
      Ewiger Wohlstand.
      Ewiges Leben.

Ich bin ein Geistwesen – mein Körper ist vollkommen, gemacht IHM zum Gleichnis und Bild.
Jetzt strömt das Licht des Christus durch jede einzelne Körperzelle. Ich danke für meine strahlende Gesundheit.

Augen

Mangelnde Schärfe entspricht der Furcht, dem Verdächti-
gen, dem Hindernisse sehen, dem Erwarten unglücklicher
Ereignisse; dem Leben in der Vergangenheit oder in der
Zukunft statt im Jetzt.

Bejahungsformeln

Jetzt überflutet das Licht des Christus meine Augäpfel. Ich habe die kristallklare Geistessicht. Deutlich und genau sehe ich, daß auf meinem Weg keine Hindernisse sind. Ich sehe deutlich die Erfüllung der Wünsche meines Herzens.

Ich habe die „Röntgenaugen" des Geistes. Ich sehe durch die Hindernisse. Ich sehe deutlich die geschehenen Wunder.

Ich habe die kristallklare Geistessicht, ich sehe deutlich den freien Weg. Auf meinem Weg sind keine Hindernisse. Jetzt sehe ich die Verwirklichung der Wunder.

Ich danke für meine vollkommene Sehschärfe. Ich sehe Gott in jedem Antlitz, ich sehe das Gute in jeder Situation.

Ich habe die kristallklare Geistessicht. Ich schaue nach oben, nach unten und rundherum, denn das Gute fließt mir zu aus dem Norden, dem Süden, dem Osten und dem Westen.

Meine Augen sind Gottes Augen, fehlerfrei und vollkommen. Das Licht Christi überflutet meine Augen und ergießt sich auf meinen Pfad. Deutlich sehe ich, daß auf meinem Weg nicht Löwen, aber Engel und endloser Segen sind.

Blutarmut

Blutarmut entsteht durch unbefriedigte Wünsche und
Freudlosigkeit.

Bejahungsformel

Jetzt überflutet das Licht Christi mein Bewußtsein und löst
die sauren Gedanken auf.
Ich liebe jeden und jeder liebt mich.
Ich danke für meine strahlende Gesundheit und mein
Glück.

Schlechter Wuchs

Schlechter Wuchs entspricht der Eifersucht, dem Haß, dem Groll, der Angst usw.

Bejahungsformel

Jeder Baum, der nicht von meinem Vater im Himmel gepflanzt worden ist, muß ausgerottet werden. Alle falschen Gedanken meines Bewußtseins sind jetzt ausradiert. Das Licht Christi flutet durch jede Zelle. Ich danke für meine jetzige strahlende Gesundheit und mein immer dauerndes Glück.

Herzbeschwerden

Herzbeschwerden entsprechen der Angst, der Gehässigkeit usw.

Bejahungsformel

Mein Herz ist ein vollkommenes Bild des Göttlichen Geistes. Es ist jetzt an seinem rechten Ort und tut die richtige Arbeit.
Es ist ein glückliches Herz, ein liebendes Herz und ein Herz ohne Angst. Das Licht Christi strömt durch jede Zelle und ich danke für meine strahlende Gesundheit.

Tiere

Bejahungsformeln

Ich verneine jede Form von Unordnung. Auch dieses Tier ist eine vollkommene Verwirklichung im Plane Gottes.

Unendliche Intelligenz leitet dieses Tier. Es ist ein vollkommenes Bild des Göttlichen Geistes und ist zu jeder Zeit an dem ihm zugedachten Ort.

Elemente

Gott machte den Menschen zu seinem Bilde, das IHM gleich sei, und gab ihm Macht und Herrschaft über alle geschaffenen Dinge.

Er hat die Macht, „Winde und Wogen" zu besänftigen, die Fluten zu bannen und regnen zu lassen, wenn es nötig ist.

Auch heute noch besitzen „Naturvölker" die Macht über die Elemente und benützen die bittende Kraft zum Regen-machen und Regen-aufhalten. Manche „zivilisierte" Beobachter sind Augenzeugen dieser Tatsache.

Bejahungsformeln:

Feuer:

Das Feuer ist ein Freund des Menschen, es ist immer an seinem rechten Ort und tut sein richtiges Werk.

Dürre:

Im Göttlichen Geist gibt es keine Dürre. Ich danke für das rechte Maß an Regen zur Nahrung der Felder und Gärten.
Ich sehe deutlich das freundliche Fallen der Tropfen, und jetzt regnet es.

Sturm:

Der Christus in mir besänftigt die Winde und die Wogen, und es wird große Ruhe.
Deutlich sehe ich die Stille sich über Land und Wasser senken.

Reisen

Bejahungsformel:

Ich danke für die in Göttlichem Sinne geplante Reise zu Göttlich geplanten Bedingungen und Göttlich geplanter Hilfe.

Allerlei

Dir Verhaßtes überfällt Dich mit Sicherheit, denn vom Verhaßten macht sich das Unbewußte ein so genaues Bild, daß es unweigerlich nach Verwirklichung drängt.

Das einzige Mittel zur Vernichtung dieses Bildes ist Widerstandslosigkeit.

Beispiel:

Eine Frau interessierte sich für einen Mann, der öfters von seinen charmanten Basen erzählte. Sie aber wurde eifersüchtig und voller Groll. Der Mann verschwand aus ihrem Leben.

Später begegnete sie einem andern Mann und war ihm sehr zugetan. Auch dieser erzählte im Laufe der Zeit von liebenswürdigen Basen.

Sie empfand das zwar, lachte aber über die Widerkehr ihrer alten Freundinnen, der „Basen", und unternahm den Versuch der Widerstandslosigkeit. Sie segnete alle Basen des Universums mit Wohlwollen, denn sie wußte, daß, wenn sie das jetzt unterließ, jeder Mann mit einem Vorrat von weiblichen Verwandten aufwarten würde. Der Erfolg war, daß sie nie mehr von Basen reden hörte.

Das als Beispiel der Ursache, warum im Leben mancher Leute unangenehme Erfahrungen sich wiederholen.

Eine andere Frau machte sich mit ihrem Mißgeschick wichtig und sagte gern: „Ich weiß, was Unglück ist" und erwartete tröstende Worte. Je mehr sie ihre Unannehmlichkeiten erwähnte, desto mehr Pech fiel über sie, denn sie „wurde durch ihre Worte verdammt".

Sie hätte ihre Worte zum Neutralisieren statt zum Vermehren ihrer Mißgeschicke brauchen sollen.

Hätte sie zum Beispiel ständig wiederholt: „Ich werfe jede Last auf den Christus in mir und ich bin frei" und nicht imer von ihrem Kummer gesprochen, dieser wäre aus ihrem Leben verschwunden, denn „durch Deine Worte wirst Du gerichtet".

„Ich will Dir geben das Land, das Du siehst." Der Mensch erntet im Leben das, was er in seiner Gedankenwelt sah. Beispiel:
Eine Frau benötigte Geld und beim Durchqueren der Stadt dachte sie: „Gott ist meine direkte Hilfe."
Plötzlich sah sie vor ihren Füßen einen Zweidollarnote. Sie hob sie auf. Ein Schutzmann in der Nähe rief ihr zu: „Haben Sie Geld aufgelesen? Ich meinte, es sei nur ein Stückchen Papier, viele Leute gingen schon vorbei, aber als Sie kamen, entfaltete sich der Schein".
Die anderen Passanten hatten andere Gedanken und gingen achtlos vorbei, doch die Worte des Glaubens der Frau entfaltete den Geldschein.
Genau so ist es im Leben mit den Gelegenheiten. Der eine sieht sie, der andere geht vorbei.

„Glaube ohne Tun ist toter Glaube."
Um fähig zu sein, die Antwort auf die Bitte zu verwirklichen, muß man tätigen Glauben beweisen.
Beispiel:
Eine Frau bat um das „Wort" zum Zwecke, ein Zimmer zu vermieten. Ich gab ihr diese Formel: „Ich danke dafür, daß das Zimmer jetzt dem richtigen Mann für den rechten Preis vermietet ist und ich bin sehr zufrieden."
Doch nach einigen Wochen war das Zimmer noch nicht vermietet. Ich fragte: „Haben Sie den Glauben mit einer Tat bewiesen? Haben Sie eine Eingebung in bezug zu diesem Zimmer in Tat umgesetzt?"
Die Frau antwortete, daß sie wohl den Einfall hatte, für

das Zimmer eine Lampe zu kaufen, die Ausgabe von vier Dollar ihr jedoch zuviel sei. Ich machte begreiflich, daß der Verzicht auf die Tat, den Glauben zu beweisen, zwischen ihr und dem Mieter stehe.

Dann kaufte sie nicht nur eine, sondern gleich zwei Lampen und eine Woche später hatte sie den idealen, pünktlich zahlenden und in jeder Beziehung angenehmen Mieter.

Das zeigt, wie der durch eine Tat bewiesene Glaube sich im Unbewußten einprägt und damit Kraft und Sicherheit gewinnt.

Solange Du nicht wirst wie das Kind und „Deine Gräben gräbst", kannst Du die Früchte Deines Glaubens nicht einbringen.

„Ohne das Bild eines Ideals geht mein Volk zugrunde." Wenn der Mensch kein konkretes Land der Verheißung vor Augen hat, dann geht er zugrunde.

Immer wieder sehen wir Leute, die ohne Ziel vor Augen ihr Leben lang „hinter dem Ofen sitzen"und so ihre Bestimmung verdösen. Sie haben wohl den Göttlichen Plan für ihr Leben gesehen, ihn aber nicht aufgegriffen und in kraftvoller Vision als zu erreichendes Ziel vor das innere Auge gestellt.

Durch das gesprochene Wort kann der Göttliche Plan in Bewegung gesetzt werden und dadurch kann jeder sein ihm zugedachtes Schicksal leben und gestalten.

„Jetzt sehe ich deutlich den vollkommenen Plan meines Lebens. Göttliche Begeisterung feuert mich an und ich erfülle mein Schicksal."

Die geistige Haltung in bezug auf Geld soll die Gewißheit

sein, daß Gott die Quelle des Wohlergehens ist. Durch den Glauben und das gesprochene Wort kann der Mensch die Fülle des Universums zu sich fließen lassen.

Wer diesen „magischen Beutel" hat, der weiß, daß seine Vorräte unerschöpflich und sofort verfügbar sind. Dann weiß er auch, daß das Geben vor dem Erhalten steht.

Beispiel:

Anfang Juli bat eine Frau um das Wort für fünfhundert Dollar zum ersten August. Ich kannte die Frau sehr gut und wußte, daß sie nicht freigebig war. So empfahl ich ihr, die Kanäle des Empfangens durch munteres Geben zu öffnen.

Die Frau folgte einer Einladung zu Freunden, sie fühlte sich dort nicht recht heimisch und suchte mehrere Ausreden zur Wegreise, ließ sich aber immer wieder zurückhalten. Von Zeit zu Zeit gab sie ihren Gastgebern kleine Geschenke. Am letzten Julitag kam ihr in den Sinn, daß keine Aussichten vorhanden waren, von irgend einer Seite die fünfhundert Dollar zu erhalten.Da erinnerte sie sich meines Rates und verteilte über ihre Verhältnisse gehende Trinkgelder. Am anderen Tag, am ersten August also, sagte ihre Gastgeberin: „Meine liebe Freundin, darf ich Dir auch ein Geschenk geben?" und überreichte ihr einen Scheck von fünfhundert Dollar.

Gott bedient sich unerwarteter Wege beim Tun seiner Wunder.

Bejahungsformeln

Alles was durch Göttliches Recht mein ist, erreicht mich jetzt durch die Gnade des vollkommenen Weges.

Jetzt ist Gottes Werk getan und muß sich verwirklichen.

Ich diene nur dem Glauben, und mein unbeschränkter Wohlstand ist da.

Äußere Umstände stören mich nicht. Ich vertraue in Gott - und jetzt erfüllt ER die Wünsche meines Herzens.

Jetzt überfällt mich der Wohlstand in überraschender Form.

Der Göttliche Plan meines Lebens kann nicht durchkreuzt werden. Er ist unbestechlich und unzerstörbar. Er erwartet zur Verwirklichung nur meine bejahende Anrufung.

Es gibt kein „dort", es gibt nur ein „hier".

Enthülle mir den Weg, laß mich den von Dir mir zugedachten Segen klar sehen.

Laß Deinen segensreichen Willen sich heute noch in mir verwirklichen.

Eingebungen sind die Hunde des Himmels, sie führen mich auf den richtigen Weg.

Alle Dinge, die ich suche, suchen mich jetzt.

Ob ich es weiß oder nicht weiß, durchwirkt jetzt die Göttliche Aktivität meinen Geist, meinen Körper und mein Tun.

Seitdem ich eins bin mit der Göttlichen Gegenwart, bin ich eins mit den Wünschen meines Herzens.

Ich besitze jetzt des Geistes Auge und sehe durch dieses nur noch Vollkommenheit.

Ich bin das vollkommene Bild des Göttlichen Geistes, ich befinde mich stets am rechten Ort und tue immer die richtige Arbeit zur rechten Zeit und zum gerechten Lohn.

Der Kolumbus in Dir will Dich erfolgreich sehen.

Du in mir bist Ganzheit. So ich bitte, erhalte ich.

Das Göttliche Gesetz ist das Gesetz des Wachstums und ich danke für mein Wachsen durch die Gnade des vollkommenen Weges.

Ich schwimme im Meer der Fülle. Deutlich sehe ich meine unerschöpflichen Kornkammern. Klar sehe ich gerade das, was ich zu tun habe.

Meine „Wunderwelt" verwirklicht sich gerade jetzt, und durch die Gnade trete ich ein in das Land der Verheißung!

Da ich Dein Gesetz der Widerstandslosigkeit liebe, erfüllt mich die große Ruhe und nichts kann mich beleidigen.

Du in mir bist Eingebung, Erkennen und Erleuchtung.

Nichts ist zu gut
um nicht wahr zu sein.

Nichts ist zu wunderbar
um nicht zu geschehen.

Nichts ist zu gut
um nicht zu sein.

Schlußwort

Wähle eine der Situation gerechte und Dir zusagende Formel und sprich sie mit Überzeugung aus.

Das ist Dein Zauberstab, denn das Wort ist Gottes Kraft.

„Also soll das Wort, so aus meinem Munde gehet, auch sein. Es soll nicht wieder zu mir leer kommen; sondern tun, das mir gefällt, und soll ihm gelingen, dazu ich es sende" (Jesaia 55/11).

„Ich sage aber: ‚Haben sie es nicht gehöret?' Zwar es ist in allen Landen ausgegangen ihr Schall, und in alle Welt ihre Worte" (Römer 10/18).

Florence Scovel Shinn
Das Lebensspiel und seine Regeln
80 Seiten, Pb., franz. Broschur
ISBN 3-901279-18-0

Ein Buch der Lebenspraxis auf geistiger Grundlage. Die Verfasserin schrieb dieses Buch zum Wohle der Menschheit. Ihre Bücher sind vor allem lebenspraktisch. Die darin gezeigten Gesetzmäßigkeiten sind bei den verschiedenen Problemen und Lebensschwierigkeiten sofort praktisch anwendbar.

Auszug aus dem Inhalt: Das Spiel – Das Gesetz des Wohlstandes – Die Macht des Wortes – Das Gesetz der Widerstandslosigkeit – Karmagesetz – Liebe Intuition oder Führung – Vollkommerer Selbstausdruck

Florence Scovel Shinn
Die Kraft des gesprochenen Wortes
68 Seiten, Pb., franz. Broschur
ISBN 3-901279-19-9

In diesem Werk vermittelt die Autorin die Kenntnis über die Kraft und geistige Wirkungsweise des gesprochenen Wortes. Unsere Einstellung, die Kraft des geistigen Glaubens und das Wort, sind verwandte Dinge und bestimmen weitgehend unser Schicksal, unsere Verhältnisse und unsere innere Entfaltung. Fesselnde Beispiele aus dem Leben beweisen die Richtigkeit der Lehre. Fortschritt, Harmonie, Glück und körperliche Gesundheit sind das unfehlbare Ergebnis der Beachtung der in diesem Werk aufgezeigten Gesetze und Lektionen. Inhaltsübersicht: Waffen, von denen ihr nichts wißt – Sehet, ich habe euch Macht gegeben – Sei stark und fürchte nichts – Friede und Glück – Deine große Chance – Nie besorgt sein – Furchtlosigkeit – Sieg und Erfüllung.